G.B. Bilfinger
Harmonia praestabilita

CHRISTIAN WOLFF
GESAMMELTE WERKE
MATERIALIEN
UND DOKUMENTE

Herausgegeben von J. École · H.W. Arndt
Ch.A. Corr · J.E. Hofmann† · M. Thomann

Band 21

Georg Bernhard Bilfinger
De harmonia animi et
corporis humani
maxime praestabilita
commentatio hypothetica

1984
Georg Olms Verlag
Hildesheim · Zürich · New York

GEORG BERNHARD BILFINGER

De harmonia animi et
corporis humani
maxime praestabilita,
ex mente
illustris Leibnitii,
commentatio hypothetica

1984
Georg Olms Verlag
Hildesheim · Zürich · New York

Nachdruck der 3. Auflage Tübingen 1741
Printed in Germany
Herstellung: Strauss & Cramer GmbH, 6945 Hirschberg 2
ISBN 3 487 07379 X

Georg Bernhard Bilffinger, professeur de philosophie à Tübingen d'abord, à Saint Petersbourg ensuite, et enfin de théologie de nouveau à Tübingen, avait été l'élève de Wolff à Halle. Il est l'auteur de nombreux ouvrages dont cette *Commentatio*, mise à l'Index en 1734, est un des plus célèbres.

On en dénombre d'ordinaire trois éditions: deux à Frankfurt en 1723 et en 1734; une autre, celle qui est rééditée aujourd'hui, à Tübingen en 1741. Mais si l'on se reporte à la préface de celle de 1723, en tête de laquelle il signale qu'il s'agit de la reprise sans grands changements de la *Dissertatio* qu'il avait publiée à Tübingen en 1721, on peut admettre que cette étude a connu en fait quatre éditions.

Elle couvre un champ plus vaste que son titre pourrait le laisser croire. Car si elle est consacrée à la défense et à l'illustration de l'harmonie préétablie, elle ne fait pas abstraction des deux autres systèmes qui avaient été proposés avant pour expliquer les rapports de l'âme et du corps: celui de l'influx physique et celui des causes occasionnelles, dit de l'assistance. Bien au contraire, Bilffinger y dresse le tableau quasi-complet et brossé sur le vif des controverses qui ont commencé à diviser les philosophes sur ce point, lorsqu'après l'énoncé des lois du mouvement par Descartes d'abord, Huyghens, Wrenn, Mariotte et Leibniz ensuite, il a paru à certains d'entre eux que le système de l'influx physique, puis celui des causes occasionnelles étaient contraires à celles-ci, parce qu'on en était venu, sous l'influence de Descartes, à tenir l'âme et le corps pour deux substances distinctes et non plus pour deux principes formant une seule substance, comme dans l'authentique conception aristotélico-thomiste.

De celle-ci, Bilffinger ne dit pas un mot, tant elle était oubliée à l'époque. Mais, mise à part cette lacune regrettable qui grève son exposé comme tous ceux d'alors, il faut reconnaître qu'il est très au fait des positions défendues par les représentants de chacun des trois systèmes au XVIIème et au XVIIIème siècles, dont il cite et commente beaucoup de textes. C'est ainsi, par exemple qu'il analyse : à propos du premier, outre la thèse devenue commune, celle de Tournemine et les critiques des Cartésiens et de Leibniz; au sujet du second, la pensée de Descartes, Malebranche, Cordemoy et les critiques de Leibniz; pour ce qui est du troisième, bien entendu la doctrine de Leibniz, mais aussi son explication par Jaquelot et Wolff, les critiques de Foucher, Bayle, Lamy, Tournemine, Newton, Clarke, Stahl, et les réponses de Leibniz. A quoi il ajoute ses propres réflexions sur les enseignements qu'on peut tirer de l'harmonie préétablie sur la nature de Dieu et celle de l'âme.

En appendice figurent : l'examen critique des trois systèmes par Elias Camerarius, professeur de médecine à Tübingen, avec des notes de Bilffinger formant commentaire, et sa lettre à Le Clerc, en réponse aux attaques de celui-ci contre l'harmonie préétablie, pour lui expliquer qu'elle ne détruit pas la liberté humaine.

L'ensemble constitue une bonne initiation à l'histoire d'un problème qui a occupé une si grande place dans les débats philosophique des temps modernes.

Jean ÉCOLE

GEORGII BERNHARDI
BILFINGERI
DE
HARMONIA
ANIMI ET CORPORIS HVMANI
MAXIME
PRÆSTABILITA,
EX MENTE
ILLVSTRIS LEIBNITII,
COMMENTATIO HYPOTHETICA.

EDITIO TERTIA
RECOGNITA.

TVBINGÆ,
Sumtibus BERGERIANIS.
MDCC XLI.

LEIBNITIVS in epistola ad REMONDVM tom. II. du recueil des diverses pieces sur la philosophie, la religion naturelle &c.
par Mrs. LEIBNIZ, CLARKE, NEVVTON, p. 209.

De lectione librorum:

J'y cherche, non pas ce que j'y pourrois reprendre, mais
ce qui y mérite d'étre approuvé, & dont je pourrois
profiter.   Cette methode n'est point la plus *à la mo-
de*, mais elle est la plus *équitable*, & la plus *utile*.

AVCTORIS
PRÆFATIO AD EDITIONEM SECVNDAM.

Bibliopolæ hanc editionem debes, L. B. non mihi. Putaſſem, opera aliorum ſatis declaratum eſſe hoc argumentum, vt meus hicce labor, inter primos editus, hodie quidem facile poſſet emporiis exeſſe. Monuit ille vero, eſſe, qui recuſum poſtulent. Neque potui, quod per primam editionem publici iuris factum eſt, denegare in ſecunda.

Do igitur libellum, qualis iam ante exſtitit. Volui elidere non pauca; memor Bælianæ admonitionis: libros ſæpe meliores reddi poſſe, ſi in paucis quibuſdam augeantur, & in multis minuantur.

Ita putaui exeſſe poſſe omnia, quæ
ad B. STAHLII philoſophemata pertinent: multa, quæ ad R. P. TOVRNEMI-
NII: aliqua etiam, quæ ad BAELII, LA-
MII aut aliorum dicta. Venit autem in mentem, lectores plerosque non ſic ſentire. Poſtulare
illos, vt ſequentes omnia comple-
ctantur editiones, quæ in prioribus conſpicati ſint: præoptare, vt
inutilibus auctos, quam vt diminu-
tos ſuperfluis libellos accipiant.

Igitur denuo omnia curaui typis recudi: & addidi, quæ vide-
rentur vtilia, ſi non pro omnibus,
ſaltem pro nonnullis lectorum.
Scio, neminem poſſe ita cibos con-
dire, vt conuiuis ſapiant omnibus:
neminem, vt multis coquorum.

Diſtinxi, quæ nouiter addita
ſunt: in textu quidem cancellis illa [ ] ab reliquis ſecluſi; in notis,
ſtellula * ſignaui.

Acceſſit appendicis loco diſſer-
tatio B. EL. CAMERARII, quam in primæ
editionis præfatione laudaui. No-

tas textui subiunctas, eo statim, quo dissertatio prodiit, tempore concinnaui, & beato nunc auctori exhibui. Has praeter illum nemo vidit hactenus. Legit autem ita benignus, vt me ad illarum editionem non semel ipse adhortatus sit.

Addidi & epistolam, quam Petropoli ad IOANNEM CLERICVM dedi, A.1726. postquam admonitus fui, ipsum in bibliotheca moderna sinistrum de hoc libello iudicium tulisse. Legi hisce diebus dicta viri, in tomo eius bibliothecae XXIII. p.413. sqq. Neque necessarium puto, vt prioribus illis litteris meis vel hilum amplius superaddam. Exhibeo igitur, quales eo tempore exaraui, & Amstelodamum misi. An ad virum doctissimum peruenerint, nescio. Neque enim describi illas, quod sciam, in tomis bibliothecae sequentibus curauit; quod petenti, credo, non denegasset, si nauta litteras ad ipsum meas pertulisset. Vale. Dabam Tubingae. m. ianuario 1735.

PRAEFATIO
EDITIONIS PRIMAE.

COmmentationem accipis, *æquanime lector*, qualem mense *iulio* 1721. conscripsi, & *septembri* proximo publice promisi. *Paucissima* sunt, quæ ex illo tempore *immutaui*, & in notis maxime, atque allegationibus recens additis consistunt. *Parum* id tua interest, opinor: ideoque non indicabo loca. Interest *mea nonnihil:* sufficit eo tamen, monuisse generaliter.

Consilium scriptionis erat, vt argumentum dissertationi præberet inaugurali: & præbuit quoque, quia *summam* scripti, in compendio expositam, publico disputationis examine dignati sunt *viri eruditissimi*, & publica grati animi testificatione dignissimi.

Editionis hanc *caussam* habe: intellexi non semel, esse inter eruditos, qui mallent, *vulgariter* & *prolixe* dici hanc caussam; quam exponi strictim, aut intertexi integro systemati.

Inuentorem systematis, illustrem G. G. LEIBNITIVM, nouimus *sparsim* sua tradidisse, & non raro *ænigmata* locutum & *apophthegmata; aurea* quasi *carmina* fundentem, non sine *systemate*, aut *traditione* & *iamblichis* intelligibilia.

Acutissimum vero CHRISTIANVM WOLFIVM vidimus, vbi in condendo systemate metaphysico elaborauerat, *easdem* quoque sententias, quasi sponte sibi obuiam factas, suæ doctrinarum *catenæ innexuisse,* explicitas amplius, & suffultas certius.

Sed vero *non* id *omnium* opus est, *colligere* dissita, & e diuersis excerpta commentariis dicta *colligare;*

ligare; namque, vt *ingenium* non defit, de-
eft aliquando *patientia,* aliquando *copia* libel-
lorum, aut a laboribus mage neceffariis
otium.

Neque illam rei litterariæ *felicem* hodie
viuimus *ætatem,* qua fiue *ad vnum omnes,* fiue *plerique* omnes, tantum in omni difci-
plina ftudii collocare vel *poffunt,* vel *volunt,*
vt *integra* examinare, vel & combinare fyftemata, *vulgatum* fit.

Perfuafit ea confideratio mihi, *gratiam*
iniri *apud illos* poffe, qui, fiue *grauioribus* oc-
cupati, fiue innutriti *leuioribus,* faltim *aliis*
diftracti rebus, fententiarum tamen inter
eruditos celebrium *momenta quædam* intelligere geftiunt; *collecta* enim hoc libello, &
popularius, nifi fallor, expofita deprehen-
dent, quæ *fparfim* alibi difiecta, aut *philo-
fophico* magis habitu induta confpiciuntur.

Caue autem, ea re exiftimes promitti *facilia adeo* omnia, vt vel obiter lecta fefe ap-
probent, aut hæreant. Eft aliquando *difficilius negotium,* quam vt expediri breuiter &
facillime poffit: aliquando mea quoque *fcri-
ptoris culpa* effe poteft, quam non fane lu-
bens contraxi; confitebor autem, &, fi pof-
fim, emendabo lubentiffime.

Illud iure flagito, nolis, *vbicunque* quæ-
ftioni *obuiæ difficilis* refponfio fuccurrat: eam
femper auctoris culpam interpretari. Quo,
funt obuia magis in difciplinis *phyficis* atque
metaphyficis phænomena: eo plerumque difficiliores eorundem explicationes philofophi
experiuntur. a 4 Non

Non abnuo rationem cl. ASTRVCIO allegatam, qua coniecit, minui admirationem
frequentia, & negligentiorem adeo in ex-
quirendis caussis animum infeliciorem esse
in iisdem eruendis: *propius* tamen *aliquando*
caussam contigeris, si vulgata & obuia dixeris vtplurimum esse *magis composita* abstrusis,
& arte demum, aut speculatione abstracta
natis eruditorum quæstionibus.

Possem *exemplis* fidem dicto facere, si
excurrere in illud institutum liceret: nunc
monitis pergo, quæ commentationi quidem
præsenti necessaria existimo.

Ordinem scripti *conspectus* exhibet, *eo* quidem fine & *modo* scriptus, vt essentialia in
compendio connexa sistat. De nonnullis
caussam accipe. Exposito *sectione prima* quæstionis sensu, *secunda* disserui de numero ex-
plicationum. Visum est, fortasse non omnes id *supplere*, quod LEIBNITIVS, subintelle-
ctum sine dubio, explicite non expressit. Arguit vir philosophus ab exclusione *duorum* ad
existentiam *tertii* systematis: recte id quidem, *si constet*, simplicia plura excogitari non
posse, & composita premi difficultatibus iisdem, quibus ille simplicia extruserit. *Oppor-*
tunum itaque iudicauimus, eam ab initio
partem enarrare *distinctius.*

De numero tractationem excipit altera
specialior, quæ singulare vniuscuiusque sententiæ examen pandit. Diximus *tertia se-*
one de vulgato, *quarta* de Cartesiano systemate, quæ visa sunt; *saluis* defensorum

hono-

PRAEFATIO.

bonoribus, quos nihil læsos volumus. Licet *dissentire* in rep. litteraria: *conuitiari* non licet; si *iura* quidem a *consuetudine* secernas.

Vbi LEIBNITIANVM ex instituto *systema* persecutus sum, *sectione quinta,* de *anima & corpore* egi sigillatim, exemplo cel. WOLFII, qui primus diserte & applicate ostendit, vere LEIBNITIVM & ex solido dixisse: *harmoniam* suam esse *confluentem,* in quo amice coëat, quicquid boni siue dixerint siue supposuerint *idealistæ* hinc, & illinc *materialistæ.* Concordiam ipsam vt illustriorem lectores conspicerent, etiam difficiles: *specialius* pauca de legibus vtriusque substantiæ conspirantibus annexui; iisdem omnino principiis deducta.

Hypotheticam hanc tractationem dixi, *vt integrum* esset, etiam illa mutuo accipere, quæ fortassis systemati necessaria esse possunt, & in illa tamen sectionis breuitate neglecta sunt. Tum vero, *vt scopum* scriptionis obtinere certius possim: vt enim doctrinæ veritatem tibi non persuadeam, facilius approbabo studium explicandi sententiam VIRI, vndique maximi. Nolui etiam, *asseuerata* dictione dissentientes *offendere.* Expositis enim, quæ succurrebant animo, rerum momentis, *liberum & tibi & mihi* volo illud *Plautinum:* ,,optio hæc tua est, vtram harum vis conditionem, accipe.,,

Obiectionum solutiones, *sexta* dissertationis parte factas, commoditati lectorum indulsi, non vanitati meæ. Pleræque enim a

LEIB-

PRAEFATIO.

LEIBNITIO datæ funt; aliquæ & a CHR. WOL-
FIO adiunctæ; paucæ *meæ* funt, nec præcipuæ. Neque delector ego refutationibus:
demonftrationes deperire animum, non diffiteor; easdemque non multas magis, quam
bonas. Dixi cauffam fententiæ, vbi folu-
tiones obfignaui, paragrapho fcripti 252.

Si quas paffim *occupaui* obiectiones vide-
ris, caue, *verborum poteftatem* premas, vbi
de alieno loquor: dixi non pauca, qualia primo videri adfpectu poffent, & quæ a noftris
arceri præfepibus confultum iudicaui. Ita
nolim exiftimes, mea fententia *petitionem
principii* fore, fi quis in formanda quæftione
negligenter aut dolofe verfetur: non enim
illa *mea* eft appellatio, quam §. ftatim primo, *nota prima* complectitur. Idem, fi placet, iudicium efto de fimilibus.

Sunt *plures* ex eo, quo noftra hæc con-
fcripfimus, tempore *difficultates* motæ ab eruditis: earum *vnicam* illis addidi, quas, hinc
inde auditas, antea collegeram, & fupple-
menti loco adoptaueram. Plures alias di-
ferte nunc adiungere, inftitutum non admittit: *antiquius* enim hoc fcriptum eft,
quam, quæ illas generauerat, differtatio
mea inauguralis, d. 13. fept. 1721. refp. 10.
DAVIDE ESSICHIO, *Tubingenfi*, defenfa.

Monebo tamen ignaros rerum, vt attend-
dant *annotationibus* excell. inter nos philofophi atque medici, ELIAE CAMERARII, in differtatione extemporali, fed erudita, qua
vnionis animæ cum corpore fyftemata tria, har-
mo-

PRAEFATIO.

moniæ præstabilitæ, influxus, & assistentiæ
in vnum fudit, d. 27. fept. 1721. *resp.* IO. FRID.
BRAVNIO defensa.   Sed vero & illis animum
aduertant, quæ excell. physicæ & mathe-
matum professor, IO. CVNR. CREILINGIVS suis
in Leibnitiana philosophiæ placita commen-
tationibus, de nostro hoc negotio interse-
ruit, disputatione *altera* in *principia philosophiæ auctore* G. G. LEIBNITIO, respondente *eodem* dn. ESSICHIO, magisterii philosophici eo
tempore candidato, ventilata d. 17. aug.
A. 1722. [Nunc in fuburbano Tubingæ alum-
neo Bebenhusano meritissimo iuuentutis
monasticæ moderatore, & V. D. M.]

Vidimus non ita pridem quoque, quas
pag. 35. not. 45. ex amici litteris obiter allegauimus, cel. Lipsiensium philosophi GO-
DOFR. POLYCARPI MVLLERI meditationes in
theoriam sensuum generalem, a NIC. HARTSOECKE-
RO traditam, 18. apr. 1722. resp. CAR. GOTTH.
SACHSIO disputatas, quarum §§. 24.-31. exa-
minandis de harmonia præstabilita institutionibus Wolfianis impendit.

Vidimus eloquentissimi CROSAE animad-
uersionem, in transitu factam, & expositam
in *logico* systemate P. I. S. II. c. V. Tom. II.
p. 673.

Vidimus *Leibnitianam* sententiam, CAR-
TESII *more* inflexam a M. CHRISTIANO GEORG.
SCHVSSLERO in diss. de commercio inter animam & corpus d. 5. aug. 1720. Halæ habita, qua, si mentem affequor, ex præstituto

vim

vim motuum, *directionem* ex imperio animæ
deduxit.

Vidimus *elegantem*, sed *succinctissimam*, sententiæ Leibnitianæ *expositionem*, quam cel.
theologus, MICH. GOTTL. HANSCHIVS, S. cæs.
& cath. maiestatis consiliarius, edidit, ad-
iunctam ideæ boni disputatoris, A. 1722.
cusam.

Et *quis omnia* enumeret, quæ *diuersissimis*
imbuti *principiis* eruditi de negotio quidem
præsenti, argumento maxime composito,
edixerunt?

Vnum pro *innocentia doctrinæ* illustranda
fortassis non inepte addidero. LEIBNITII testimonio didici, *complures occasionalistarum*
testatos esse, se non aliter assistentiam suam
interpretari, quam LEIBNITIVS harmoniam.
R.R.P.P.*Iesuitas Triuultinos* egregie de harmonia præstituta pronunciare, testimonio
simul atque calculo *interpretis* theodicææ, *Co-
loniensis* ex eadem societate P. R. constat.
Lipsiensem theologum, M.G.HANSCHIVM modo appellauimus: cui comitem e reforma-
tis cel. IAQVELOTIVM addimus, quando ideis
spirituum atque corporum congruere, neque humanæ libertati aduersam esse sententiam existimat. Illustrissimum dn. *abbatem*
CONTIVM systemati fauentem ex Leibnitiana
ad illum epistola suo loco exhibuimus. *Lu-
bentes* quoque vidimus, cl. IO. MELCH. VER-
DRIESIVM, Giessensem philosophum, atque
medicum cum de vnione loquitur, id arbi-
tratui lectorum permisisse, *occasionem* asserere

PRAEFATIO.

rere, aut *præstabilitam* olim *harmoniam* velint?
Nimirum veneramur VIRI virtutem & iudicium.

Eidem etiam *scopo* dedimus *sectionem* libelli *vltimam,* qua vtiles huius doctrinæ fructus, etsi breuiter, indicauimus; eoque facto veritatem Leibnitianæ gloriationis asseruimus.   Vt enim *fulciendis* illis veritatibus *necessarium* non sit systema expositum: est *accommodum* tamen; & *exaltandis vtile.*

Longam vero exili libello *præfationem!*
Legisse tamen, opinor, non pœnitebit; facilior enim, hac cognita, progressus erit, & iudicium tutius.

Commoditati tuæ etiam illud indulgeo, vt *præmoneam,* sectione sexta *obiectiones* distingui *notulis* (,,) initio paragraphorum & fini additis; in *Bælianis numeros* quoque barbaros obiectionibus atque responsionibus intermistos, mutuo contendendos esse; & addendas §. 170. & 172. notulas modo memoratas.

Errores operarum *leuiores* annotare nihil attinet: sufficiat, æquitatem aduocasse tuam, & *grauiores* expunxisse. *Satis,* opinor, *bene* se cetera habent; *absente* præsertim *Actore* per *amicum,* aliis obrutum occupationibus, curata: quæ existimaui, moram lectoribus iniicere aliquam posse, inter *emendanda* collocaui. Facient rem mihi gratam, & vtilem sibi, quibus molestum non erit, *annotata corrigere,* aut si quando inter lectionem

ctionem hæreant, indicem illum *consulere*.
Ita dubium non est, permutatam pag. 90.
lin. 3. vocem, impedire sensum : leges igitur *naturales* conuerte in *generales* ex indice
nostro; & plana facile omnia erunt. Idem
in ceteris tene, etsi multo facilioribus.

    Dissertationem, paragrapho huius libelli
centesimo allegatam, animus erat adiungere
præsenti. Quoniam id fieri hac vice non
potuit: *proximis* illam nundinis excudi cura-
bo, nisi aut negotia institutum alia in-
teruerterint, aut ingratos publico labores meos intellexerim; *thetice* tamen illam
rem persequar, etsi prolixius, &, quoad
possum, planius edisserendam.

    Ita vero *vale*, lector beneuole, & vtere
iure tuo, examinandi omnia, tenendi bona!
    Dabam Tubingæ. III. Id. mart.
       CIƆ IƆ CC XXIII.

CON-

CONSPECTVS
VNIVERSAE TRACTATIONIS.

Sectio *prima* exhibet statum quæstionis propositæ.

Dicimus harmoniam animi & corporis, §. 1. *siue cogitationum & motuum* §. 2. *non vnionem* §. 3. *nisi termino prius explicato* §. 4. *Animæ igitur & corporis existentiam præsupponimus* §. 5. Præstabilitam *vocamus cum* LEIBNITIO §. 6. *seclusis tamen ceteris harmoniæ præstabilitæ speciebus* §. 7. *quas inter substantias generatim omnes* §. 8. *speciatim inter corpora corporibus, spiritusque spiritibus* §. 9. *itemque corpora spiritibus collata* §. 10. *variis elocutionum formulis asseruit* §. 11. *generalitate a nostro instituto aliena* §. 12.

Sectio *secunda* inquirit in numerum systematum.

Vt intelligas, quot simplicia esse possint §. 13. *attende, quomodo consentire possint res duæ necessariæ* §. 14. *duæ contingentes* §. 15. *vna necessaria & altera contingens* §. 16. In duabus contingentibus, *qui noster casus est, non esse nisi tria possibilia, ostenditur argumento* §. 17. *& exemplo per* LEIBNITIVM *allegato* §. 18. 19. *atque ad rem præsentem applicato* §. 20. Composita *possunt plurima fieri, sed exiguo fructu* §. 21. *Possunt aliqua & in ramos diuelli, exemplo R. P.* TOVRNEMINII §. 22. *addita examinis cautela & adminiculo* §. 23.

b   Sectio

Sectio *tertia* examinat systema influxus physici.

Quid sit influxus *physicus explicatur* §. 24. *sed generice solum* §. 25. *creditur niti* experientia §. 26. *quæ, cautius perspecta* §. 27. *deprehenditur hoc loco* insufficiens §. 28. *Neque ideo statim falsa est sententia* §. 29. *est fictitia tamen* §. 30. *reiicienda tum demum, si repugnet alicui veritati cognitæ* §. 31. *qualem* CARTESIVS *suam de identitate quantitatis motus regulam arbitratus est* §. 32. *refutatus primum a* LEIBNITIO §. 33. *qui alium priori canonem substituit de identitate virium motricium* §. 34. *Non vtimur illo tamen hac vice* §. 35. *et si naturæ rerum, nostra quidem sententia, conueniat* §. 36.

Effectus integer est æquipollens (non maior) viribus caussæ ad effectum applicatis §. 37. *Et corporeæ in organa inea impressioni respondet effectus in corpore æquipollens, siue plena omnia & materiam motui indifferentem* §. 38. *vel resistentem* §. 39. *siue vacuum supponas* §. 40. 41. *Igitur ex corpore nihil transit* in animam §. 42. *Sed neque ex anima in corpus, vt R. P.* TOVRNEMINIO visum §. 43. *cuius modeste expenditur institutum generale* §. 44. *& postulatum vnionis possessiuæ* §. 45. *& suppositiones* §. 46. 47. *& solutiones difficultatis* §. 48. - 52. *quæ strictius proponitur hoc modo: animæ actio est determinata* §. 53. Ratio determinationis *non potest esse in rebus extra aninam corporeis* §. 54. *Neque est interna pendens ab arbitrio animæ* §. 55. *Erit igitur interna pendens a statu animæ præcedaneo, conformis*

harmo-

harmoniæ, sed non sufficiens influxui §. 56. *Recte
igitur ill.* LEIBNITIVS *ad cel.* STAHLIVM: *si animæ vi
saltamus, nulla est ratio, quare non saltemus ad altitudinem quamcunque?* §. 57. *nihil obstantibus finitudine mentis, & corporum ambientium resistentia* §. 58. *& generali proportionis allegatione ex fine sumta, & societate animæ cum corpore* §. 59. *&
transformatione ratiocinationis in motum, atque
motus in rem incorpoream* §. 60. *& instantia quoque Stahliana* §. 61. *Remota vero actione corporis
in animam, & animæ in corpus suum, excusatur
facti audacia* §. 62. *& per* CARTESIVM *transitur ad
Cartesianos* §. 63.

Sectio *quarta* discutit systema assistentiæ.

CARTESIVS, *negata animæ mouendi facultate, directionis potestatem concessit* §. 64. *æque inexplicabilem* §. 65. *& legibus naturæ aduersam* §. 66. *&
difficultatibus obnoxiam prioribus* §. 67. *præcipue
inimicam canoni de identitate directionis totalis ante
& post ictum in corporibus* §. 68. *quam, si* CARTESIVS
legem cognouisset, facile ad harmoniam LEIBNITII
præstabilitam deuenisset §. 69. *etsi sectatores aliam
deinde viam ingressi sint* §. 70.

Cartesianorum *enim sententia Deus occasione
corporis in mentem agit, & vice-versa* §. 71. *Vnde
est* systema occasionale, *multis approbatum* §. 72.
& diuersis impugnatum studiis §. 73. *a* LEIBNITIO
tribus præcipue argumentis §. 74. *a legum naturalium turba* §. 75. *earundemque arbitrarie latarum
indifferentia, philosophiæ minus congrua* §. 76. *&
miraculis* §. 77. *in eo* systemate *perpetuis* §. 78.
Vt enim generalibus omnia legibus fiant §. 79. *caus-*

sas

fas tamen naturales non habent §. 80. *sed repetitas Dei operationes postulant* §. 81. *nullo decreti originarii positiuo in creaturis effectu persistente* §. 82. *Sunt nimii tamen, qui physicam ea sententia disciplinam aboleri arbitrantur* §. 83. *aut loquendi formulas vrgent* §. 84. *aut consequentias odiose extendunt* §. 85.

Sectio *quinta* exponit systema harmoniæ præstabilitæ.

Generaliter, *remotis duobus, manet tertium* §. 86. *in nostra quidem complicatione* §. 87. *neque huic fini necessarium est, explicare possibilitatem systematis* §. 88. *Leibnitiano more concludentibus* §. 89.

Specialius pro anima *notes: substantiarum simplicium omnium, monadum æque ac animarum, & spirituum, naturam consistere in repræsentatione vniuersi* §. 90. *mutarique illas naturaliter a principio tantum interno* §. 91. *secundum ordinem naturæ suæ conuenientem* §. 92. *ita vt sint quasi specula vniuersi quoad statum eius præteritum, præsentem & futurum* §. 93. *repræsentationibus quidem distinctis, vel confusis, claris vel obscuris* §. 94. *successiue ex animæ fundo euoluendis* §. 95. *adeo, vt mutationes in anima omnes sui principium habeant in anima, siue, vt præsens sit grauidum futuro,* §. 96. Pro corpore *attendas: esse aggregatum, vi motrice præditum* §. 97. *a Deo materiæ superaddita* §. 98. *& certis subiecta legibus* §. 99. *quarum ope corpus sit machina* §. 100. *cuius antecedanei status determinant sequentes* §. 101. *vti de animatis quidem & humanis corporibus structura* §. 102. *& exempla docent* §. 103. *sic, vt etiam hoc loco præsens sit gra-*

uiduan

uidum futuro. §. 104. Pro harmonia ipsa: *possi-bilitatem eius* §. 105. *ex diuina præscientia & præ-ordinatione sumi videas* §. 106. *& successione muta-t.onum in vtraque substantia secundum leges facta* §. 107. *& perfecta primi status in vtraque substan-tia similitudine* §. 108. *sic, vt etiam hoc sensu, præ-sens harmonia sit grauida futuræ* §. 109. Necesse est tamen huic argumento, vt, similes illas leges es-se §. 110. *cosmologia demonstret* §. 111. *Sunt au-tem earundem legum metaphysicarum generalium determinationes tantum specialius applicatæ* §. 112. *eoque consentientes.* §. 113.

Collectis illis omnibus *harmonia* LEIBNITII *præ-stabilita* est non modo possibilis, sed & actualis §. 114. *Liberum tamen esto, an aliter paulo rem inflectere malis* §. 115. *exemplo famuli apud* IAQVE-LOTIVM §. 116. *qui humano respondet corpori?* §. 117. *an systema tenere vniuersum?* §. 118. *vin-dicandum adhuc ab obiectionibus* §. 119. *virorum quorundam eruditissimorum* §. 120. *propriis eorun-dem verbis, cum fieri potest, exhibendis* §. 121.

Sectio *sexta* respondet obiectionibus vi-rorum doctissimorum.

Dn. FOVCHERIVS, *Diuionensis canonicus, cui pri-mum* LEIBNITIVS *systema suum inscripserat* §. 122. *concedit possibilitatem artificii vtriusque in anima & corpore* §. 123. 124. *sed caussatur inutilitatem, siue dogmatis* §. 125. 126. *siue ipsius rei* §. 127. 128. *& systema saluandis tantum hypothesibus accommo-datum arguit* §. 129. 130. *Aliam pro explicando phænomeno viam suadet* LEIBNITIO §. 131. 132. *quæstionem vero ipsam præsenti philosophiæ statu*

b 3   *non-*

nondum existimat solubilem, eoque nec mouendam esse, ex doctrina academicorum. §. 133. 134.

P. BÆLIVS *bis mentem de harmonia suam explicuit* §. 135. *In* obiectionibus primis *systema hoc interpretatur nouam philosophiæ accessionem* §.136. 137. *& breuiter indicatis difficultatibus, quas cum* Aristotelicis *de virtute actiua creaturis communicata* §. 138. 139. *& cum* Cartesianis *de mechanismo libertati inimico communes habeat* §. 140. 141. *transit ad eas, quas* LEIBNITIO *proprias existimat.* Generaliter *artificium maius putat, quam vt illi diuina sufficiat infinitas, exemplo nauigii, sine motore rerum conscio, sua potentia insita, apposite semper & externis rebus conformiter lato* §. 142. 143. *Speciatim* in corpore *vrget, nullam cæcam potentiam, vi impressionis ante multos annos factæ, annihilata etiam inhabitante anima, conuenientes semper motus præstare posse* §. 144. 145. *consideratis præcipue organorum multitudine & varietate corporum ambientium, confusionis fontibus certissimis* §.146.147. *Vnde nec* Cartesiani *mechanismum extenderint ad corpus humanum, neque diuinæ omnipotentiæ allegatio rei in se impossibili sufficiat* §. 148. 149. In anima *accedere simplicitatem substantiæ, organorum multitudini oppositam* §. 150. 151. *igitur, ad modum Epicureæ in vacuo atomi, sine vlla diuersitate vniformem illam persistere* §. 152.153. *neque adeo perdurante potentia animæ eadem, ideas v.gr. voluptatis, primas deflectere posse in alias.* §. 154. 155. *Sin omnino variationem postules, affinitatem in illa obseruandam esse, non saltus ex albo in nigrum,& e cælo in terram* §.156. 157. *quibus præstandis non sufficiat anima spiritus, sed*

sed legio spirituum, alternatiue agentium §. 158.
159. *In* obiectionibus *secundis, ad* responsionem
LEIBNITII *de multitudine repræsentationum & lege*
successionis earundem in anima §. 160. *existimat*
deesse media spiritui, quibus illam legem exequatur
§. 161. 162. *idque exemplo animalis musici elegan-*
ter illustrat §. 163. 164. *negat etiam, vocari in*
subsidium posse vestigia præteritorum immaterialia,
simplicitati aduersa §. 165. 166. *vindicata tamen*
a LEIBNITIO §. 167. *& nobis quoque* §. 168. 169.
quoniam in eo videtur acquiescere velle §. 170. *&*
acquieuisse BÆLIVS §. 171. *Apologeta quoque* L'EIB-
NITII §. 172. *præter necessitatem tamen* §. 173.

FR. LAMII *verba cum exhibere non possim, in re-*
sponsionibus ero prolixior §. 174. *Vrget autem* primo, *non differre systema nostrum ab altero caus-*
sarum occasionalium §. 175. *etsi haud parum diffe-*
rant fundamento §. 176. *executione* §. 177. 178.
& constantia legum naturalium §. 179. *in aliis*
non paucis congruentia §. 180. Secundo *animam*
non esse liberam in sensationibus suis §. 181. *ob con-*
secutiones statuum naturales §. 182. *& legem ordi-*
nis in successione obuiam §. 183. *indignante* LEIBNI-
TIO §. 184. *e cuius systemate explicantur requisita*
libertatis §. 185. *& natura motiuorum* §. 186,
& indifferentia voluntatis §. 187. *propositisque di-*
uersis illud dogma examinandi viis §. 188. *ad* obiectiones §. 189. *propositas, ostenditur, neque hypo-*
theticam actionum necessitatem hac sententia inferri
§. 190. *neque mechanismum animæ fatalem obtru-*
di §. 191. *calculo Triuultinorum quoque critico-*
rum §. 192. Tertio *indignum Deo & parum sa-*
piens systema queritur §. 193. *quoniam extrauaga-*
tionibus

tionibus suis diuinas anima leges sequeretur §. 194.
*ridiculas istas quidem, si faciant, vt bonam anima
cogitationem deserat, dum acu pungitur* §. 195.
Quarto *impossibile automatum putat, quod a seipso
illa faciat, quæ cum ratione homines* §. 196. *quod
propositiones generales enunciet, & syllogismos condat* §.197. *cui quidem rei explicandæ genesis idearum generalium* §. 198. *& origo vocum* §. 199.
earumque generalia significantium §. 200. *expenditur, & experientia fulcitur* §.201. *syllogismo-
rumque ex illis natiuitas* §. 202. *& elocutio deriua-
tur.* 203. Quinto *actiuam creaturis vim omnem
negat Cartesiano more* §. 204.

R. P. TOVRNEMINIVS *vrget experientiæ testimo-
nium pro influxu physico* §. 205. *& necessitatem
eius pro obtinenda vnione physica* §.206. *dissentien-
te, quoad metaphysicam,* LEIBNITIO §. 207. *cum
digressiuncula:* an *in Leibnitiana quoque sententia*
corpus *possit esse* Parisiis, *& anima* Constantinopoli? *not.*212.) PARENTII *& dn. de* MAISEAVX
mentio facta §. 208.

IS. NEVVTONO *miraculum audit harmonia præstabilita, & experientiæ contraria creditur* §. 209.
*etsi, nostra sententia, sit miraculi tantum conse-
quens, sed naturale* §. 210. *manentibus etiam, quæ
pro experientia postulauit vir incomparabilis* §.211.

SAM. CLARKIVS, NEVVTONI *defensor celeb. repetit accusationem miraculi in hoc systemate perpetui* §. 212. *Terminum harm. præst. sensu vacuum
arguit* §. 213. *& induci necessitatem arbitratur*
§.214. *negat animæ & corpori magis inter se conuenire, quam duobus horologiis longissime dissitis*
§. 215. *negat fieri machinam posse, corporis nostri*

æmu-

æmulam §. 216. *quæ & illa destinato tempore exe-*
quatur, quæ decernimus in futurum §. 217. *Inu-*
tiles reddi ratiocinationes ab experientia deductas
metuit §.218. *cum non amplius homo videat in hoc*
systemate §. 219. *metuit extensionem mechanismi*
corporei ad excludendam animæ spiritualitatem
§. 220. *Existimat, nullam hac sententia difficulta-*
tem euitari §.221. *cum non difficilius substantia*
immaterialis in materialem, quam materia in ma-
teriam, agere concipiatur §.222. *deficientibus etiam*
hoc loco explicationibus mechanicis §.223.224. *Qui-*
bus consulto omnibus specifice responsum est §.225.

G. E. STAHLIVS, *in principiis ipsis dissidens a* LEIB-
NITIO §. 226. *allegationem harmoniæ præstabili-*
tæ Leibnitianam §. 227. *ita intelligit, ac si legem*
naturæ eo nomine appellaret, a posteriori cognitam
§. 228. *contra mentem, vt videtur, illustris viri*
§. 229. *expositam* §. 230. 231. *Deinde vrget, co-*
natibus animæ non semper effectum respondere
§. 232. *quod systemati, pro ipsius sententia intelle-*
cto, aduersaretur §.233. *non item in nostra* §.234.
veluti ad speciales magni viri quæstiones §. 235.
specialibus quoque responsionibus ostenditur §. 236.
Arguit porro, excludi ortum omnium rerum a caus-
sa prima §.237. *sed conciliatum cum systemate præ-*
senti §. 238. 239. 240. *& prouidentiam atque di-*
rectionem diuinam §. 241. *sed vindicatam nobis*
§. 242. *vtrumque expressius, ob breuitatem* LEIBNI-
TII §. 243. 244.

Circa difficultates adoptiuas §. 245. *exponi-*
tur: cur ideæ non pergant corpore aliter affecto?
§.246. *cur in turbinem acti nesciant, quid agant?*
§. 247. *Cur cerebrum sequantur animæ perceptio-*
nes?

Sectio *septima* indicat vtilitates quasdam systematis præstabiliti.

Appendix

SECTIO

SECTIO PRIMA,

COMPLECTENS
STATVM QVÆSTIONIS
PROPOSITÆ.

§. 1.

INscribitur hæc tractatio: *de HARMONIA animi & corporis humani, maxime PRÆSTABILITA, ex mente LEIBNITII.* *Harmoniam* (1) dico, cum *phænomenon*, cum experientiam volo edisserere. Illud enim, si sollicite attendamus, *facti* esse deprehendimus, quod animæ cogitationes, id est, rerum in vniuerso repræsentationes, quarum nobis conscii sumus, consentiant amice & conspirent illis mutationibus, quæ ad variorum extra nos corporum præsentiam

A   fiunt

1) Nolim hic quisquam existimet, me petere id, quod est in principio, vel quæstionem ita inflectere, vt est in responsione. Quæstio enim *exprimit harmoniam, quatenus* eam in facto deprehendit, neque influxum ponit, neque excludit : secus atque id in responsione obseruabitur, vbi *harmoniam tantum esse* asseritur.

fiunt in sensoriis humani corporis organis : & vicissim, quod motus corporis, quos voluntarios
vocamus, respondeant cogitationibus, earundemque in anima successionibus & mutationibus.

§. 2. Quando autem *cogitationes* (2) tantum,
& motus voluntarios hic nomino, nequaquam ea
re excludo ideas siue perceptiones obscuras (3),
quarum sibi mens nostra conscia non est, vel motus in corpore reliquos ; namque & horum esse
mutuum inter se parallelismum atque harmoniam,
inferius monebimus : verum id non *ex facto* intelligimus, *obseruando* saltim, sed *inferimus ratioci-
nando.*

§. 3. *Vnionem* non dixi animæ & corporis,
quoniam ea vox, nimium diues sensuum, discursui
nostro aliquam subinde ambiguitatem posset inue-
here.   Si nimiam esse hanc meam cautionem, &
scrupulis, quam prudentiæ propiorem existimes,
lege *Tourneminiana* (4) in commentariis Triuultinis, & deprehende, magnam systematis & obiectionum eius partem mage vocis illius ambigua
potestate, quam rei & experientiæ testimonio fulciri ; mirare etiam, viros doctissimos (5) de vocabulo

---

2) Sequor hic definitionem WOLFII metaph.§.194. *Wir*
   nennen Gedanken die Veränderungen der Seele, deren
   sie sich bevvußt ist.
3) Vid. WOLFII metaph. §.731.
4) Memoires de Trevoux. 1703. May, art. XCI. p.869.
   870. edit. Triuult.
5) Ipsum TOVRNEMINIVM & abbatem LANGVETVM MON-
   TINÆVM (de MONTIGNY) eleemosynarium sereniss̄imæ

bulo ifto follicitos difquirere. [Mirare inquam,
non ob raritatem facti, fed ob inutilitatem. Quid
enim ? aut plura ad vnionem poftulas, quam ego
concefferim, aut eadem omnia, nec plura tamen ;
aut pauciora folum. *Hic* omnia tua concedo, addo
etiam, quæ omiferis, mea. *Ifthic* de vnione
tibi plane confentio : fed nihil ex ea nouum inferre tibi dabitur. *Illic* nego vnionem effe, qualem
poftulas. Neque igitur operæ compendium fecifti,
dum fub illo vocabulo nefcio quid lucrari aut ob-
trudere mihi conatus es.]

§. 4. Non repugnabo tamen morofius, fi
iftam vocem poftules : admiferis tantum, hoc *vnionem* dici, cum res duæ vel plures, quantumuis cetera diuerfæ, ita in fuis fibi refpondeant modifica-
tionibus, vt fimul fumtæ poffint haberi pro vna
re compofita ; vel, fi vocem vnitatis naufeas, pro
toto aliquo compofito. Hanc animæ corporisque
vnionem experimur certiffime : num poffeffiua illa
fit ? (vox eft Tourneminiana) num relatiua faltim ?
id aut non intelligo, aut deinceps docebo.

§. 5. Harmoniam porro dixi *animi atque corporis humani* ; ifta enim duo hic fupponimus. Ab-
fit, vt hic velim difputare vel contra *idealiftas* (6)
A 2 de

---

ducis Burgundiæ, in mem. de Trevoux 1703. p.1849.
& 1863.
6) Eft philofophorum aliquod genus, quod nonnullis de
corpore difficultatibus permotum, corporum extra
mentes exiftentiam negat, & quæ de illa nobis experiri videmur, pro phænomenis tantum habet: cetera
neque aliorum extra fuam mentem fpirituum, neque
infiniti entis exiftentiam vellicat.

de corporum extra animas, vel aduersus *materia-
listas* (7) (veniam vocibus consuetis) de animæ
spiritualis in corpore existentia.   Quæstio enim,
quam enodandam suscepimus, *dualismum* (8) iam
supponit : & qui harmoniæ modum indagat, non
harmoniam esse probat, sed sumit; respondet enim
quæstioni, qui fiat, vt hæc duo sibi respondeant?
Itaque is, quicum disputat, ipsa quæstione dualismum profitetur.   Si alterutrum neges, cessat harmonia, cessat quæstio, cessat & responsio.

§. 6. Quando harmoniam *maxime præstabilitam ex mente* Leibnitii appellaui, illud ideo factum
intelligas, vt ex inscriptione possis coniicere, quid
maxime systematis nostræ paginæ ferant, cui præcipue fini destinentur? Adducam & reliquas explicandi rationes, & ventilabo etiam, quatenus ea
res commentationem nostram pleniorem, atque ad
memoratam hypothesin explicandum viam facit pla-
niorem.   Neque enim id mihi onus imposui, vt
quicquid de illis vel edictum est, vel in eas dici
potest, operosus colligam.   Sed præmittam istas,
vt quibus viis ad harmoniam præstabilitam deue-
                                                    nerit

7) Ita illos appellamus, qui & corporibus cogitationes &
   cognitionem & conscientiam, & quicquid est spiritua-
   lium ceteroquin operationum, transcribunt; spirituum adeo in corporibus existentiam vel negligunt,
   vel negant.
8) Dualistas philosophi eos vocant, qui & spirituum a
   corporibus distinctorum, & corporum quoque in vniuerso existentiam, & in hominibus vnionem siue harmoniam concedunt: quæ solennis est hodieque phi-
   losophandi ratio.

nerit Leibnitivs (9), peruideas, & simul ipse manum quasi ducentem secutus, in eandem sic inci-
das. Quare *præstabilitam* dicamus, rectius dicetur,
quando ipsum systema explanabitur.

§. 7. Illud saltim hic monendus es, *me non de
omni* (10) *harmonia præstabilita*, qualem Leibnitivs asseruit, in hisce paginis *acturum esse:* sed de
harmonia solum animi atque corporis præstabilita.
Scilicet ille vniuersalem rerum creatarum omnium
(11) inter se harmoniam, corporum inter se omnium, spirituum inter se omnium, corporum atque
spirituum sibi mutuo respondentium inter se, naturæ adeo vniuersæ, imo & naturæ atque gratiæ
(12) diuinæ conspirationem ex principiis suis ad-
struxerat.

A 3   §. 8.

9) V. essais de theodicée sur la bonté de Dieu, la liberté
de l' homme & l' origine du mal. §. 59.--

10) Obiter moneo, nisi sententiarum Leibnitianarum
curiosus fueris, posse te transsilire §. 7. - 11. incl. *Histo-
rica* est tantum enarratio: & fortasse difficilior, quia
breuitatem hic imperat rei, tantum incidentis, natura.

11) Vid. essais de theodicée, §. 62. vbi: „ ainsi étant
d' ailleurs persuadé du principe de l' harmonie en ge-
neral, & par consequent de la préformation, & de
l' harmonie préetablie de toutes choses entre elles,
entre la nature & la grace, entre les decrets de Dieu &
nos actions prevües, entre toutes les parties de la matiere, & même entre l' avenir & le passé: le tout conformement à la souveraine sagesse de Dieu, dont les
ouvrages sont les plus harmoniques, qu' il soit
possible de conçevoir. „

12) Cum naturam & gratiam appellamus, caue, illam
interpreteris conditionem humanam, qualem a na-

§. 8. Quod, vt melius intelligas, sciendum est: ex LEIBNITII placitis *vnicuique substantiæ* (13) creatæ vim quandam, siue principium actiuum a DEO, vniuersi auctore, inditum esse, ex quo sine mutua (14) substantiarum in se inuicem actione reali & transitiua, mutationes vniuscuiusque tanquam ex domestico fonte se inuicem consequantur: ita quidem, vt mutationes huius substantiæ caussaliter dependeant ab eiusdem huius substantiæ vi interna atque statu antecedente interno, consentiant (15) tamen mutationibus substantiarum reliquarum, quæ & ipsæ pendent a statu earundem antecedaneo. Quoniam vero consecutiones istæ non casu contingant aut fortuito eueniant, sed leges obseruent atque ordinem: inde fieri, vt substantiis semel a DEO harmonice constitutis, constanter in posterum conspirent; siquidem vbi antecedentia sunt harmonica, etiam consequentia consentire oporteat, & consentientibus caussis (statu scil. antecedaneo respectu sui consequentis) etiam effectus sibi respondeant. Eum vero parallelismum earundem perpetuum vides esse harmoniam, & præstabilitam

tiuitate experimur, quam diuinæ gratiæ & voluntati in singulis hominibus aduersam hodie fatemur. Sensum istius parallelismi Leibnitianum vide mox. §. 10. not. 16.

13) Vid. acta eruditorum, A. 1694. p. 111. - & A. 1695. p. 145. - -

14) Vid. suppl. act. erud. T. VII. sect. XI. p. 500. n. 7. & monadologia, n. 7. p. 3. 4.

15) Vid. suppl. act. erud. l. c. p. 507. n. 53. & monad. n. 53. p. 26.

tam quidem, quatenus a primo statu harmonico
pendulam.

§. 9. Ista de substantiis generatim: *in corpo-*
ribus speciatim id principium actiuum esse vim motricem, cuius perennis ad motum producendum
nisus, pro reliquorum corporum ambientium statu atque ad hoc corpus habitu siue relatione, limitatus, secundum leges motuum a DEO sapientissime selectas, consequentes motus producat; ita
quidem, vt, quoniam illa limitatio vis primitiuæ
vel originarii nisus in omnibus corporibus sit harmonica, iisdemque agatur legibus, non possit
non, introducta semel, a principio altiori, corporum harmonia perennare, dum idem illud agens
sublimius parallelismum, a se constitutum, interturbet. *Spiritibus* vero, vel in vniuersum monadibus, simplicibus substantiis, principium actiuum
esse vim mundi perceptiuam siue repræsentatiuam,
cuius perennis ad nouas in se perceptiones producendas appetitus, pro creatorum ceterorum statu
limitatus, secundum leges appetituum a DEO
sapientissime delectas, consequentes perceptiones
euoluat; ita quidem, vt, quoniam illa vis primitiuæ, vel appetitus originarii & vniuersalis limitatio in omnibus monadibus sit harmonica, iisdemque fluat legibus, non possit non introducta semel a principio altiori monadum inter se harmonia
perennare, donec Deus illam interturbare velit,
vel sufflaminare.

§. 10. Neque id solum, sed & *monadum per-*
ceptiones atque corporum motus inter se præstitutos
A 4   esse

eſſe harmonice : ſiquidem prima perceptionis atque appetitus limitatio non minus pro corporum in vniuerſitate ſtatu, quam pro ceterarum monadum perceptionibus determinata fuerit. Vnde noua in naturam rerum harmonia introducitur, quam cauſſarum efficientium & finalium dixit LEIBNITIVS. _Corpora_ enim _motu phyſico feruntur a cauſſis efficientibus, impetum_ corpori imprimentibus : ſed _monades appetitu ſeu motu metaphyſico & morali reguntur a cauſſis finalibus, inclinationem_ illis largientibus. Ita conſentit _regnum cauſſarum finalium atque efficientium : & mundus moralis_ conſpirat _naturali : & Deus machinæ architeƈtus_ ipſi ſibi vt _monarchæ ciuitatis diuinæ ſpirituum._ Quamuis hæc vltima ſenſum adhuc (16) ampliorem admit-

16) Iſtis quippe vocibus aliquando & harmoniam _gratiæ_ atque _naturæ_ exprimit, quando in princip. philoſ. ſeu monadologia n. 90. - 92. ita loquitur ; ,,hic nobis alia harmonia memoranda venit, quæ inter regnum phyſicum naturæ & regnum morale gratiæ intercedit, hoc eſt, inter Deum, quatenus conſideratur vt architeƈtus machinæ, & inter Deum eundem, quatenus vt monarcha ciuitatis diuinæ ſpirituum ſpeƈtatur. Ab hac harmonia pendet, quod res deducant ad gratiam per ipſas vias naturæ, & quod hic globus, ex. gr. deſtrui & reparari debeat per media naturalia iis momentis, quando regimen ſpirituum id poſtulat, ad aliquos puniendos, ceteros remunerandos. Aſſeuerare etiam licet, Deum tanquam architeƈtum, ſatisfacere Deo, tanquam legiſlatori, ex aſſe, atque ſic peccata conſequi debere pœnas per ordinem naturæ & ſtruƈturæ rerum mechanicæ ; bonas etiam aƈtiones ſecum trahere remunerationes per media machinalia

admittant, a quo in philosophica hac exercitatione abstinemus.

§. 11. *Vis* LEIBNITIVM *ipsum audire?* Faciam ergo eum loquentem: sic ille (17): „ex his (præmissis philosophiæ principiis) duplicem, eumque perfectissimum parallelismum constituo. Vnum inter principium materiale & formale, seu inter corpus & animam: alterum inter regnum caussarum efficientium & regnum caussarum finalium. ,, *Et post nonnulla alia:* „hoc modo fit, vt omnium naturalis ratio reddi possit in anima corporeque, dum status præsens corporis ex statu præcedente nascitur per leges caussarum efficientium, & status præsens animæ ex statu præcedente nascitur per leges caussarum finalium. Illic series motuum: hic series appetituum. Illic transitur a caussa ad effectum: hic a fine ad medium. Et reuera dici potest, repræsentationem finis in anima caussam efficientem esse repræsentationis mediorum in eadem: atque ita a parallelismo inter caussam materialem & formalem in viuentibus, seu in naturæ machinis, deducti sumus ad parallelismum inter efficientes & fines. &c. ,,

A 5 §. 12.

respectu corporum, quamuis idem nec possit, nec debeat constanter extemplo accidere,, vid. suppl. act. erud. l. c. p. 513. [Quæ quidem omnia non sanum solum, sed & egregium admittunt sensum, vbi penitus illa pernoueris. Obiter intuentibus, & iis, qui falsis illa sententiis coniungunt, videri & esse queunt plena periculis.]

17) In animaduersionibus circa assertiones [aliquas theoriæ medicæ veræ p. 4. & 5.

§. 12. *Sed quorsum ista omnia?* Scilicet, vt intelligatur, nos omnem harmoniam præstabilitam persequi non velle, pro vniuersa, in quam vir illustris eam diduxit, amplitudine. Verum id agere nos, vt aliquam eius partem, nobis proximam & domesticam, expendamus fusius, ceteras ex occasione tantum perstringamus. Ita vero iam, remotis, quæ præscindi debebant, ad harmoniam corporis atque animæ explicandam propius accedimus, istum maxime ordinem secuturi, quem rebus diiudicandis facillimum arbitramur. Dicamus, quot phænomeno huic exponendo systemata excogitari possint? Et qualia sint singula ista, pensitemus.

SECTIO SECVNDA

DE

NVMERO SYSTEMATVM SIVE HYPOTHESIVM.

§. 13.

TRia esse cognita hactenus *systemata*, quibus eruditi harmoniam animi & corporis humani explicare connisi sunt, id existimo, vix cuiquam ignotum esse eorum, qui rei litterariæ curiosi sunt. Sed fortasse pauciores in id inquisiuerunt, annon excogitari plura possint? Ego sic rationes subduco meas, vt, *simplicia plura inueniri posse, negem:* varie modificata & inter

se

se composita dari plurima, non inficior. Sed,
quid ea compositione liceat proficere, deinceps
constabit luculentius.

§. 14. Scilicet, si quæ res mutuo conspirare
debent, vel absolute sunt necessariæ, vel contingentes, vtraque aut alterutra. *Si vtraque* sunt *necessariæ*, conspirationis mutuæ non alia quæri caussa
vel potest, vel debet, quam ipsa cuiusque natura,
quæ rem cogit ita determinatam esse, adeoque, si
cum altera contendatur, similem facit & harmonicam. * Atqui illa, de quibus in præsentia nobis sermo est, non sunt necessaria ; alterum enim
contingens (18), alterum præterea & liberum esse
nouimus. Igitur illa ne quidem in mentem hic
venire solent, quasi harmonia vtriusque niteretur
necessitate singulorum.

§. 15. *Si vtraque res sint contingentes* in mutationibus suis, altera alteri respondebit, si vel a se
depen-

---

* Quæ ratio est, cur in eadem curua consentiant proprietates diuersæ, exprimere viam proiectionis corporis naturaliter grauis in vacuo ; & colligere radios,
qui cum axe parallel*us* incidunt, in vnum punctum?
Esse brachystochronam in vacuo, isochronam in vacuo, isochronam in medio resistente secundum velo-
citates, & esse euolutam sui ipsius? Esse curuam de-
scensus æquabilis in vacuo, & esse etiam in medio,
quod resistat inuersa velocitatum ratione? & quæ sunt
infinita eiusmodi.

18) Non moramur hic necessitatem HOBBII, vel SPINOZÆ,
quam nemo felicius profligauit, ac LEIBNITIVS, iis obseruationibus, quas theodicæa continet §. 345-349.
Journ. des sçav. 1691. 18. juin. p. 390. 391. Recueil
T. II. p. 133. 134. 135.

dependeant mutuo per influxum alterius in alteram,
eundemque realem : vel si non dependeant a se
mutuo, pendeant vero a communi caussa dirigente (19). Si a communi caussa dirigente, illa vel
constanter alteram ex altera determinat, vel semel
atque simul harmonice constitutas, vnamquamque
suis permittit legibus, quarum ope mutationes
certo se ordine modoque insequantur in vtraque,
adeoque maneant harmonicæ.

§. 16. *Si alteram velis necessariam esse, contingentem alteram,* præterquam quod id nostro casui
applicare non liceat , eædem, quæ modo, caussæ
determinationis esse debent, non vtrinque sane, sed
ex parte contingentis, quæ non potest conspirare
cum re necessaria, nisi vel ab ea pendeat per influxum eius, atque actionem in ipsum contingens,
vel per externæ caussæ directionem, eandemque
aut perpetuo iterandam, aut semel faciendam atque
legibus alligandam generalibus.

§. 17. *Non dari alium harmoniæ in contingentibus*

19) Caue, hic tertium interseras : si dependeant a diuersis quidem caussis dirigentibus, sed harmonicis. De
illis enim eædem recurrunt quæstiones : quid est,
quod illas faciat harmonicas, an mutuus influxus ? An
tertia caussa constanter dirigens, repetitis actibus: vel
ordine & legibus semel constitutis ? Aut fortasse hoc
suffugium fore putas, si vtramque caussam dirigen-
tem facias intelligentem, ita enim se altera alteri accommodare potest ? Verum, si corpus ab intelligente
caussa dirigitur, cur non ab ipsa anima ? Difficultates
enim eædem & ibi persistunt, nouis auctæ, & amba-
ges hic euitari possent. Puto intelligi, quid velim?

bus fontem (20), facile intelligitur. Contingentia
enim, cum aliter effe poffint , determinationis fuæ
rationem habere debent : illam autem nifi in determinante cauffa fruftra quæfiueris. Itaque vel alterum alteri(21) eft cauffa determinans (vides *influxum*) vel ab eadem cauffa determinatur vtrumque,
& id vel repetita & immediata femper actione
(vides *Malebranchianifmum*) vel mediante aliquo
ordine primitus conftituto (vides *harmoniam præftabilitam*). Si cafu id fieri velis, fcito, me nulli
pofitiuo cauffam negatiuam, nulli determinato rationem indeterminatam affingere : vel, vt planius
dicam, mihi certum effe, quod nulla exiftente
cauffa nullus fequatur effectus. Cafum autem non
effe cauffam, fed eius potius exclufionem, quis
non videt?(22)

§. 18. Equidem non dubito, quin ifta fatis
clare dicta fint attendentibus : faxo tamen, vt
exemplo res fiat quam clariffima. Fac, duo effe
horo-

20) Redeo hic ad hypothefin §. 15. illa enim pertinet ad
inftitutum noftrum : poffis tamen idem facillime & ad
cafum §. 16. accommodare, fi opus foret.

21) Loquor hic generalius, *alterum alteri*, vt comprehen-
datur influxus, fiue mutuus vtriusque, fiue non mutuus,
qualem nonnulli fectantur.

22) Quando cafum hic excludo, id dupliciter intelligendum eft: nolo cafui tribuas harmoniam hoc fenfu,
quod vtrumque cafu feratur, & fic confentiat; neque
etiam hoc, quod alterum cafu mutetur, alterum vero
legibus fuis conuenienter priori accommodatum fit.
Vbicunque enim cafus eft, ibi effectus nulla cauffa datur, fiue de harmonia ipfa loquaris, fiue de confecutione mutationum in vtroque, fiue in alterutro.

horologia (23), quæ consonare debeant: obtineri
id potest triplici methodo. *Vna* per influxum, si
feceris, vt alterum agat in alterum, idque vel mutuo, vel ex alterutro tantum latere : hanc viam
influxus vocabimus. *Secunda* est, si opificem operi
comitem feceris, qui dissonantia ceteroquin vel ces-
satura in motu horologia singulis momentis sibi
mutuo accommodet, alterum dirigens ex altero:
hanc viam vocabimus assistentiæ. *Tertia* est, si
satis accuratas feceris eas machinulas, vt singulæ
suas leges exacte sequantur, easdemque ab initio
sibi respondere curaueris : ita enim, cum vtraque
easdem vel similes exsequatur leges, semel harmonicæ nunquam dissilient ; quam viam præstabiliti
consensus vel harmoniæ dicimus.

§. 19. *Primam* viam *experimento* cognouit
ill. HVGENIVS (24), ipse rei non expectatæ nouitate
percul-

23) Comparatio est LEIBNITII, journ. des sçavans 19.
nov. 1696. edit. Batau. p. 708. 709.
24) Ita LEIBNITIVS rem edisserit in iisdem ephemer. Gal-
licis, l.c. „La premiere façon, qui est celle de l'influence, a été experimentée par feuMr.HUYGENS à son grand
étonnement. Il avoit deux grandes pendules attachées
à une même piece de bois ; les battemens continuels
de ces pendules avoient communiqué des tremblemens semblables aux particules du bois : mais ces
tremblemens divers ne pouvant pas biensubsister daus
leur ordre, & sans s'entr'empecher, à moins que les
pendules ne s'accordassent, il arrivoit par une espece
de merveille, que lorsqu'on avoit même troublé
leurs battemens tout exprès, elles retournoient bien-
tôt à battre ensemble, à peu pres comme deux cordes,
qui sont à l'unison.„

perculſus.　Cum enim duo pendula longiora eidem aſſeri affixiſſet, continuæ quidem pendulorum
oſcillationes ſimiles ſibi tremores communicarunt
particulis ligni : qui cum ſe mutuo impedirent,
niſi pendula inter ſe oſcillationibus ſuis conſpira-
rent, factum eſt, vt etiamſi data opera illæ turba-
rentur, ſua tamen quaſi ſponte, & breui tempore
redirent ad concordiam.　*Secundam* obſeruatoris
diligentia efficiat; quantumuis miſere conſtant machinæ.　*Tertiam* arte obtineas & ſapientia, quæ &
conſequentes prioris machinæ motus prænoſſe queat, & alteram priori harmonicam, neque minus
exactam conſtruere.

§. 20. *Subſtitue* iam, ſi placet, horologiis, ſaluis cetera differentis *, *animum atque corpus
tuum :* & collige, quot modis conſpirare poſſint?
Habes

---

* *Saluis* inquam *differentiis.* Doleo ſane, & tantum
non indignor, abuti aduerſarios hoc ſimili; nequo
impediri illos poſſe teſtificationibus quibuſcunque
contrariis. Argumentum eſt, quod exercitii gratia
diſputantibus vix condonet præſes paulo grauior. Dicimus, animum & corpus eſſe res contingentes; v.§.
14. quærimus, quot diuerſis modis duæ res diuerſæ,
ſpectatæ vt contingentes, poſſint in mutationibus ſuis
conſentire §. 17.　Dicimus, alteram earum eſſe non
contingentem ſolum, ſed & liberam §.14. Poſt hæc
omnia modos conſenſionis ante erutos §.17. in exemplo (v. §.18.) & per metaphoram ab horologiis de-
ſumtam declaramus: applicamus eam ſimilitudinem
ad animum & corpus humanum, addito, fieri id ſaluis cetera differentiis. Et *hiſce non obſtantibus* dicimur
animam & corpus hominis ſubiicere neceſſitati brutæ,
abſolutæ, mechanicæ, facere ex anima horologium,

Habes primo influxum, si mutuo, vel non mutuo in se agant : habes systema occasionale, si artifex Deus constanter illam harmoniam efficiat repetitis operationibus : habes harmoniam praestabilitam, si semel concordia fecerit, atque vnumquodque conuenientibus sibi & alteri legibus regi admiserit. Itaque tria sunt systemata *simplicia*, tres potissimum explicandi rationes pro vnione animae atque corporis.

§. 21. Neque tamen negauero; posse *composita plura* hinc enasci systemata, quando volueris vel duo quaecunque, vel & omnia tria sic inter se connectere, vt aliam harmoniae speciem, partem, periodum ex illo, aliam ex hoc, ex isto aliam deriues : verum illud consultum esse aut fieri vtiliter, id hactenus nego. Non diffiteor, esse huiusmodi nonnulla philosophiae capita, vbi diuersorum auctorum systemata combinando aliquid proficere liceat ; qualia sunt illa, vbi constat, quantitatem effectus esse maiorem, quam vt ab vnius solum allegatae caussae viribus proficisci possit. Vel vbi nondum constat, an alterutrius caussae vires eo sufficiant, vt effectum integrum praestare queant, cuius quidem rei exempla in promtu forent, si nostrae disquisitioni essent necessaria. Atqui in nostro negotio rem secus habere, non, arbitror, negauerint, qui difficultates singulis obiectas, atque inferius recensendas pensitauerint. Sunt enim illa argumenta

& quae sunt plura huiusmodi. Dicite, lectores, si hoc licet serio rem agentibus, quid non liceat insidiantibus?

menta huiuſmodi, vt, ſi bona ſint, mixturas quoque ſyſtematum *   excludant; neque minus te
ſtringent, vbi aliquam commercii inter animum
& corpus mutui partem velis ex influxu, aliquam
ex aſſiſtentia, ex præſtabilito conſenſu aliquam exponere, quam ſi ex vno fonte omnes ſcaturire iu-
beas.

                    B   §. 22.

* Ex quo iſthæc diſputari frequentius inter eruditos cœ-
  perunt, varii quoque generis mixturas prodiiſſe
  notum eſt. Exempli gratia, eſt, qui influxum co-
  pulare contendit harmoniæ præſtabilitæ eo ſenſu, vt
  animam ſpiritualem & corpus in ſe mutuo agere poſſe & agere etiam exemplis obſeſſorum atque deliran-
  tium probare annitatur; addito, ſed vt ita agere in
  ſe inuicem poſſint, hoc pendere ex præſtabilita conformitate duarum harumce partium hominis eſſen-
  tialium, vicinius corpus aptum redditur ad recipiendum influxum.,, Vnd in dieſem Verſtande iſt das
  Syſtema Harm. præſtabilitæ nicht nur dem Syſtema-
  ti Influxus nicht contraire, ſondern vielmehr noth-
  wendig, weilen die Seele oder der Leib ohne vorher-
  geſetzte Ordnung nichts in einander verrichten, oder
  ihren Influxum mutuum in einander ausüben kann;,,
  vid. kurz gefaſſte Gedanken veber dem, was in der
  Controuerſia de Syſtemate Influxus & Harm. præſta-
  bil. eine Logomachia ſeye, oder nicht ? de anno
  1729. Sed vero hæc proprie loquendo non eſt ſyſtematum combinatio, ſed influxus hic eſt, intruſo
  harmoniæ præſtabilitæ vocabulo (vocabulo inquam,
  non re ipſa, non ſyſtemate) farctus. Diſpoſitionem
  enim corporis, qua organicum eſt, & humanum,
  vtique præuiam eſſe influxui animæ omnes fatentur
  & volunt influxioniſtæ. Sed quis illam dixerit harmoniam animi & corporis præſtabilitam, ſenſu, quo

§. 22. Interim neque illud inficior : poſſe aliqua horum ſyſtematum *in ramos diuidi*, & quaſi
diuelli, quod deinceps conſtabit apertius. Ita ſci-
mus, TOVRNEMINIVM, celebrem Ieſuitam Gallum,
in commentariis Triuultinis, non concedere velle corpori actionem in animam, concedere autem
animæ in corpus : etſi, quod ſaluis melioribus hic
dictum eſto, & inferius recurret, mihi videatur,
ipſa re admittere, quod verbis impugnauit. Sed
vtcunque res habeat, influxus eſt in ſyſtemate Tourneminiano : ſiue mutuus, ſiue non mutuus; influxus tamen, quem & iiſdem argumentis probat,
quibus alii ſuum, & iiſdem quoque modis defendit. Itaque habeatur ex illorum numero, eandemque cum illis claſſem ſubeat : ſaluo tamen diſcrimine; ſaluis, quæ ipſi peculiares ſunt, & præro-
gatiuis & difficultatibus.

§. 23. Velim autem, vt eadem ratione & reliqua examines, ſi quæ tibi ſuccurrant ſyſtemata,
vt ne noua putes, atque a prioribus longe diſſita,
quæ preſſius loquendo ſunt priorum ſpecies & ra-
mi ſaltim, magis minusue inter ſe diſſidentes. Saltim id ſuſpicari, ſi me audis, nolito, eſſe tibi
quartum ſyſtema conſonantiæ diuerſarum cetera &
contingentium rerum, donec in §. 15. & 17. næ-
uum detexeris aut fallaciam (25.) Sed age, ve-
nia-

----

hactenus ea voce vtimur. Quæritur enim hoc loco
non de generali corporis aut animæ diſpoſitione, ſed
de principio mutationum in illis determinatarum effectiuo & immediato.

25) Vt facilius examen ſit, attende : influxum poſſe
concipi mutuum, corporis in animam & animæ in

niamus ad specificum eorundem systematum examen, *eo* progressuri *ordine*, vt sensim sensimque
explicentur, quæ pro maiori in his rebus physico-
metaphysicis lumine successiue exorto, vel falsa
esse deprehensa sunt, vel suspecta euaserunt. Peruesti-

B 2

corpus; vel non mutuum, eumque vel corporis in
animam, sine reciproco animæ in corpus, vel vice
versa. Assistentiam siue occasionalismum (venia
verbo) posse considerari vel eum, quo dirigitur corpus ad voluntatem animæ, non vicissim ex corpore
regendæ; vel eum, quo regatur anima ex occasione
corporis, nihil vicissim occasione animæ patientis;
vel eum, vbi vtrumque pendet a dirigentis voluntate
& opera, alterum alteri conformiter agendum; vel
eum, vbi alternantibus quasi vicibus, cum anima se
ipsam determinat, ex eius occasione corpus a rectore
mouetur, atque, dum corpus ab ambientibus afficia-
tur, animæ sensus & ideæ ab eodem imprimuntur.
Harmoniam denique præstitutam vel ita concipi, vt alterum suis legibus feratur, anima siue corpus, & alterum illi ab extrinseco demum accommodetur; vel
ita, vt ex possibilibus infinitis vtrinque illa seligan-
tur, atque in actum deducantur, quorum ipsa in se
natura atque ordo consecutionum mutuo conspirent.
Atque ista de simplicibus: composita ex illis non
pauca faxis, quæ enumerare omnia non licet. Sed
vel omnia tria componis; vel duo saltim; & quidem
cum primo secundum, vel cum primo tertium; vel
cum tertio secundum; idque vel respectu partium solum essentialium, vt v. gr. in corpus influat anima,
sed animæ corpus sit occasionale solum, vel respectu
diuersarum in vnaquaque facultatum & actionum, vel
respectu vtriusque generis mutuo commixti, & quæ
sunt similia in infinitum.

ueſtigemus initio *influxum*, quem vocant, phyſicum.

SECTIO TERTIA,

DE

SYSTEMATE INFLVXVS.

§. 24.

INfluxum *animæ & corporis communiter mutuum credimus*, eo ſenſu, quod 1. anima, ſi
motum fieri velit in corpore, eundem vi ſua
actiua producat, & vel immediate, vel mediantibus in corpore fluidis, eiuſdem organa moueat;
quam animæ vim vocamus facultatem locomoti-
uam: quod 2. vbi a corporibus noſtrum ambientibus impetus fiat in noſtra ſenſuum organa, id
ſenſum, perceptionem, ideam vel cogitationem in
anima cauſſetur, atque adeo ex corpore tranſitus
in mentem fiat. Priori caſu *incipit* in corpore noſtro motus, qui cauſſam ſui non in præcedaneo
corporis motu habet, ſed ex animæ appetitu & facultate eius motiua illam repetit. Poſteriori *vel
deſinit* in corpore motus, poſtquam animæ ideam
impreſſit & in perceptionem verſus eſt, nullo amplius motu, in natura rerum corporea, priori re-
ſpondente aut eum conſequente, *vel*, ſi id fieri malis, nouus ex priori motu motus etiam in corporibus *perſeuerat*.

§. 25. Opinor *hactenus* intelligi, quid ſit,
quod

quod systema influxus vulgatum postulat : sunt
enim ista *generica* saltim, quæ vtcunque edisseri
possunt. Determinatas vero & *specificas* istorum
rationes intelligibiliter (26) explicatas frustra desi-
deraueris ab iis, qui non difficiles concesserint, eas
dari non posse (27). Neque enim hodie in illo
operam eruditi suam siue ponunt, siue ludunt, vt
transitum ex corpore in animam, ex anima redi-
tum in corpus, vt metamorphosin motus in perceptionem, & ideæ transformationem in motum
exponant, & species nescio quas sensibiles aut intelligibiles, actiui passiuique intellectus opera, sine sensu & sine intellectu crepent. * Neque illud agunt, vt a priori sententiam suam adstruant,

B 3   quor-

---

26) Non dico, *imaginabiliter*, quod Tovrneminivs alicubi
substituit, atque in suo systemate superfluum & alienum putat: etsi fortasse alii in rebus *ad corpora* relatis, qualia hæc sunt in præsenti negotio, non tam fa-
ciles forent in dimittendis explicationibus etiam ima-
ginabilibus, vt loquuntur.

27) Saltim ita communiter censeri notum est. *Si quis*
fuerit, qui explicationem dari posse specialem & distinctam contendat, illius dicta pensitabo, vbi rei periculum fecerit. Hactenus certe doctissimi quoque
viri in hoc negotio defecerunt. Exemplo inferius
erit Fovcherii discursus ex journ. des sçav. 1695.
pag. 644.

* Sumus in hoc negotio *cautiores* maioribus nostris,
sed non sumus saniores. Intellexerunt illi, ad influxum *requiri* aliquid transiens ex vna hominis parte
in aliam. Itaque connisi sunt illud inuestigare.
Si nihil effecerunt, non id ingenii defectu accidit,
sed rerum ipsarum repugnantia. Posteri nisi fallor

quorsum explicatio eius distincta pertineret : sed a posteriori cognitam existimant, experientia probatam dicunt, & sensu communi firmatam credunt. Videamus, id quo iure fiat ?

§. 26. Certum est, si quis attenderit actionibus suis atque passionibus, quas vocamus, illum experientia cogniturum, mutationes aliquas corporis consequi ad appetitus animæ diuersos, & diuersas consequi perceptiones ad diuersas corporis & sensoriorum modificationes : idque constans esse & ordinarium in quibusdam actionum generibus, sic, vt posito animæ appetitu sequatur, sublato tollatur motus corporis & vice versa. Verum quis nescit, id maioribus nostris non raro accidisse (28) vt *a compræsentia* vel ordinaria successione duorum phænome-

ex hoc maiorum suorum facto debuissent eo adduci, vt suppositum, ex quo istæ difficultates nascuntur, influxum examinarent, num reuera per experientiam certus sit, & per rationem explicabilis ? Atqui neutrum faciunt. Supponunt influxum, aut experientiæ (obiter spectatæ) illum imputant. De explicatione, nihil ausi perficere, altum silent. Ita parcius errant quam veteres, sed non magis ac illi sapiunt.

28) Equidem id hodie notissimum est. Allegabo tamen eius rei exempla, vt in promtu sint. Dic, vnde sint tempestatum ex adspectibus planetarum prognostica ? Scio KEPPLERVM hic alias allegare caussas : sed singularis est KEPPLERI aduersus torrentem nitencis sententia. Vnde prædictiones futurorum ex astris adstruimus ? Vnde lunarem in plantas actionem & influxum arcessimus ? Vnde reliquas *artes, curiosas* vulgo, rectius inutiles, & superstitiosas plerumque, de-

nomenorum *ad caussalitatem* fuerint argumentati?
Et quis adeo miretur, ex conftanti & perpetua atque adeo & reciproca ista mutationum compræfen-
tia aut confecutione illos mutuam quoque & caus-
falem dependentiam intulisse? * Præcipue, *si memineris, antiquis* temporibus pro caussæ & effectus
mutuo respectu atque dependentia explicanda fuf-
feciffe hoc, vt qualitatem ab effectu denominatam
allegauerint, atque caussæ hic in fubsidium aduoca-
tæ adscripferint, etsi, quo modo illa ex definitione,
essentia, vel natura eius caussæ (hic animæ nostræ)
atque primo istius (29) conceptu confequatur, ne
B 4   fuspi-

fendimus? Experientiam quidem appellamus. Non
dico iam, qua *fide*? Dicam, quo *iure*? Accidit, vt
ea, quæ fæpius in orbem redeunt, quorum multæ
funt & diuerfæ variationes, femel, iterumque, tertium, quartum, &c. confentire videas: ex eo caussalitatem eruis, & alterius ab altero dependentiam.
Si te illius culpæ immunem scias, faltim ita veteres
non paucos, & *vulgus* ratiocinari, vix abnegaueris.
Quam id bene fiat, vid. WOLFII Gedanken von den
Kræften des Verftandes, C. V. §. 11. pag. 102.

* Accipe, fi placet, BACONIS VERVLAMII monitum. Ille
in fuo de fluxu & refluxu maris libello, poftquam
confenfum aquarum & lunæ oftenderat, ita porro:
„neque tamen continuo fequetur (*idque homines aduertere volumus*) quæ periodis & curriculo temporis,
aut etiam modo lationis conueniunt, ea natura effe
fubordinata, atque alterum alteri pro caussa effe.„
V. fcripta eius in naturali philofophia. p. 149. edit.
Amftel. 1685. Repeto grauem fententiam: *idque
homines aduertere volumus*!

29) Fuiffe iftum veteris *philofophiæ defectum* communem,

suspicari quidem licuerit : *nostris* vero temporibus
æque ac prioribus, id iudicium a constanti compræsentia aut consecutione ad caussalem dependentiam se animis nostris iam ea ætate instillare, quæ
rebus sollicite distinguendis & caute diiudicandis
nondum sufficiat.

§. 27. Vides, quicquid dici pro influxu possit, id omne comprehendi *titulo experientiæ, & sensus communis*, ita loquimur, *testimonio.* Subeant
illa examen accuratius, vt neque experientiam negare, neque illam sine caussa allegare dicamur.
Atque hic distinguas velim id, quod *facti* est, &
historicum, ab eo, quod *ratiocinationis* est & philosophicum siue *dogmaticum :* distinguas *experientiam,*

opinor, nemo contradixerit. In eo nunc omnes
consentiunt, quod, quicquid in vnaquaque re pro-
prietatum est & facultatum, ex essentia eius vel natura consequi debeat, adeoque in illa sui rationem
habere, & ex ea explicari. Interim tamen ante *Wolfianas* de anima institutiones non memini, a quo-
quam in eo elaborari, vt animæ varias agendi aut
percipiendi rationes ex vno aliquo essentiali conceptu
distincte deriuare possimus. *Ille* primus atque hactenus vnicus ex isto animæ conceptu, quo ex factis
experientia cognitis eruit, animam esse substantiam
vniuersi pro situ alicuius corporis organici repræsentatiuam, omnes animæ, quas vocamus, facultates,
sensitiuam cum phantasia & memoria, & appetitu &
affectibus & intellectu & voluntate legitimo nexu intulit & distincte explicuit. Vid. eiusdem vernünf-
tige Gedanken von GOTT, der Welt, vnd der Seele
des Menschen &c. C. V. fere integro; maxime §§.
747. 749. 753--756. 807. 832. 876--878. &c.

am, atque de experientia *iudicium* tuum : diftin-
guas *phænomenon*, & phænomeni *cauſſam* : di-
ftinguas id, quod *obſeruare* licet, ab eo, quod *inferri* debet. Certum eſt, facta & phænomena obſeruari per experientiam poſſe : rationes factorum
& phænomenorum cauſſas inferri iudicio debere
& ratiocinationis vi. * Cum enim obſeruatio,
adeoque experientia iudicio contradiftincta, abſol-
uatur ſola ad rem præſentem attentione adhibita,
præter hiſtorica nihil continet. Expandi veſicam
aliquam flaccidam & ſuperne clauſam ſub campa-
na antliæ pneumaticæ aptata, ſi extrudatur embo-
lus : hoc phænomenon eſt, hoc experientia docet,
hoc obſeruatione detegitur. Sed aërem in veſica
reſiduum id eſſe, quod eandem expandat, aëre am-
bienti extracto : non obſeruationis eſt, ſed iudicii
& ratiocinationis. Apparere iam ſuper horizon-
te ſolem, qui prius eo occultatus erat, obſeruatio-

B 5 nis

---

* Velim & hoc animaduerti. Ipſas propoſitiones hi-
ſtoricas *generales* non eſſe experientiæ immediatæ.
Experimur ſingularia ; generalia abſtrahimus. Dum
igitur in ſingularibus circumſtantiæ miſcentur infinitæ, cauto opus eſt in formanda generali propoſitio-
ne, vt ex circumſtantiis in factum influentibus obſer-
uentur, & allegentur omnes & ſingulæ. Id niſi feceris : neque hiſtorica tua generalis propoſitio
per experientiam firmatur ; multo minus ratiocini-
um propoſitioni ſuperſtructum. Dici autem non
poteſt, quoties hic incauti fallantur. Philoſophorum eſt diſcere ab his exemplis prudentiam, ſele-
ctum, cautelas, patientiam &c.

nis est : an solis progressione, an terræ vertigine
id factum sit ? rationis (30).

§. 28. *Intelligitur ex dictis*, quicquid præter
nudam & simplicem facti narrationem in quacunque propositione contineatur, id non esse experientiæ, sed ex eadem fuisse illatum : vbicunque il-
latio, ibi examen intercedat necesse est, annon ex
facto intuleris iusto liberalius, quæ non consequuntur legitime & necessario. Iam dicere, quod
corpus afficiat animam suis impressionibus & anima moueat corpus, significat sequentia : 1. quod
ad volitionem animæ hanc, illam, istam consequantur motus (id quod compræsentiam, vel si malis,
consequentiam indicat, & facti est, adeoque obser-
uationis obiectum) atque id quidem 2. ex vi animæ in corpus agentis : et vice versa. Atque hoc
iudicium est, hoc dogmaticum est, & ex priori illatum. Quo syllogismo ? Compræsentiam aut
consecutionem experientia testatur : habes medium terminum ! Sed ex illo caue caussalitatem intuleris : ex communi effectu determinatam caussam. Quid ita ? Constanter compræsentia esse
possunt, non illa solum, quæ a se mutuo dependent,

30) Vix temperare mihi possum, quin hic transcribam
aliquos *Wolfianæ* metaphysicæ paragraphos. Sed
amabo te, si cum cura legas §§. 326. & seqq. &
coniungas logicæ C. V. supra allegatum, & vid. ex-
periment. physic. part. II. c. III. §. 37. p. 84. 85.
Facient ista, vt nihil experientiæ tribuas, quod non
inde consequatur; quod sane maioris operæ est, &
artis & exercitii, quam prima specie videbitur. Experti loquuntor.

dent, vt effectus & cauſſæ : verum & illa, quæ
communem cauſſam venerantur; illa enim poſita
non minus vterque effectus ſimul ponitur, quam
cauſſa in vniuerſum poſita eiuſdem effectus quoque
ponitur. Itaque plus eſt in concluſione, quam in
præmiſſis : plus eſt in iudicio, quam in obſeruatione : plus in dogmate, quam in facto.

§. 29. *Quid inde concludimus ? An, quod
ſententia* de mutuo animæ & corporis per influxum realem inter ſeſe commercio *falſa ſit ?* Ita
videtur conſequi. Duæ enim ſunt cognoſcendi
viæ, quibus ad rerum notitiam peruenire datur hominibus : a priori altera; altera a poſteriori. Illa ex diſtinctis rerum ideis (31) cauſſarum vires, &
effectuum quantitates eruit, &, ſi fieri poteſt, me-
titur : hæc ex phænomenorum experientia cogni-
torum circumſtantiis ad eorundem cauſſas eruendas
deducitur. Si primam velis inſiſtere, oportet, vt
& cauſſæ & effectus claram, diſtinctamque (plus
minus) ideam habeas, atque ex altera poſſis rationem

31) Suppono hic *definitiones* idearum clararum & diſtin-
  ctarum eas, quas primus determinauit illuſtris LEIBNI-
  TIVS in ſchediaſmate, (quicquid LOCKIO videatur &
  MOLINCVSIO in epiſtolis) longe præſtantiſſimo in actis
  erud. 1684. p. 537. & poſtea repetiit CHR. WOLFIVS
  in comment. de methodo mathematica, T. I. elem.
  math. p. 6. eaſdemque plenius diduxit in logica c.
  1. & vſui ampliſſimo applicuit, tum paſſim in logica, tum præcipue in metaphyſica c. 3. & 5. ſpar-
  ſim : repetitas nuper in *diſſertatione noſtra* de triplici rerum cognitione, hiſtorica, philoſophica & mathematica, §. 19. 36. &c.

nem dare alterius, hoc eſt, explicare ea, quæ in
effectu licet diſtinguere ex illis, quæ cognita ſunt
de cauſſis. Atqui illam viam calcare non poſſumus,
cum de anima quæritur, & illius in ſuum corpus
organicum actionibus v. §. 25. Neque altera per
experientiam methodus rem ſufficienter probat, vt
modo vidimus §. 27. 28. Quidni igitur *falſam* illam opinionem dicere liceat, & *fictitiam*?

§. 30. *Fictitiam quidem*, non repugnauero: ſed
falſam nondum dixero. Certum eſt, vbi nec a priori innotuit, nec a poſteriori obſeruatum eſt, aut legitime illatum id, quod aſſeritur, ibi rationem non
eſſe, quare idem aſſeuerari poſſit: itaque, ſi quid
aſſeritur, id *commentum* eſt, non ſemper mali animi, aut indocilis, ſed præcipitati tamen iudicii:
culpa eſt attentionis, non mentis veritati aduerſan-
tis vitium; grauior ſane, quo minor ita iudicandi
cauſſa eſt vel ſpecies, ſed quo maior probabilitas
erat, quæ non cautiſſime circumſpicientibus poterat imponere, eo culpa leuior eſt. Quare *nolim*,
id conuitii vocabulum interpreteris, & hoc nomine
inſultari putes viris omnino doctiſſimis, quibus
hoc ſyſtema per experientiam probari videtur, quod
eorum vitæ & ſtudiorum ratio tantam in rebus circa experientias phyſicas diligentiam aut non requi-
ſiuerit, aut non admiſerit, quantam huic rei neceſſa-
riam eſſe, modo vidimus: ſed nolim quoque, vt
maximorum virorum auctoritate & calculis redar-
guere figmenti rationem, atque eorum teſtimonio
veritatem ſyſtematis ſuperſtruere in animum in-
du-

ducas. *Sic veniam petimusque damusque vicis-*
sim. *

§. 31. Non deest itaque (sic dicta hactenus euincunt) argumentum nobis, quare *asseuerari non de-*
beat id systematis, quod influxum animo corpori-
que mutuum adscribit. Quæ enim neutro fonte de-
ducuntur ex cognitis, neque a priori synthetice,
neque a posteriori analytice, illa ego asseuerare
nun-

---

* Petimus vero etiam hoc, vt aliquando tandem desinant aduersarii affingere nobis argumentum, a quo
alieni sumus. Quotiescunque nostra recensent, dicunt nos arguere, quod negari influxus debeat, quoniam explicari non possit. Atque tum de nobis,
(vel monstro potius, quod finxere, suo) triumphant
instantiis physicis, vbi negare rem v. g. directionem
magnetis non liceat, etsi explicare modum non possimus. Equidem in eo hallucinantur turpiter, quod
putant similes esse casus, suum de influxu, & verum
de magnete. De magnete rem, hoc est, factum
noui per obseruationem rei praesentis. Id igitur experientiae debitum negari non debet, propterea, quia
modum explicare homunciones non possunt. De influxu non ego rem cognosco per experientiam, & modum inquiro. Influxus ipse modus est, quo res
(scil. mutationum in corpore & anima successio) explicatur. Nihil igitur ad hunc casum pertinet facta de magnete instantia. Deinde instantias damus
ad argumenta. Atqui nemo philosophorum sic ar-
gumentatur: explicari influxus non potest, ergo nullus datur. Desinant tandem, si qui serio agunt, ob-
trudere nobis, quod non diximus, imo quod distincte & saepenumero ab nobis alienum esse, dudum
ante ipsorum monita, primi & serio asseruimus, verbis id & factis testati.

nunquam dixero ; saltim non iure dixero, sicubi
eam mihi culpam obrepere passus fuero. Sed videamus quoque, num suppetant, quibus id *falsi
conuincere* & refellere liceat, rationum pondera ?
Id vt perfici possit, notum esse lectoribus suppono, si quid reiici, vt falsum, debeat, ostendi oportere, quod id vel cognitæ antehac veritati contra-
dicat, aut corollario veritatis agnitæ (32) : vel quod
ipsius corollarium repugnet veritati cognitæ, aut
eius corollario. Si nihil horum demonstrauero,
ipse ego primus nego, euictam esse systematis fal-
sitatem (33) : si vnum eorum ad liquidum dedu-
xeris, nihil amplius postulauerit morosior quicunque antagonista.

§. 32. Foret argumentum huiusmodi illud CAR-
TESII & sequacium, qui in systema vulgatum vertunt canonem, ipsis indubium ; modo recentiores

----

32) *Obiter moneo*, si quis corollarium veritatis cognitæ,
sub ipsa illa veritate comprehendi velit, me non aduersari : sed distinctionis hic factæ caussam esse,
quod veritas cognita mihi spectetur hic, vt olim cognita, per phantasiam atque memoriam animo denuo
repræsentata & cognita : corollarium eius intelligatur, vt nunc demum ex ea illatum vel inferendum.
Ista enim si discreueris, aliquando in examine sententiarum faciendo, & detegendis, quibus ad sua per-
uenerunt eruditi, viis, vtilitatem præstare possunt.

33) Infertur hinc, *falli eos*, qui rem omnem confectam
putant, vbi confessionem ab aduersariis extorserint,
quod intelligi non possit, quomodo vel spiritus agere
possit in corpus, vel & corpus in spiritum ? Quem
errorem & WOLFIO notatum videas in metaphysica C.
V. §. 762.

res illum ipſum non conuiciſſent falſitatis, atque
Carteſianis eum extorſiſſent e manibus, non ſponte illum dimittentibus. Exiſtimauit quippe CAR-
TESIVS, *eandem in vniuerſo conſeruari motus
quantitatem*, ex maſſa mobilis in celeritatem eius
æſtimatam : atque ex eo ſuppoſito, recte intulit,
non poſſe influxum realem animæ atque corporis
habere locum. Quid enim ? Si ex voluntate animæ producitur in corpore motus, qui ſui cauſſam
non habuit antea in corpore, eiuſdemque antecedaneo motu: nouus in vniuerſo motus oritur; adeoque *augetur* quantitas motus (34) Carteſiana. Sin
ex motu corporum ambientium fiunt impreſſiones
& motus fibrarum in noſtro corpore, atque ex hiſce
deinceps dolor aut voluptas oritur, ſic vt prior
motus iam ceſſet, & in cogitationem, vt ſic loquar,
tranſeat: aliquis in vniuerſo motus perit; adeoque
minuitur quantitas motus Carteſiana.

§. 33. Sed quis eſt hodie, qui neſciat, *falli
hic* CARTESIVM? Primus id LEIBNITIVS (35) demonſtrauit & contra exceptiones CATELANI abbatis *&*
DION.

---

34) Quare *Carteſianam* hic ſemper motus quantitatem
appellauerim, norunt, qui ex *Leibnitianis*, *Wolfianis*,
Hermannianis &c. norunt, eſſe hanc quantitatem impetus, vel momenti ſollicitationis, non ipſius motus,
cuius tanquam entis ſucceſſiui quantitas æſtimanda
potius eſt, ex impetu in tempus. V. WOLF. elem. math.
T. I. el. mechan §. 19. p. 542.

35) Vid. acta eruditorum 1686. p. 161. 1689. pag. 186.
195. 1690. p. 228. 1691. 6. ſq. & 439. 1698. p. 429.
Nouvelles de la republ. des lettres 1686. p. 996. 1687.
p. 131. 577. 952. Journ. des ſçavans 1693. p. 651.
& paſſim.

DION. PAPINI defendit, agnouit MALEBRANCHIVS,
qui & ipse prius Cartesianam (36) hic mentem in-
duerat, ostendit & NEWTONVS (37): vt omnino pro-
bem verba LEIBNITII (38), qui iam A. 1696. se
mirari dixit, viros doctos adhuc admittere eandem
motus quantitatem, sensu Cartesiano; mireris vero etiam, doctissimum Anglum, SAM. CLARKIVM
(39) ita loqui, quasi ipse per Newtoniana LEIBNI-
TIO

36) V. recherche de la verité libr. 6. cap. vlt. & confer eius epistolam in nouvelles de la rep. des lettres
1687. p. 449.

37) Traité d'optique L. III. quæst. vlt. edit. Gallicæ
Amstelodamensis, p. 569. edit. Latinæ p. 341.

38) V. journ. des sçav. 1696. 19. nou. p. 712. edit.
Amst. vbi: ,,je m'étonne, qu'on dit encore, qu'il se
conserve toujours une egale quantité de mouvement,
au sens Cartesien; car j'ai demontré le contraire, &
deja d' excellens mathematiciens se sont rendus.,,
conf. & A. E. 1698. p. 429. cum cel. STVRMII nat.
sibi in cassum vindicata. c. 3. §. 2.

39) V. recueil de diverses pieces &c. Respons. V. §. 98.
T. I. p. 180. ,,Enfin, l'auteur ayant consideré la
demonstration de Mr. NEWTON, que j'ai citée ci des-
sus, est obligé de reconnoitre, que la quantité du mouvement dans le monde n'est pas toujours le même.,,
&c. conf. LEIBNIT. epist. V. §. 99. T. I. pag. 135. &
CLARKE resp. IV. §. 38. p. 77. & resp. III. §. 13.
p. 46. vel, si Germanica habeas, vide *merkwürdige*
Schriften zwischen Leibnitz vnd Clarken locis allegatis. Fontem vero illius Clarkianæ aberrationis hunc
habe. LEIBNITIVS ab initio statim epistolarum suarum
loquitur de viribus, earumque eandem semper quantitatem conseruari asserit: CLARKIVS de quantitate motus ex massa in celeritatem æstimata loquitur. Verum illa differunt ex philosophia Leibnitiana, qua vi-

TIO eam confeſſionem extorſiſſet, qua conceſſerit, quantitatem motus in vniuerſo eandem non conſeruari. Scilicet id diu ante NEWTONI edita LEIBNITIVS demonſtrauerat, locis ſupra allegatis.

§. 34. Iſta igitur ratione LEIBNITIVS præcipuum totius alicuius ſectæ *argumentum* ſyſtemati influxus oppoſitum *ſubruit*. Non tamen ea re id ſaluum præſtitit ab obiectionibus, ex eodem fonte deriuandis, ex quo primam ſcaturire vidimus. Scilicet oſtendit idem ille, loco Carteſiani canonis, naturæ rerum aduerſi, alium potius ſubſtituendum eſſe, qui *identitatem quantitatis virium motricium*, (40) ex maſſa mobilis in quadratum celeritatis æſtimandarum, aſſerit. Quod ipſum vel ex eo *conuenientius* eſſe deprehenditur, quod motus quidem, res ſucceſſiua, nunquam poſſit dici exiſtere; etſi enim partes habeat, nunquam eæ tamen ſibi coëxiſtunt, ſed fluunt: principium autem motus, vel vires in corporibus (41) motrices reuera exiſtere, ex ipſo

C

motu

---

res viuas ex maſſa mobilis in quadratum celeritatis æſtimari notius eſt, quam vt hic deduci oporteat.

40) Imo & actionis motricis. V. LEIBNIT. act. erud. 1698. p. 429.

41) Dico in *corporibus*, non, in materia. Fateor, materiam eſſe pure paſſiuam; vel, ſi malis, *vi inertiæ* præditam; qua fiat, vt nec motum incipiat per ſe, nec ſiniat: de qua olim KEPPLERVS, poſtea CARTESIVS, LEIBNITIVS paſſim, & NEWTONVS in princip. def. 3. Quomodo autem corpora diſtingui velim a materia, docebit WOLFIVS in metaph. C. IV. § 626. Tria quippe diſcernimus in corpore, materiam, ſiue multitudinem, quæ componitur; eſſentiam compoſiti qua

motu succeſſiue ab iisdem producto intelligitur.

§. 35. Videtur adeo *breuis* futura noſtra *diſceptatio*, ſi identitatem virium motricium in vniuerſo vel demonſtrare (42) vellem, vel ſupponere demonſtratam. (43) Nemo enim non videt, ſi animæ volitiones motum efficiant in corpore noſtro, reliquis imprimendum, augeri ſic in corporibus, ſiue vniuerſo corporum complexu, vires motrices (44): & minui, cum ex diuerſorum corporum motu, atque in ſenſoria noſtra impulſu oriantur perceptiones. Sed malo, quia fieri poteſt, abſtinere manum a calculis, quibus id ex corporum percuſſione eruitur, magis etiam a demonſtrationibus difficilioribus, quibus calculum vitaturus implicarer: maxime ideo, quod verear, vt aduerſarii legem identitatis, quam dixi, ad percuſſionem corporum mutuam ſic reſtrictam velint, vt diuerſum obtinere dicant, ſi corpora moueantur a ſpiritibus, & vice verſa, ſi ſpiritus afficiantur a corpori-

talis, ſiue modum compoſitionis materiæ; & naturam, ſiue principium mutationum, id eſt, vires motrices.

42) Vid. Wolfivm in elem. mechan. §. 425. 426. T. I. elem. lat. p. 634.

43) Vid eundem in metaph. §. 709. & 762.

44) Fac enim corpori iam moto nouum a me celeritatis gradum, voluntaria huiuſmodi actione imprimi: erunt vires viuæ iſtius corporis, ex maſſa in quadratum celeritatis æſtimatæ, iam maiores, atque antea; neque quicquam tamen ex aliis corporibus in meum tranſiit, quod inde huc tranſlatum ſit.

poribus (45); quemadmodum in simili caussa(46)
concedunt, corpora moueri non posse sine conta-
&u physico a corporibus, posse tamen a spiritibus, etiam finitis, contactu, quem vocant, * morali.

§. 36. Neque ego pro vniuersalitate istius
regulæ contra aduersarios hosce satis considerem
C 2 (47) in

45) Ita vero *conieceram* ego, dum mense iulio anni
1721. ista conscriberem : quam id feliciter, ex eo
colligas, quod postea intellexi, celeb. GOTTFR. POLYC.
MVLLERVM in diff. de theoria sensuum generali,
idem opposuisse CHRISTIANO WOLFIO; [aliosque ex
eo tempore repetiisse eandem obiectionem.] Trans-
mitto autem illa, quoniam ab eo argumento hic ab-
stinui.

46) Huc confer Io. ALPH. BORELLVM, de vi percussionis
c. 2. sub fin. §. Quoad alteram partem, & seq.
p. 6. edit. Lugd. Bat. 1686.

* Vocant, inquam, non explicant. Ego contactum intelligo moralem, quando bonitas obiecti cognita vrget appetitum ad hoc vel illud conandum. Intelligo & contactum physicum, quando corpus motum
vrget aliud corpus ad mutandum locum. Sed contactum corporis & mentis fateor me non intelligere,
quocunque is nomine veniat. Fidenter etiam pro-
nuncio, protrudere illum vacuos sine mente sonos, si
quis contactum inter corpora & animas moralem loquatur. Res eadem est, ac si quis diceret, se aud'uis-
se iridem, gustasse halones, vidisse dulcedinem : atque tum perculsis ob rei nouitatem, vel potius ab-
surditatem, auditoribus veritatem facti distinctioni-
bus conaretur persuadere, caussatus, id factum esse
auditu dioptrico, gustu optico, visu linguali. Quis
talia tulerit narrantem ?

(47) in *conuenientia rei*, quam nemo facile negauerit.   Quis enim non videt, illud magis conuenire vniuersitati rerum a sapientissimo simul atque
potentissimo artifice conditarum, vt quæ realia sunt
(in quorum censu posuimus principia motus siue
vires

47) Hanc mihi cautelam extorsit Sam. Clarkii , celeberrimi theologi & philosophi Angli, exemplum in
responsionibus ad litteras Leibnitianas. v. epist. I.
§. 4. resp. I. §. 4. & quæ deinceps in sequentibus
ad hosce paragraphos vindicandos pertinent. Addo
hic prima saltim , quæ ceteris occasionem fecerunt,
ad *serenissimam Walliæ principem* a Leibnitio perscri-
pta. Ita ille : „Mr. Newton & ses sectateurs ont
encore une fort plaisante opinion de l' ouvrage de
Dieu. Selon eux , Dieu a besoin de remonter de
tems en tems sa montre : autrement elle cesseroit d'
agir.   Il n'a pas eu assès de vüe, pour en faire un
mouvement perpetuel.   Cette machine de Dieu est
même si imparfaite selon eux , qu'il est obligé de la
decrasser de tems en tems par un concours extraor-
dinaire, & même de la raccommoder, comme un
horloger son ouvrage : qui sera d' autant plus mauvais maitre, qu'il sera plus souvent obligé d'y retou-
cher, & d'y corriger.   Selon mon sentiment, la même force & vigueur y subsiste toujours , & passe seulement de matiere en matiere, suivant les loix de la
nature , & le bel ordre préetabli.   Et je tiens, quand
Dieu fait des miracles, que ce n'est pas pour soute-
nir les besoins de la nature, mais pour ceux de la
grace.   En juger autrement ; ce seroit avoir une
idée fort basse de la sagesse, & de la puissance de Dieu,,.   Quæ deinceps disputata sunt, breuitatis studio hic transsiliam : est enim libellus, saltim ex Germanica editione, in omnium fere manibus.

vires motrices §. 34.) constantia sint , atque illa
tantum varient , quæ priorum limitationes fuerint
& modificationes. Itemque : vt , quæ in corporibus fiunt mutationes , sui principium habeant in
corporibus , non extra eadem in spiritibus, nescio
quo vinculo , ipsis adhærentibus vel innexis ; &
quæ in spiritu limitationes cernuntur , sui rationem inueniant in spiritu , domesticam adeo , non
peregrinam , ex comite spiritus corpore repeten-
dam. Verum ista hic non premam , nisi ipsi tibi
pondus trahere videantur.

§. 37.   *Argumentum* , quod præsenti instituto conueniat , quod , nisi ego fallor, *facile* sit, &
quam fieri potest , minimum scientiæ physico-me-
chanicæ, aliunde repetendæ, supponat, nobis exhibere potest canon metaphysicus , qui præcipuum legibus motus principium (48) præbet , LEIB-
NITIO mirifice (49) semper commendatus.   Illud
autem vult canon noster , *effectum integrum æqui-*
pollere caussæ plenæ , atque adeo inter effectum &

---

48) V. theodic. §. 346. Nouvell. de la republ. des
   lett. 1687. m. fev. p 137.

49) Existimo enim, recte *collectores* actorum erud. A.
   1700. m. maio p. 196. verba LEIBNITII de hoc axiomate interpretari , quando is ad OLDENBVRGIVM scri-
   bit: - - - ,, ex quo circa regulas motuum mihi penitus perfectis demonstrationibus satisfeci , neque quicquam amplius in eo genere desidero. Tota autem res,
   quod mireris , pendet ex *axiomate metaphysico* pul-
   cerrimo , quod non minoris est momenti circa motum , quam hoc , totum esse maius sua parte, circa
   magnitudinem. ,,

cauſſam, perfectam ſemper æquationem obtinere.
Voco autem *effectum integrum*, quidquid ab actione cauſſæ proficiſcitur aut pendet, ſiue illa reſiſtentiæ corporum ſuperandæ impendatur, ſiue alium adhuc extra ſe effectum producat. Et *cauſſam
plenam* dico iſtas vires, quæ integro huic effectui
producendo applicantur atque impenduntur, o-
mnes & ſolas. Non dubitem, ſi hoc perpendas,
facilem te canoni noſtro aſſenſurum eſſe. Sed
coniungamus eum, cum *ſubſidiariis quibuſdam* !
Notum eſt communiter, materiam omnem ſiue
quieſcentem, ſiue motam, perſeuerare in ſtatu ſuo
quieſcendi, vel mouendi (veniam voci Newtonianæ) vniformiter in directum, niſi quatenus a
viribus impreſſis cogitur ſtatum illum mutare (50):
in pleno eam moueri non poſſe, niſi tantundem
materiæ loco pellat, idque eadem celeritate, & ſecundum eandem directionem : in vacuo eam con-
tinuare motum, quia nihil eſt, quod motui reſi-
ſtat : denique autem, ſiſti motum reſiſtentia, ſiue reactione præciſe æquali, neque maiori neque
minori, quam fuit ipſe impetus corporis moti;
maiori enim reactione reflectitur corpus, vt moueatur porro, ſed in plagam priori contrariam,
minori autem imminuitur celeritas quidem, ſed
manet motus tamen in eandem plagam (51). Iam,
ſi pla-

50) V. NEWTON, in princip. lege I. p. 12. WOLF. metaph. §. 610.
51) Sunt facilia omnia, alioquin hic vlterius deducen-
da. *Primum* ex inertia & paſſiuitate materiæ : *ſecundum* ex natura pleni & motus : *tertium* ex pri-

si placet, componamus ista, atque in neruum compingamus.

§. 38. *Sint primo omnia plena, &*, si Cartesiana tibi dogmata placeant, *corpus* per se *indifferens* (52) *ad motum*, adeoque nullo ex se nisu præditum, quo possit resistere motui sibi imprimendo : dicam, facto per corpus motum impetu in meum corpus, ita vt motus in sensoriis organis consequatur, motum iri amplius in vniuerso, præcipue meo corpore, *t antundem* massæ, celeritate eadem & secundum eandem directionem per §. 37. Itaque habes effectum integrum caussæ plenæ æquiualentem : itaque, si &, vltra motum istum, perceptionem mentis (53) ex eadem hac caussa de-

C 4

riua-

mo : *quartum* constat ex ratione in textu exposita. Confer tamen, si placet, scriptores mechanicos passim, & WOLFIVM in metaph. C. V. §. 669.

52) *Scio* sane per demonstrationes Leibnitianas in journ: des sçav. 1691. 18. juin. p. 386. Nouvell. de la rep. de lettr. 1687. p. 142. & passim, legibus naturæ aduersam esse istam hypothesin : sed, quoniam id fortasse non omnibus videtur, operæ pretium fuerit, etiam hoc dixisse. Intelligitur vero, me in *hoc* paragrapho considerare alterum corpus præcise vt motum, & alterum vt adhuc indifferens. Si enim, etiam in Cartesiana hypothesi, illic impetum potius consideras, & hic corpora contrariis directionibus mota supponas; aliter inflectenda ratio erit, atque omnino ita, vt in §. seq. 39. coincidunt enim in eo casus vterque.

53) Si non caute attenderis, posset in mentem venire, pro saluando canone id sufficere, quod in eodem genere, motus scil. effectus sit caussæ æqualis, perce-

riuare suftineas , effectus potior erit sua caussa : itaque necesse est , illa perceptio aliam ab hoc motu caussam sui agnoscat : itaque in hac hypothesi neque corpus est, neque corporis motus, qui perceptionem & mutationes perceptionum in mente efficiat.

§. 39. *Sint secundo* loco iterum *plena corporibus omnia , habeant illa vim inertiæ*, qua non cedant impulsui cuicunque indifferenter, habeant etiam si ita velis , nisus alia aliis contrarios : dicam, facto per corpus extrinsecum in organa sensuum mea impetu , tantum inde motus consequi, quantum respondet excessui impulsus supra resistentiam, iis legibus, quas hic longum foret, enarrare; quas magno consensu hodie, post WALLISIVM, HVGENIVM, WRENNVM, MARIOTTVM &c. docent scriptores mechanici ; & quæ omnes effectum integrum caussæ plenæ æquiualentem, supponunt, vel arguunt. (54) Itaque eædem hic consequentiæ recurrunt, quas modo exhibuimus §. 38. Idem medius terminus eandem fundet

con-

ptionem esse in diuerso genere. Sed *caue*, locum isti opinioni concedas : canon est metaphysicus, qui vetat plus esse in effectu, quam in caussa ; neque adeo corpori alligatus, sed vniuersalis.

54) *Supponunt*, si demonstrari debeant. V. locum LEIB-NITII allegatum superius §. 37. nota 49. & WOLFIVM in elem. mech. §. 24. sq. T. I. el. Lat. p. 543. -- Sed *arguunt*, si experimentis cognitas, examinare, atque ad principium generale velis reducere. V. theod. §. 346.

conclusionem necesse est: habemus enim & hic
in corpore effectum vires caussæ exhaurientem,
quia æquantem;   quæ igitur vis aget in mentem?

§. 40.   *Sint iam vacua* materiæ *spatia* sparsim
vel continuo interposita: manebit sane motus,
qui corporis particulis impressus est, quamdiu illæ
per vacuum mouebuntur §. 37.   (si quidem in
vacuo concipi motus possit) atque adeo,   donec
corpus motum nouis impingatur corporibus, de
quibus eadem deinceps valent, quæ modo diximus
§. 38. & 39.   Neque adeo subsidium in vacuo
quis inuenerit, quo difformem illam caussæ & effectus proportionem liceat ad æqualitatem reuocare,   & metaphysico canoni nostro accommodare.

§. 41.   Et persuadeo mihi sane, neminem facile contradicturum esse paragraphis 38. & 39.
si perpenderit,   quæ de corporum percussionibus
hodie peruulgata sunt,   indice saltim digito hic
commonstrata.   *Sed* (55) qui vacuum tenent, illi,
vereor, vt Clarkianæ disciplinæ accedant, qui substantias quasdam immateriales in eo operosas collocare videtur (56), atque adeo, velut iste attra-
hentes mutuo corpora, ita hi forte motui resisten-

C 5   tes

----

55) Potes vtramque hanc obiectionem transsilire, nisi
simile aut cognatum quid menti obuersetur tuæ: mihi id non licebat.

56) Dico, *videtur*, quia non totidem verbis id enunci-
at: facit tamen id spatium, per quod attractio fit, a
materia vacuum, & negat fieri attractionem sine mo-

tes eidem incolas concedant, dicam, an obtrudant? *Fortaſſis* etiam *alii*, (ſiue vacuum teneant, ſiue plenum admittant) in ipſis materiæ partibus animam motui reſiſtentem facient ſua virtute; quo facto ipſis videri poſſet, non omnem impetum moti corporis impendi vel reſiſtentiæ corporis vincendæ, vel motui in corpus intrudendo. Scilicet, ſi alterutra ratione anima poſſet motus aliquam partem ſufflaminare, vt illa in corpore effectum amplius nullum haberet, videri poſſet, id perceptioni producendæ in animo ſupereſſe, ſic vt cauſſæ & effectus æquipollentia nondum tolleretur. *Sed neque hoc pharmaco videtur malum curari poſſe.* Quodſi animæ virtute tolli motus in corpore debeat, id reactione fieri neceſſe eſt; neque enim, niſi reagendo, impediri poteſt actio, vel eiuſdem effectus ſufflaminari: reactionem vero actioni æqualem eſſe oportet §. 37. Itaque oportet etiam eſſe proportionem inter easdem. Atqui inter res toto genere diuerſas (animam & corpus) atque modificationes rerum toto genere diuerſarum nulla eſt proportio, ſi EVCLIDEM audias: (comparat enim hæc tantum homogenea) ergo nec æqualitas (57). Verum fac eſſe, quod fieri non poteſt, vt reliquum impetus in corpore moto inſumatur vin-

___

dio: concedit cauſſam eius aliquam eſſe, ſed an mechanica ſit, nec ne? id inquirendum putat: aliquando id medium vocat inuiſibile & intangibile. V. epiſt. CLARK. IV. §.45. T. I. du rec. p.78. & epiſt. LEIBNIT. V. §.118. p.144. & CLARK. V. p.196.

57) Nimirum illa ſunt *homogenea*, & æqualia eſſe poſſunt, vel proportionalia dici, quorum vnum aliquo-

vincendæ illi refiftentiæ, quam ponit motui corporis anima inhabitans : habes ita fane effectum
integrum cauffæ fuæ æqualem, §. 37. neque tamen habes perceptionem aut ideam mentis, quam,
non puto, quod tranfmutare velis in refiftentiam
motui oppofitam, aut illius filiam atque effectum
facere. *

§. 42.

ties repetitum poteft fieri id, quod eft alterum, æ-
quare illud vel *fuperare*. Sed vero motum repetas
licet, quoties tibi cunque placuerit : non erit ille
perceptio, aut perceptioni æquipollens aut fimilis,
aut comparabilis. Quis ex motu fyllogifmum fecerit, vel demonftrationem condiderit, etfi repetito,
promoto, impedito &c. ? [Ceterum obiter admoneo, virum clariffimum, qui aduerfus hanc meam
definitionem admonuit, pertinere illam folum ad
commenfurabilia, non ad homogenea in genere, ea
quidem in re falfum effe. Conf. WOLF. elem. a-
rith. Lat. §. 30. T. I. p. 23. edit. primæ, & dilucid.
noftræ philos. de DEO, anima, & mundo §. 327.]

* Velim cogitent lectores mei, an id fpiritualitati animæ conueniat, vt in fpiritu mutationes producant
motu fuo corpora fiue externa, fiue interna cerebro ? Si verum eft, quod motus cogitationem ge-
neret, cogitent, an refelli illorum fententia poffit, qui
dicunt, poffe DEum corporibus largiri, vt cogitent.
Cogitent vero etiam, quibus pofthac fontibus probare animi fpiritualitatem poffint, fi tanta eft cogitationum & motuum cognatio, vt nafci alterum ex altero poffit ? Vidit vtique hæc talia TOVRNEMINIVS :
igitur influxum corporum in animas actiuum non
admifit : & de influxu animæ in corpus fcripfit
quam cautiffime; arguens ex nobilitate fubftantia-
rum, ne quid animo præiudicet.

§. 42. *Sequitur ex dictis*, nisi falsum fuerit
illud metaphysicum, quod effectus caussæ-æquipol-
lens sit, *nullam* impressionem fieri posse *a corpore
in animam*, neque perceptionem mentis oriri ex
motu, nisi, vltra id & EVCLIDES fallat, & recepta
iudicandi ratio, quæ proportionem & comparationem negat fieri vel posse, vel debere inter res
vel proprietates heterogeneas. Restat, *vt videamus*, quid anima valeat in motibus corpori impri-
mendis. Sunt enim philosophi, qui vel sponte
largiuntur, non posse corpus agere in animam,
sed alterum penitus tenent, posse animam in corpus agere. Est ex eorum numero *R. P.* TOVRNE-
MINIVS, Iesuita Gallus, vir omnino doctissimus, qui
distinctam vnionis animæ & corporis explicationem se pandere arbitratus est in commentariis cri-
ticis Triuultinis (58). Abit ille nonnihil a con-
sueto tramite : sed quando tamen & ipse influxum tuetur, **animæ** saltim in corpus suum, etsi
non vice versa; vulgati systematis modificatio-
nem esse concedo, sed iisdem argumentis tentan-
dam, quibus alteram systematis huius partem adhuc sollicitare constituimus.

§. 43. In illo autem cardo vertitur *systema-*
tis

58) A. 1703. mens. maio, artic. XCI. p. 864. seqq.
M. iunio, art. CVI. p. 1063. quibus adde M. sept.
artic. CLIX. p. 1661. seqq. M. oct. art. CLXXVI.
p. 1840. seqq. & art. CLXXVII. p. 1857. seqq.
Ita autem ille p. 868. „Sans que le corps agisse sur
l' ame, ce qui est impossible. „

tis Tourneminiani (59). Exiſtimat vlterius, quam
a Carteſianis, Leibnitio, ceterisque factum ſit, pro-
grediendum eſſe, vt principium inuenias, quod *diſtincte* explicet vnionem animæ & corporis.   „ O-
portere inueniri eiuſmodi aliquod, quod demon-
ſtret

---

59) Prolixior locus eſt, ſed dabo verba auctoris, tam
honoris cauſſa, quam vt tutius lectorum de illa re
iudicium eſſe poſſit. Sic ille l. c. p. 870. Il faut
donc aller plus loin, pour trouver *un principe*, qui
explique nettement l' union de l' ame avec le corps.
Il en faut trouver un, *qui demontre*, qu'il y a entre
ces deux ſubſtances non ſeulement de l' harmonie,
& de la correſpondance; mais encore une liaiſon &
une dependance eſſentielle : une *union* non ſeulement morale, & en idée, dependante d' une loy arbi-
traire, mais reelle & effective : une union non pas
exterieure, mais intime: une union de poſſeſſion &
de proprieté, & non pas ſeulement d' habitation ou
d' uſage. Il faut un principe, qui faſſe voir, que l'
ame & le corps ſont autrement unis, que les cito-
yens d' une même ville, que l' ouvrier & l' inſtru-
ment, dont il ſe ſert, que l' eſpace & le corps, qui
le remplit. En un mot, il faut un principe, qui faſſe voir, qu'il y a entre tel corps, & telle ame, *un
rapport* ſi naturel, ſi eſſentiel & ſi neceſſaire, que nulle autre ame, hors la mienne ne puiſſe animer mon
corps; & que nul autre corps, ſi non le mien ne
puiſſe être animé par mon ame. C' eſt ſur ce principe, que je vais vous propoſer mes *conjectures*. Si
je me trompe, j' aurai d' illuſtres compagnons dans
ce malheur. Il eſt toujours beau de tenter une dé-
couverte, où tant de grands genies ont echoué. Du
moins je ne me ſuis pas laiſſé prévenir par aucun
préjugé. J'ay quitté ceux de l' école, comme les
Carteſiens le recommendent ſi expreſſement: et j'ay

ſtret inter has duas ſubstantias non harmoniam modo & conſpirationem obtinere, ſed nexum & dependentiam eſſentialem : vnionem non tantum moralem & intentionalem, arbitraria lege nixam, ſed realem & effectiuam : vnionem non externam,

crû, devoir encore quitter tous les préjugés, dont la philoſophie de DES CARTES a rempli pluſieurs eſprits. Souffrés, que j' explique mes conjectures par diverſes *ſuppoſitions,* dont je tirerai des conſequences. Si quelqu' une de mes ſuppoſitions vous fait de la pei-
ne, je ſatisferai à vos objections, quand vous me les aurés fait connoitre. l' aurai même ſoin de prévenir celles, que je crois qu'on peut oppoſer à mon ſyſteme. 1. Je ſuppoſe, que *les corps ne ſont differens, que par la differente ſtructure,* qui les rend propres à differens uſages, c' eſt à dire, à reçevoir divers mouvemens & diverſes impreſſions, où des objets, qui les environnent, ou des eſprits, qui peuvent agir ſur eux. 2. Je ſuppoſe, qu' entre les differens etats, ou peut ſe trouver le corps humain, *il y a une ſituation* de toutes ces parties, des humeurs, des eſ-
prits animaux, qui le rend *plus propre aux fonctions de l' ame* humaine. 3. Je ſuppoſe, que *l' ame hu-
maine* eſt creée de Dieu, *avec une force naturelle de contenir* les parties du corps, au quel elle eſt deſtinée, dans cette ſituation convenable aux fonctions humai-
nes, que cette force dans chaque ame eſt relative au corps, qu' elle doit animer : que cette force étant identifiée, c' eſt à dire, étant une même choſe avec la nature de l' ame, fait la difference propre de l' ame, & qu' ainſi les ames deſtinées à differens corps ſont differentes autant, que les corps, aux quels elles ſont deſtinées, ſont differens. 4. Je ſuppoſe, que *l' ame agit ſur le corps par cette force* naturelle, qu' elle a d'en contenir les parties dans une ſituation favo-

nam, fed intimam : vnionem poffeffionis & proprietatis, non inhabitationis tantum & vfus. Acturum fe id per *fuppofitiones* quafdam, &, fi quæ occurrant difficultates, fatisfacturum *obiectionibus*. Itaque fupponere fe 1. corpora inter fe non differre,

rable aux fonctions humaines; & qu'elle eft determinée naturellement à cette action fur le corps. 5. C'eft *dans ce rapport* de force mouvante, ou plûtot, fi je puis ainfi m'exprimer, contenante; dans cette determination & dans cette action fur le corps, que *je fais confifter l'union de l'ame avec le corps.* Cette union eft une union de proprieté, de poffeffion, l'ame s'appropriant le corps par cette action.

Difons la chofe plus clairement. Tel corps eft uni à telle ame; ou pour parler *plus jufte* encore, il eft le corps de telle ame, parce qu'il a un befoin effentiel de telle ame, pour être contenu dans une fituation avantageufe aux fonctions humaines. Ce n'eft donc pas feulement, parceque l'ame agit fur le corps, qu'elle eft unie avec luy: c'eft, parceque fon action fur le corps eft d'un coté fi effentielle au corps, que fans cela il ne feroit pas un corps humain, & d'un autre coté elle eft fi propre à l'ame, que nulle autre creature ne peut la produire par fes forces naturelles. Voila tout ce, qu'on peut defirer pour une union de proprieté & de poffeffion; & pour qu'on puiffe dire veritablement, que l'ame a le corps, & que le corps appartient à l'ame. Ainfi la celebre definition de l'homme, qu'a donnée S. AVGVSTIN, l'homme eft une ame, qui a un corps, s'entend aifement, & paroit fort jufte dans mon opinion. Dans toute autre opinion elle ne paroit pas exacte. Le feul *avantage*, que l'on tire de ces fuppofitions, fuffiroit pour en montrer la verité. Il eft certain, que l'union de l'ame & du corps, eft une union de pro-

ferre, niſi partium ſtructura : 2. alium corporis
ſtatum alio magis minusue accommodum eſſe functionibus animæ. 3. Animas a DEO creatas cum
vi continendi machinam corporis in ſtatu functionibus humanis appoſito ; eaſdemque diuerſas eſſe
pro diuerſitate ſuorum corporum, quibus deſtinan-
tur. 4. Animam exercere vim illam naturaliter,
neceſſario & eſſentialiter: 5. in huius virtutis motricis vel continentis determinatione atque actione
conſiſtere *vnionem animæ & corporis &c.*

§. 44. Audiuimus, quæ ſit mens viri erudi-
tiſſimi, quæ ſententia? Nunc *ſaluis*, quos ipſius
virtuti & doctrinæ debemus, *honoribus*, placet examinare, non omnia ſane, quæ dici poſſent, tum
circa

priété & de poſſeſſion. Ce n'eſt, que dans mon ſyſteme, que cette verité ſubſiſte. C'eſt donc le ſeul
ſyſteme veritable &c. &c.

Iſta quidem a pagina 870 -- 875. Vnicum addam, quia ſemel cœpi exſcribere verba viri celeberrimi, vt ne deinceps illa demum interſerere neces-
ſum ſit; ſic ille pag. 1066. 1067. Le corps humain
eſt environné d'une infinité d'autres corps, qui agiſſent continuellement ſur luy, & dont quelques uns
s'inſinuent dans ſes parties les plus intimes. Quelques unes de leurs impreſſions contribuent à entrete-
nir la ſituation la plus parfaite des parties du corps,
& facilitent ainſi l'action de l'ame: d'autres troub-
lent cette ſituation, & reſiſtent à l'action de l'ame.
L'ame ne peut pas s'empecher de ſentir ſa propre
action, ni d'en ſentir les variations, c'eſt à dire, les
facilités & les empêchemens. Le ſentiment de la fa-
cilité de ſon action fait le plaiſir: le ſentiment de la
difficulté de ſon action fait la douleur. &c. &c.

circa prima eius fchediafmata, tum circa obiectiones doctiffimorum *anonymi*, LANGVETI, & *P*. Av
GIERII : tum & circa refponfiones his oppofitas, in
quibus fingulis non pauca negotium faceffere posfent lectoribus aliquantum difficilioribus.   Excutiamus præcipua, & quæ ad negotium nostrum illustrandum propius attinent.   Ignouerit vero mihi, quicunque putat, virum magnum, quod initio
commentationis fibi propofuit, pluribusque verbis
p. 864. promifit, præstitiffe plenius, vt fcilicet *distinctam vnionis explicationem* hic protulerit. *Determinauit* profecto ea omnia, quæ phænomenis explicandis neceffaria vifa funt; atque in eo gloriam habet : fed *non explicuit* ista.   Determinauit
autem pro arbitrio, vt commodum videbatur phænomenis inde deducendis.   Atque etiam hic non
male egiffet, fi illa, quæ fumit, fimul euoluere
aut demonstrare connifus effet.   Verum ipfe videtur, noluiffe id agere : inde *fuppofitiones* vocat.
Mihi autem, faluis melioribus, fic *videtur :* fi
quid *explicari* debeat, euoluendas effe ideas rerum
eo pertinentium, earumque realitatem effe ostendendam, vel a priori demonstrando poffibilitatem
rei, id est, exhibendo modum, quo fieri possit;
vel a posteriori euincendo , aliter folui non posse
phænomena, id autem, quod afferimus, in phænomeno contineri omnino.

§. 45. Ita nefcio ego quidem, quibus ille
legibus obtinere possit, aut quibus id argumentis
conficere liceat, *vt vnionem*, quam vocat, *poffeffiuam* & proprietatis, teneamur admittere. Vt
D   enim

enim hoc non dicam, nescire me, quid id rei sit?
neque me crediturum esse, quod id alii intelligant, donec terminis nullam ambiguitatem, sed
determinatos planosque sensus fundentibus, id ex-
plicuerint; neque id ipsum a viro magno factum, me existimare, etsi de vnione illa, tanquam magnifico, sed nihil significante termino
monitus esse ab abbate LANGVETO (60) MONTINÆO:
certe experientiam, quam alibi (61) subambigue,
alibi confidenter allegat, id non perficere constat
ex superioribus.

§. 46.   De *suppositionibus* ipsis ita censeo.
Primam probo, quatenus corpora hic sensu Cartesiano dicuntur, non Leibnitiano vel Wolfiano,
de quo antea diximus §. 34. not. 5.   Vltima
tamen ipsius nolim intelligi de aptitudine recipi-
endis ab anima motibus plus minusue proportionata: quam cum *secunda* suppositio exhibeat, non
appa-

60) Vid. memoir. de Trev. l. c. p. 1850. & responsionem TOVRNEMINII p. 1863.
61) l. c. p. 1862.   Ibi: „ l' experience vous con-
   vainc, que vous pensés, que vous aimés. Pourquoy
   la même experience ne vous convaincra - telle de l'
   empire de votre ame sur votre corps. La sentés
   vous moins? „   Ita est vero! Imperium proprie
   sic dictum & exquisite, locum non habet inter animam & corpus; neque igitur sentiri potest. Actionem animæ in corpus veram realem physicam, me
   iudice, non docet experientia; docet id, quod imperio alias intenditur & producitur, consecutionem scilicet actionis volitæ, sed alienis viribus præstitæ.
   Verum id nihil iuuet TOVRNEMINIVM!

apparet, quomodo id fine petitione eius, quod in
principio eſt, aſſeri poſſit; hoc enim eſt, quod
quærimus, an & quomodo corporis ad motum
recipiendum capacitas, atque animæ actiones aliquam inter ſe proportionem habere queant. Sub-
ſcribo hic anonymo, qui Tourneminianas meditationes ventilauit, in iiſdem commentariis Triuultinis, p. 1663. Et ſentio idem de *tertia*: Deum concreare poſſe animæ virtutem agendi in corpus, tum licet ſupponere, cum conſtiterit, id eſſe
in ſe poſſibile; voluntas enim diuina & creatio
ſupponunt rerum eſſentias, non faciunt: ſed quomodo demonſtrabis poſſibilitatem, ſi neſcias, quid
ſit ea actio? qui fiat? quomodo proportionari
ad corpus poſſit? In quo ipſo & *quarta* deficit,
niſi ego fallor, ſuppoſitio. Animam in ſpiritus
animales agere, & hiſce mediantibus in cetera
corporis, lego quidem: ſed, vt verum fatear,
quomodo id fieri poſſit, non intelligo; neque
adeo illius actionis atque inde pendentis vnionis
diſtinctam per haſce *ſuppoſitiones* ideam nactus fui.
Circa *quintam* alii diſputent, an vnio conſiſtat in
illa actione? an eius cauſſa ſit? an effectus? an
in ſtatu conſideranda ſit? an in actu? an, vt mutuum quid eſſe poſſit, animæ actio ſufficiat, vel
ſola? vel coniuncta cum indigentia illa corporis
reſpectu huius actionis? & quæ ſunt alia: de
quibus ego facile tranſegero cum auctore ingenio-
ſiſſimo.

§. 47. Fortaſſis id in TOVRNEMINIVM verte-
rent, qui vocibus inhiare ſolent, quod pag. 874.

ver-

verbis antea relatis dicat : ,,tel corps est *uni* a
telle ame, ou pour parler *plus juste* encore, il est
le corps de telle ame.,,   Ita enim videtur innuere, *non* dici *accuratissime*, quod corpus sit *vnitum* animæ : atqui omnis Tourneminiana explicatio tanquam fulcro nititur potestate & proprie-
tate vnionis.   Sed suspicor, alium forte his vocibus sensum esse ex auctoris mente (62).

§. 48.   Ceterum illa quidem tanto viro digna est humanitas, quando *difficultatum* circa suas
suppositiones obuiarum *solutionem* spondet & oc-
cupationem quoque, si quas moueri posse præuideat : existimem tamen, id *non omnino sufficere*
ipsius instituto.   Quemadmodum enim, ex superioribus, non sufficit ad vnionem distinctius, quam
in alio systemate factum est, explicandam, vt ea
omnia determinate edisseras, quæ illuc requiri
possint? sed vt ista satis explicate tradas, requiritur: ita neque hanc nouam pollicitationem, quantumuis rei conuenientem, arbitror absoluere rem
omnem.   Si *distinctam* lectoribus *explicationem*
promisero, credo illis ius esse, vt paratam postu-
lent & præsentem : non extorquendam demum
hinc & inde per obiectiones, ex variis & diuersis
inter se systematis oriundas; quibus sæpe omnibus
satis-

---

62) Dicerem ex Tournemíniano systemate fortassis a-
nimam corpori vnitam esse, vt loquitur, possessiue
ac appropriatiue: sed corpus animæ, si loquaris accuratissime, ex hoc loco, non dici vnitum. Verum
generaliter vnionem enunciauit inter duas illas substantias. Vid. notam §. 43. ab initio.

satisfieri potest, etsi, quod ad rem ipsam, eiusdemque modum attinet, nihil nouæ explicationis accesserit.

§. 49. Faciamus huic *dicto fidem* exemplo ipsius TOVRNEMINII. *Obiectum* est, animam non magis agere posse in corpus, quam corpus in animam: esse enim hæc duo diuersa toto genere. Impossibilitatem, quod corpus in animam agere non possit, admissam viro magno, oriri ex illa differentia & disproportione naturarum. Sed non plus proportionis esse a spiritu ad corpus, quam a corpore ad spiritum (63). Non dubito, lectorum plerosque existimaturos, quod omnino eam difficultatem sustulerint responsiones Tournemianæ: de quibus ego fateor, me hærere in quibusdam, sed arbitrari tamen, quod soluta sit obiectio, quatenus in hisce generalibus consistit, atque intra istos saltem terminos continetur; non item, si noui accedant medii termini vel scheses.

§. 50. Sic *non capio neruum* eius responsionis,

D 3 qua

63) Vide obiectiones M. sept. p. 1662. & M. octobr. p. 1841. atque responsiones TOVRNEMINII, p. 1860. 1861. quibus tria vrget. 1. Argumentum, (quoniam natura inferior in superiorem agere non possit, ideoque nec superiorem & perfectiorem posse in inferiorem:) comparat illi, si dixeris: corpus non cognoscit animam, ergo nec anima corpus. 2. Negat, differentiam substantiarum impedire facultatem agendi; agere enim in corpora DEVM. 3. Corpori facultatem negat in animam, quod corpus vnico saltim modo (impulsum dicimus) agere possit; animam autem non moueri constet.

qua vrget *distinctionem* inter substantias *perfectiores
atque imperfectiores* ; ratus, animam corpore nobi-
liorem posse agere in corpus, non vice versa igno-
bilius illud in animam se superiorem. *Neque
enim hactenus* in philosophia determinatum est,
quid sit, esse substantiam superiorem vel nobilio-
rem, adeo, vt de quibusdam interdum ambigant
nonnulli: *multo minus* ostensum est, quomodo
ex superioritate ista, si quae sit, substantiarum consequatur potentia agendi vel non agendi in se mutuo: *imo vero*, quae communiter ignobiliora habentur v. g. inanimata, creduntur agere in nobi-
liora, ipsumque hominem: *adeoque* omnium minime determinatum est, quisnam nobilitatis gradus eo pertineat, vt aliquid in alterum agere possit vel non possit. Atque, ista omnia si expedita forent, *demum* id de anima & corpore euincendum foret, gradum eum nobilitatis diuersum hic
plane obtinere. Nisi *ista omnia* feceris quam pla-
nissima, difficilior ero, vel, si mauis, morosior,
quam vt concedam, hac distinctione lucem negotio inferri, atque pedem ad distinctam vnionis aut
actionis memoratae explicationem illa praeuia vel
iuuante promoueri posse.

§. 51. *Neque in illo* acquiescere mihi licet:
quando diuersitatis eam aduocat caussam (64):
corpus vno tantum modo agere, impellendo * :
non

64) Sunt verba responsionis tertiae p. 1861.]
* Imo agit duobus: motum scil. impellendo, & qui-
escens resistendo. An igitur & tribus? sicut hic de
anima infertur. Non putem.

non autem posse mouere animam, itaque in animam non agere : animam esse ex se actiuam ; cogitare, velle : qui duo (65) agendi modi sint animæ conuenientes. Non igitur determinatam esse ad vnum agendi modum. ,, Tertium illi modum conuenire posse (66) ; conuenire etiam, quia motus corporum non possit incipere per corpus ; moueret enim, etsi non motum, quod implicat. Itaque spiritum esse, qui agat in corpora (67). Agere ergo in corpus esse affectionem spiritus, & corpus suscipere actionem a spiritu posse : ergo actionem animæ in corpus non repugnare, neque ex parte animæ, neque corporis ,,. Atqui *in vltimo hoc saltus* esse videtur, cum transitus sit a spiritu ad animam, hoc est, a genere ad speciem, eo sensu: non repugnat generi, ergo

D 4

nec

---

65) Hic velim conferas loca WOLFII superius citata, in metaphys. §. 878.

66) Etsi per loca WOLFII citata mihi non admittatur, volitiones distinctum a cogitationibus agendi modum requirere ; [sunt enim proprie loquendo nisus ad nouas perceptiones :] transeat id tamen. Sed quomodo ex duobus tertium liceat inferre, fateor mihi non patere. Quod non determinatum est ad vnum agendi modum, potest esse determinatum ad duos, tres, quatuor & quot volueris. ,[Æquationes, quæ vnam, sed in altioribus dimensionibus, incognitam, comprehendunt, non sunt determinatæ ad vnam radicem ; sunt vero ad duas, tres, quatuor, & quot volueris, pro dimensione quantitatis incognitæ.]

67) Qui primum vniuerso motum largiatur : concedo ; id enim rectissime infertur ex corporum, secundum hasce, quas sequuntur, leges, motu : atqui de eo non quæritur ; quæritur de anima.

nec speciei. Sed potest in specie alterutra noua
esse accessio per differentiam, quam dicimus spe-
cificam, vt deinceps huic repugnare possit, quod
generi nondum contradixit. * Obtinere nostro
casu aliquid eiusmodi, monebo inferius.

§. 52. Vtcunque vero ista se habeant, dico
tamen, *solide* id argumentum, quatenus ita generaliter enunciatum atque ex natura spiritus §. 49.
deductum est, ab eodem R. Patre *solutum esse*
numero secundo p. 1860. quando negat, diuersitatem substantiarum impedire actionem vnius in
alterum, idque exemplo DEI, spiritus infiniti,
probat. Quod enim spiritui repugnaret in vniuersum, id infinito non minus contradiceret, quam
finito (68). Ostensum ergo est, supponi falsum
in

* Quæ circa hunc locum obiecit vir clarissimus, exposui in dilucid. meis philosophicis ad §. 326. in nota * p. 323. Recte autem solutas esse obiectiones suas, pro candore suo ipse vir egregius admonuit: in epistolis amœbæis HOLLMANNI & BILFINGERI
§. 2.

68) Discrimen spiritus finiti atque infiniti generaliter,
tum demum vrgeri potest: si quis pro systemate influxus ita argumentari velit: potest DEVS agere in
corpus, etsi spiritus: ergo & anima potest. Hic
enim facile intelligitur, dissolui connexionem, si naturam vtriusque distinguas, & ab infinitudine vim
agendi deriues, non a spiritualitate. Sed mutatur
rei facies, si ipse spiritualitatem potentiæ mouendi
opponas, negaturus animæ mouendi corpora potentiam, quia spiritualis sit: parata enim responsio est,
quam in textu approbauimus. Quodnam diuersita-

in argumento, prout iacet: adeoque soluta est obiectio. Neque tamen est explicata difficultas, neque distincta actionis animæ in corpus notio exhibita. Constat igitur vel Tourneminiano exemplo, non fuisse eam nimiam scrupulositatem, quæ paragraphum 48. nobis expressit.

§. 53. Neque vero hactenus exposita impediunt, quo minus liceat eandem *obiectionem sic inflectere*, vt responsiones, quas mihi hactenus nosse datum est, omnes præscindat (69). Nemo dubitat,

D 5

tis fundamentum sit, id logici tirones diuinauerint.

69) Nihil est magis commune illo, quod ad diuersitatem naturarum, spiritualis atque corporeæ, obiectam, excipi solet de actione diuina in vniuersum corporeum. Neque memini tamen, me eam responsionem specifice refutatam inuenire, atque ita dilutam; vt caussa elucescat, quare, licet DEVS agere queat in corpora, spiritus finitus tamen id non possit? Quod diuinum velle sit agere, id rectissime dicitur hoc sensu, quicquid voluntas eligit, id eius potentia perficit. Verum, licet id secus sit in homine; inde nondum intelligo, cur volitioni animæ non etiam coniuncta esse possit potentia agendi & mouendi, non illimitata quidem, sed finita tamen. Videbimus, quid in ea re liceat proficere: sed memineris, me non hoc moliri, vt ostendam, quomodo DEVS agat in corpora; sufficit me scire, quod agat; verum hoc agere, vt allegem caussam, quare, etsi DEVS id possit & faciat, non faciat tamen anima humana? Memineris etiam secundo, consulto illa omitti, quæ sua fortassis ambiguitate possent sensus commodos æque & incommodos aut fundere aut admittere. Tertio autem, si obscuri fortasse videantur paragraphi proxi-

tat, determinatos esse & limitatos illos effectus,
quos anima dicitur perficere in corpore: quodcunque autem agens determinatum & limitatum
in altero effectum præstat, id caussam determinationis habeat necesse est; mea enim sententia, determinatum vt tale non oritur ex indeterminato,
quia neque quidlibet oriri potest ex quolibet, neque plus esse potest in effectu, quam fuit in caussa. Illa igitur caussa determinationis in effectu
obuiæ, vel est in re 'agente, vel extra eam, in obiecto actionis, quatenus id aut solum consideratur, aut circumstantiis suis, v. g. corporibus ambientibus in nostro casu, coniunctum.

§. 54. Si determinationis *caussa est extra rem
agentem*, in ipso obiecto, quod actionem recipit,
quatenus aut solum consideratur, aut circumstantiis concurrentibus temperatum: oportebit proportionem esse inter actionem caussæ & reactionem
patientis; limitatur enim & determinatur vis agentis ab obiecto, quatenus eiusdem dispositio maiori
minoriue resistentia aut reactione aliquam virtutis
partem aut impedit, aut alio inflectit. Non potest

me sequentes, quæso te, vt bis, & nisi graue sit, ter
legas: sunt difficiles forte, sed obscuri esse non videntur; quoniam nonnisi determinati sensus vocibus
respondent, iidem ex illis sufficienter erui attendentibus possunt. [Cetera omnino suaserim, vt huic
loco coniungas alterum prolixiorem ex *dilucidationibus* meis philosophicis de DEO, anima, & mundo
S. III. C. IV. §. 325.-328. incl. p. 321.-333. vbi
plures leguntur & cautelæ, & obiectiones, & solutiones huc etiam referendæ.]

teſt itaque ratio determinans atque limitans actionem animæ, peti a corporis diſpoſitione: diximus
enim §. 41. nullam hic proportionem obtinere,
nullamque reactionem in corpore, quæ reſpondeat
actioni animæ in eodem genere. Conſequitur
autem hinc illud quoque, non poſſe a nobis admitti verba Tovrneminii (70), quod actio corporum externorum in corpus noſtrum faciliores vel
difficiliores reddat operationes animæ. Difficultas
agendi in obiecto reſiſtentiam ponit vel reactionem; atqui Tovrneminivs non concedit actionem
corporis in animam, ergo nec reactionem aut reſiſtentiam. Hoc eſt, quod iam ante monui
§. 22.

§. 55. Sin porro determinationis *cauſſa eſt in
ipſa re agente*, vel dependet ab eius voluntate libera, vel ab eius ſtatu antecedaneo conſequentem determinante. *Si a libertate voluntatis conſequitur*,
eam in actione & effectu determinationem obtine-
bimus, quam volumus. Atque contrarium experimur quot momentis? Certum eſt, diuinam actionem tantum producere effectus, quantum diuinæ
voluntati placet, nulla in creatis reactione, nulla
exiſtente reſiſtentia, quæ diuinæ potentiæ vel actionis effectum poſſit limitare aut determinare; namque & inertia materiæ, & quicunque in corporibus concipi poſſunt, impetus ad infinitam collati
virtutem amittunt proportionem omnino omnem.
Verum alia res eſt, ſi de anima quæſieris, quæ nulla ſua

70) Conf. verba, quæ dedimus §. 43. ſub finem notæ.

la fua voluntate vim fuam agentem, fi quam habere fupponitur, eo vertere poteft, quo non ver-
git mechanifmus corporis, v. g. ad erigendos in
directum capillos e capite pendulos, ad motum fan-
guinis in febribus æftuantem reprimendum, ad ele-
uandos fine machina decem centenarios, & quæ
funt fimilia. Aut, fi quæftionem pro argumento
feras, quodnam in hac fuppofitione fundamentum
eft difcriminis inter actiones hominis voluntarias
& naturales? Fundamentum, inquio, ex parte voluntatis, non confcientiæ.

§. 56. Si denique determinationem illam virtutis activæ in anima, pendere velis *ab animæ ftatu præcedaneo*, atque ita confequenter hunc a fuo
antecedente; nulla corporis refiftentia, vel reactionis proportione quicquam effectiue conferente:
habes id, quod in harmonia præftabilita eft difficillimum; eo cum difcrimine, quod fupplemen-
tum addas & inexplicabile, & nulla, fiue a priori fiue pofteriori, via cognitum, de quo fuperius.
Faxo, vt id *clarius* appareat: fi nouæ actionis,
qua corpus ab anima moueri dicitur, quantitas determinata pendet a ftatu animæ antecedente, atque
illa tamen confentit difpofitioni corporis ratione
& organorum eius & corporum ambientium; fequitur naturam animæ effe huiufmodi, vt femper
illa ex fe & fuo fundo, principioque domeftico
producat actiones ftatui corporis atque rebus externis accommodatas, fiue harmonicas. Habes adeo
& inexplicabiles illas animæ *actiones* in corpus, &
pro illis obtinendis harmoniam inter difpofitiones

corpo-

corporis & animæ determinatas, ex prioribus in
anima determinationibus consequentes, præstabilitam: *pro passionibus* animæ, quas communiter vocamus, & pro sensationibus rerum nihil habes; siquidem omnis in animam corporis actio vel reactio hic cessat, per §. 42. & 54. Verum illa non
diducam operosius: neque enim facile deuenient
eo viri eruditi, qui in primo hactenus, (§. 54.)
quantum scio, substiterunt, vel etiam secundum
(§. 55.) illi coniunxerunt. Si & ad vltimum se
reciperent, propius ita abfuturi forent a systemate
Leibnitiano.

§. 57. Ista vero, occasione explicationis Tour-
nemenianæ, non nouæ (71) quidem, sed nouiter
tamen productæ: nunc alia nobis aurem velli-
cant, quæ lucem mutuantur ex præmissis. Scrip-
sit LEIBNITIVS (72) ad *virum quendam celeberri-
mum*, atque magnis in *medicam* artem meritis in-
signem: ,, si animæ vi & non potius potestate
fluidi explosionem exercentis, saltamus, cur non
saltamus ad altitudinem quamcunque,,? Ridiculam vero illam quæstionem existimauit *vir doctissimus*, probe gnarus, animam esse ens finitum, nec
posse

71) Dico id fide auctoris, l. c. p. 1870. ,, Mon opinion au reste, n'est ni nouvelle, ni singuliere. Il
me seroit aise de l'établir par de passages d'Aristo-
te & de S. Thomas. ,,
72) Vid. GEORGII ERNESTI STAHLII negotium otiosum,
siue sciamachiam aduersus positiones theoriæ medicæ
veræ, a viro quodam celeberrimo intentatam p. 16.
§. 21. Cui confer. pag. 80. 82. 85. 179. 200.
204.

posse effectum quemcunque præstare; corpus etiam cingi aliis corporibus, quæ saltui resistant:
saltum concedit vtique ad quamcunque altitudinem futurum in vacuo, non item nostro casu,
quo anima possideat corpus innumerabilibus aliis
motibus & corporibus motis circumscriptum atque
obstipatum; ait, paralogismum illi similem esse,
si dicas: ,, principium corporis humani motorium (quodcunque tandem fingatur) potest corpus
hoc per liberum aërem sine multo aut quantocun-
que tandem labore aut impedimento, cursu per aliquot centenos passus, quasi raptim propellere; ergo debet illud etiam eadem ratione per profun-
dum aquarum, imo per transuersum murum propellere & transpellere. ,,

§. 58. Sunt illa huiusmodi, vt nisi caueas,
possint initio videri tollere difficultatem: examen accuratius, ita arbitror, non sustinebunt. [Veniamus
in rem præsentem, & agamus per dialogos. Ita
enim & pressius sequi dicta virorum, & rem breuius licebit omnem expedire.] *Anima, inquis, est ens
finitum:* quis negauerit? *finitum esse, dicit limitationem:* recte! *Ergo illius agendi vis non est illimitata, sed limitata:* concedam! *& determinata:* di-
stinguo, determinata hactenus, vt non possit omnia,
sed quædam, ita opinor; sed quærimus, vnde sit determinatio, non generaliter sumta, sed *specialiter,*
imo singulariter, cur hic hoc, tantum, tale agit anima? Cur saltat ad dimidii pedis altitudinem, cum
antea ad pedem integrum? Cur non saltat quoque ad tres? septem? decem? *Anima non potest*

eſt imprimere gradum motus, niſi qui diſpoſitioni corporis quadret: atqui omni corpori quadrat omnis motus, omnis celeritas, omnis directio; hoc mechanici norunt, & qui phyſicam diſcunt. *Corpori per ſe, & abſolute, vel in vacuo, ſi ſpectetur: at non vbi circumſcriptum & obſtipatum corporibus ambientibus, elaſtica & incumbente ſua virtute magnum illud oportet corpori noſtro imponentibus.* Atqui etiam ſtipato corpori, ſaltim cohærenti & firmo, omnis quadrat, variato tantum impulſu mouentis. Sin certus eſt motoris impetus; dicis vera ſane: ſed fateris, determinationem motus eſſe ex corporis diſpoſitione, impetum illum limitante, dirigente, conſumente, pro legibus mechanicis, quibus ipſum æque ac reliqua corpora, ſubiectum eſt. Perinde, ac ſi diceres: motus corporis reguntur, limitantur, determinantur, impediuntur, promouentur, finiuntur legibus mechanicis, ſed incipiunt tamen & perficiuntur ab anima. *Non omnino: proportio illa, ſecundum quam determinatur, relata eſt ad gubernationem motus, fini conuenientem, & iuſtæ proportioni corporis, quod motu affici debet, reſpondentem. Conſiderandæ ſunt non ſolum leges mechanicæ, ſed & quam maxime ad finem reflexæ.* Quaſi ſcilicet hæc quæſtio ſit, an proportio eſſe debeat in actionibus animæ, ſi motus pendeant ab iiſdem, & cui fini? non potius, a quo principio? quo medio? quo modo ſiant illæ determinationes? itaque hoc primum, atque integer diſcurſus p. 84. aliena videntur ab inſtituto. Quoad alterum, cedo quæ ſit proportio corporis noſtri atque ambientium, diſpoſitiopositionisque nostri corporis ad actionem animæ.

§. 59. *Essentialis conditio animæ est, esse finitam.* Negatur ergo ab hac ratione, quod nulla proportio sit inter animam & corpus: sed potius omnino anima habeat proportionem cum corpore communem. An a finitudine rerum sequatur earum proportio, & quidem duarum præcise rerum proportio communis, iudicium esto illorum, qui finitum auri pondus cum finita hominis duratione, finitum intellectum cum finita viæ, Berolino Lipsiam ducentis, longitudine possunt contendere. *Essentialis conditio animæ humanæ (nedum aliarum) est, vt (ad minimum aliquando & aliquamdiu) sit in corpore. Negatur itaque & ab hac ratione, quod nulla sit proportio inter corpus & animam: cum societas supponat proportionem.* Nouum est, a societate proportionem consequi, aut præsupponi, saltim inferri posse: motus & extensio, locus atque tempus, superficies & linea, quoties sociata sunt: an igitur eorum est inter se proportio? *Illud autem de linea & superficie, ad proportionem inter motum & extensionem; locum & tempus, & multa huiusmodi, cum societate absoluta agentis & patientis, formaliter ad vnum idemque reducere, ad triarias, imo subsidiarias cohortes transmittendum est.* Dic sodes, quis ad vnum reduxit formaliter? A societate argumentum erat: a societate est instantia. Sed argumentum erat a societate absoluta: an ab omni? Societas est, nisi fallor (73), absoluta inter extensionem & diuisibilitatem

73) Dixi, *nisi fallor.* Quid enim societas absoluta sit,

tatem materiæ, in motu inter fpatium & tempus. Fortaffis tantum a focietate abfoluta agentis & patientis? An omnis agentis & patientis?
DEVS agit in mundum, etfi nulla hic proportio
intercedat. Sed hic non eft mundo fociatus, vt
anima corpori: recte id quidem; fed vide, quid
fecerim? Dixifti primo: *focietatem*, fine addito:
extorfit illam LEIBNITIVS tibi. Iam dicis: focietatem *abfolutam*: fed eadem exempla eandem, fi quæ
eft, excutiunt tibi. Rationem *agentis & patientis*
alia extorquet tibi inftantia. Iam quid fupereft?
focietas abfoluta agentis & patientis coniunctim,
talis enim eft animæ & corporis. Proba, fi placet, ex hoc medio termino *fequi*, vel fi tua malis
verba p. 84. obuia, focietatem fupponere proportionem: fed proba, vt intelligant etiam illi, qui
EVCLIDEM amant, atque adeo *proportionem* inter *rationem* & *motum* affequi fe poffe hactenus negant.

§. 60. *Rationem fimpliciter effe motum, imo
formaliter, aut viciffim, ego non crediderim, vllum
hominem effe, qui dixerit, nedum vt ego ille fim. At
vero, quod proportio nulla effe poffit aut debeat inter
rationem & motum in fubftrata materia, ego ingenue fateor, à nullo homine audire fperauiffem.* Atqui
omnes *Euclidei* tirones (74) dicunt, inter hetero-

E

genea

non fatis affequor. Mihi focietas relationem dicit
inter membra vnam, aliam ad finem, actiones, offi-
cia, normam, originem, &c. Tranfeant autem hæc
leuiora cum ceteris.

74) Sunt vero & hi ipfi, qui mirantur dictum viri cele-

genea non effe proportionem. Subftitue voci *rationis* lineam, *motus* vocabulo numerum, & pro
fubftrata materia fume agrimenforiam artem : *inftantia* erit foror difcurfus tui, fed fratricida. Neque
enim hoc metuo, vt quifquam fit, qui maiorem
inter illa fimilitudinem, aut homogeneitatem de-
monftret, quam inter hæc obtinet: neque diffido
tenacitati *geometrarum*, quibus nunquam hoc ex-
torferis, vt heterogeneis rationem fiue proportionem adfcribant. De philofophis autem hoc credo, terreri iftos, cum dixeris: *ratiocinationem, cogitationem* (75) *& c. in motu confiftere; omnemque
actionem, tam* (76) *moralem & intentionalem,*
                                                quam

berrimi, cum pag. 204. ait: „poffe eafdem fine ca-
uillatione proportiones manere, auctis *quantumuis*
magnitudinibus; (quæ verba erant LEIBNITII p. 180.
obiicientis) *nouum* eft edictum!„   Edictum enim
hoc illi norunt ex quinto magiftri fui elemento, quo
ftatutum eft, æque multiplicia *feruare* proportionem
fimplicium; magnitudines autem ea multiplicatione
augeri *quantumuis* poffe nemo dubitat. Neque eft
profecto quifquam arithmeticæ vel geometriæ initia-
tus, qui Leibnitianam vocem alio fenfu acceperit.

75) Verba funt pag. 99. „Si ratiocinationem, cogitationem, contemplationem, intellectum, diiudicatio-
nem, collectionem, æftimationem, electionem, amo-
rem, odium, metum, defiderium, &c. &c. quocunque modo & intuitu perpendamus : quo alio modo
& medio hæc peraguntur, imo in quonam proprie
confiftunt (generaliter,) nifi in motu? „

76) Verba hæc funt ead. pag. „Adeo, vt omnis actio,
tam moralis atque intentionalis, quam phyfica, quatenus actio eft, & ab vno numero ad alterum, ab

*quam physicam, certissime & verissime esse motum;
motum quomodocunque consideretur esse ens incorporeum, rem incorpoream* (77), *imo immaterialem, non accidens purum* (78): credo
etiam, illos impense miraturos esse, si dixero,
disputare magnum virum contra hæc LEIBNITII
verba (79): ,,omnem actum esse motum, loca-

E 2 lem

vno modo essendi ad diuersum (vt obiecta) proce-
dit, certissime & verissime sit (generice) motus.,,

77) Vid. pag. 191. vbi: ,, quod autem anima habeat
facultatem motus exercendi, ego quidem semper existimo, planum esse posse intellectui ex eo, quod motus, quomodocunque (etiam in materia, sed tamen
non ipsa materia) consideretur, sit ens incorporeum;
eo ipso, quia nemo contradicit, quod, licet etiam re-
putetur alligatus materiæ, tamen non ipse sit materia.
Quo intuitu, cum in toto vniuerso valeat, quod,
qualis est effectus, talis etiam sit caussa, motum, tanquam rem incorpoream, non possum ab alia caussa
efficiente expectare, quam ab anima, tanquam ipsa
quoque incorporea.,, & p. 98. idem: ,, interim
motus ita (quasi materialiter considerando) incorporeum ens, & (tanquam formaliter) perpetuo
transitu agens, habet vtique exquisitissimam potestatem in corporeas res. Habet, inquam, actiuitatem
in corpora, vt patientia: ipse vt res incorporea, imo
immaterialis: siquidem tam a corporis materiati,
quam ipsius materiæ, affectionibus intrinsecis seu es-
sentialibus, in solidum distat atque differt.,, Et
quæ sunt sequentia.

78) V. p. 139. sub fin. ibi: ,, vnde absona illa commentatio ortum duxit, (a qua etiam noster auctor
sibi temperare non potuit,) quod motus sit purum
accidens; nempe, vt apertius noster infra eloquitur,
plane nihil.,, Conf. si placet §. nostr. 34.

79) Verba sunt pag. 16. & oppositiones pag. 111. 112.

lem scil.) non dixerim : actiones internæ animarum sunt in substantia partibus carente. Ne quid
iam de actionibus DEI immanentibus dicam. „

§. 61. Prouexerunt nos ista longius , quam
postulare videbantur obiecta §. 57. Sed redeamus *ad instantiam* ibi allegatam, tantoque minus
hic negligendam , quod priora iam inter virum
doctum & LEIBNITIVM maximam partem ventilata
sunt ; hanc vltimæ demum exceptiones protule-
runt, LEIBNITIO dudum viuis erepto (80). Nimirum

Fateor autem, me nihil earum intelligere, neque per-
uidere, quo collineent. [Nihil enim hoc loco LEIBNI-
TIVS dixit, nisi quod vno ore omnes dicunt philosophi ; quodque omnino euidens esse quiuis videt.
Curiosis igitur, & subtilioribus meo ingeniis id disputationis relinquo.] Locus est prolixior, quam vt
& hunc transcribere, & lectoris per se ipsum iudica-
turi oculis subiicere hic liceat.

80) Nimirum *animaduersionibus* LEIBNITII *enodationes* opposuit vir celeberrimus, communicatas LEIBNITIO, qui
ex interuallo deinceps breuibus illas *exceptionibus* denuo ventilauit, interquiescente negotio, dum ab ami-
cis moneretur STAHLIVS, & typis vulgari acta permitte-
ret ; *replicationem* eo casu additurus ad exceptiones
memoratas. Prodiit libellus Halæ Magd. 1720. De
pretio illius nihil statuo : *Stahlianam* mentem, ex titulo negotii otiosi, satis inferas ; si minus, ex verbis
p. 135. „Ego certe primus agnosco ; nedum consentio, quod tam tota hæc disceptatio, quam methodus in ipsa obseruata, nihil eximii momenti ad totam
solidarum scientiarum illustrationem afferre, censeri
possit. „ Si qui tamen philosophiæ Leibnitianæ *ini-
tiati* eius viri monita pag. 1. -- 19. 175. - 183. attente legant, facturos operæ pretium existimo.

mirum *consequens* est *absurdum*: sed *consequentia non est Leibnitianæ similis*. Audi primo LEIBNITIVM: si determinatio saltus atque adeo & altitudinis, ad quam corpus nostrum saltando attollitur, non dependet a potestate fluidi exercentis explosionem determinatæ virtutis & præcise tantæ, quanta impenditur ad eleuandam corporis, ad hanc præcise altitudinem attollendi, grauitatem; sed potius ab actione & vi animæ, cui nulla grauitatis aut corporeæ reactionis vis esse potest proportionalis, minus æqualis: caussa non est, cur, volente & nitente anima, corpus non attollatur ad altitudinem quamcunque, decem potius, quam vnius, pedum: in vniuerso saltim corporeo, atque omni eius resistentia nihil est, quod in illam animæ vim possit reagere, atque adeo eandem limitare. Itaque perinde est hoc casu, num in vacuo corpus moueatur, vbi resistentia non est, an a vi animæ, cui nulla corporum resistentia proportionari, & quæ adeo per nullam ambientium corporum actionem limitari, circumscribi, aut determinari potest; quantumuis enim magna corpori mouendo resistentia fiat ab ambientibus, non aget illa in animam, adeoque nihil illa detrahet effectui nitentis animæ, si quem habere fingitur. *Intelligis*, nisi fallor, *quo neruo* LEIBNITIVS a minori saltu ad maiorem, imo quantumcunque, potuerit concludere? Nunc *vide & instantiam* §. 57. Illa vnicum hoc habet, non licere a minori progredi ad affirmandum maius. Atque ita est profecto, vt non dubitem asserere, illam hypothesin esse rerum naturæ aduersam, ex

E 3 qua

qua hoc sequitur : ,, principium corporis moti-
uum potest corpus promouere in fluido parum resistente , ergo & transpellere id potest per solida
difficillime locum concedentia. ,, *Consequitur* autem id non *in* Leibnitiana , sed *aduersa* potius *hypothesi.* De priori post enarrata nemo quisquam
dubitet : posterius sic habe. Si principium corporis motorium non est mechanicum , quod corporum resistentiis proportionale , adeoque maius,
minus aut æquale est ; sed est vis & facultas in-
habitantis animæ, cui nulla corporum resistentia
potest conferri , vt proportionem siue æqualitatis
habeat , siue inæqualitatis : sequitur , eam non minus superare posse resistentiam muri , quam aëris,
atque adeo ceteris (81) paribus corpus suum per
transuersum murum propellere. Vniuersa itaque
res denuo huc deuoluitur , vt reactionem corporis
contra actionem animæ, adeoque & resistentiam
virtuti huius motrici proportionalem , si fieri posset,

81) Dico , ceteris paribus , ne texturam corporis, muro
   molliorem , opponas : abstrahimus enim hic ab eo,
   quid in corpore futurum esset , & hoc vnum quærimus , num isti effectui præstando , hoc est , muri re-
   sistentiæ superandæ sufficeret vis animæ ? Quapropter si te id male habeat , quod texturam corporis
   hic non attendendam dico , substituas pro transitu per
   muros , saltum in aëre tantum , quantus eandem vim
   requireret , quæ disrumpendo isti transuerso muro
   sufficeret: ex eo enim intelliges , vt hæc instantia pro-
   posita quadret , solam muri firmitatem , non corporis
   texturam delicatiorem , hic respiciendam esse.

set, ostenderes. Sed finiamus ista tandem, atque otiosioribus relinquamus.

§. 62. Existimo, per hactenus disputata intelligi, quare actionem corporis in animam, atque animæ in corpus repugnare censeam veritatibus, aliunde cognitis, communiterque approbatis, scilicet his: quod effectus non possit esse potior sua caussa; quod nihil sit sine caussa sui; quod in effectibus determinatis debeat esse ratio determinationis; quod proportio non sit inter heterogenea; & quæ sunt plura huiusmodi. *Neque* adeo id vel *temerarium* dici posse confido, *neque* inepte *nouaturiens*, si, saluo meliori iudicio, ab ista, quantumuis recepta & populari sententia recedam, maxime post tot exempla virorum vndique doctissimorum, quos si nominare omnes (82) oporteret, numerum, credo, extimesceres.

§. 63. Erat hoc *primum*, quod in mentem venire poterat hominibus, *systema influxus* dictum, vulgato quidem vocabulo, etsi minus accura-

---

82) Nimirum *Cartesianos* ex hac parte omnes stare quis nescit? Magnos viros, theologos æque ac philosophos, ex omni genere cultuum & regionum. Stare Cartesianizantes *eclecticos*, Stvrmio similes: stare Leibnitivm, Wolfivmque, cum sequacibus: accedere *etiam illos*, qui inexplicabilem nodum caussati, nullam apprehendunt partem, omnes æque impetunt obiectionibus. Et quis dubitet, esse etiam, de quibus repetere illa Mottæi liceat, approbata Crosæ in log. P. I. S. I. c. vi. T. I. p. 130. „ Je pourrois deceler ici plusieurs *complices* de mes sentimens, qui faute de courage, en deviendront peutétre les censeurs. „

to (83). *Alterum* fyftema ſt CARTESII, ex *amphi-
biorum* genere; poteſt enim aliquo ſenſu ad influxum reduci, aliquo ad aſſiſtentiam. Ad hanc,
quatenus negauit, corpori ab anima vim aut gradum motus imprimi: ad influxum, quatenus animæ tribuit vim mutandæ directionis motuum. Sed
exa-

83) Abſoluta quidem illa tractatione facile id intelligas.
Influxum dicimus proprie, vbi ex vna ſubſtantia aliquid in alteram transfunditur, hoc eſt, a priori ſecer-
nitur, & in alteram ingreditur. Si proprie id de anima & corpore dicas: neceſſe eſt motum ex corpore
in animam ire, eſſe aliquid ſubſtantiale, vel vt accidens migrare e ſubiecto in ſubiectum; idemque de
appetitu ex animo in corpus translato tenendum eſt.
Quæ ſane lepidam obiectionibus materiam præbent,
[neque, vti primo videtur intuitu, ex vocibus pendent, quibus inhiare minus vtique philoſophicum foret. Cogitent hic lectores mei de ſpecierum ſen-
ſibilium transmiſſionibus in animam, & in intelligibiles transcreationibus, quales antiqui non obſcure
admiſerunt philoſophi, recentiores autem ſolo de-
clinant ſilentio. Si motus corporis in anima perceptionem efficit, (dico autem *efficit* ex hypotheſi in-
fluxioniſtarum) quæſo ego philoſophos, dicant huius cauſſæ efficientis rationem cauſſandi, & cauſſalita-
tem: cauſſa enim & effectus per haſce duas cohærent. Si dicere illas mihi aut nolint, aut nequeant,
dicant ſibi ipſis. Examinent, an eius aſſerti ſui quicquam intelligant? an, quamprimum determinate illam rem cogitare ſuſcipiant, conuenientiæ quicquam,
an repugnantiæ multum deprehendant? Nolint vacuos ſine mente ſonos proloqui: loquantur ita, vt
ſe ipſi intelligant. Ni fecerint, nihil eorum ſermo-
nes ad me, nihil ad philoſophos pertinere ſciant.]

examinemus ista sub sequenti titulo, quoniam tanto facilior nobis a CARTESIO ad Cartesianos transitus erit. *Vides* autem, quomodo nonnisi *sensim* sensimque aliam atque aliam animæ in corpus vim coacti tandem dimiserint philosophi, non volentes proiecerint.

SECTIO QVARTA,

DE

SYSTEMATE ASSISTENTIÆ.

§. 64.

IN omni motu notissimum est, posse illa *duo* a se inuicem discerni: impetum, gradum, aut *quantitatem* motus, quæ Cartesiana æstimatione producto ex massa in celeritatem mensuratur; & secundo *directionem* mobilis, siue lineam, secundum quam progreditur. CARTESIO debemus *applicationem* huius distinctionis ad rem præsentem: *noluit* ille motus quantitatem subiicere arbitrio mentis humanæ, ne qua ipsi pereat lex ante asserta, de eadem quantitate motus in vniuerso conseruanda: *sed* directionem tamen liberam *concessit*, sic, vt motus, qui in fluidis nostri corporis est, suam ab anima directionem nanciscatur, atque ita in hanc magis partem deflectat, quam in aliam.

§. 65. Audiamus LEIBNITIVM (84):,,CARTESIVS

E 5 nego-

----

84) Theodic. §.! 59. p. 110. edit. Latinæ, cuius verba hic exprimimus.

negotium hoc velut transactione dirimere voluit,
aliquo dato, aliquo retento, dum actionis corporeæ partem ab anima dependentem facit. Ratus
enim, esse naturæ legem, vt eadem motus quantitas semper in corporibus conseruetur, fieri non
posse iudicauit, vt legem hanc influxus animæ vio-
laret, nouumque motus gradum, nouam vim corpori imprimeret. Cum tamen animaduerteret, in
actione motrice distingui posse, ipsam motus quantitatem a directione: existimauit animam posse nihilominus habere vim mutandæ directionis motuum, qui fiunt in corpore, ad eum fere modum, quo
eques, quamuis equo, quem insidet, vim nullam
largiatur, eius tamen gressum, vires, quo libuerit,
dirigendo, moderatur: sed quia hoc fit ope ha-
benæ, freni, aliorumque instrumentorum mate-
rialium, quo pacto fieri possit, concipimus, quæ
vero hunc in finem adhibere anima possit, nulla
sunt instrumenta. Denique nihil est, nec in anima, nec in corpore, id est, neque in cogitatione,
neque in massa, quod ad explicandam hanc vnius
per alterum immutationem seruire possit. Verbo:
siue anima quantitatem virtutis, siue lineam directionis in corpore mutare dicatur, vtrumque æque
inexplicabile est. „

§. 66. „Adde, post Cartesii tempora reper-
tas esse duas hoc in negotio magni momenti veritates. Quarum prima est, quod quantitas virtutis
absolutæ, quæ conseruatur, diuersa sit a quantitate
motus, vti alibi (85) ostendi. Altera, quod con-
serue-

---

85) Citauimus loca Leibnitii ad §. 33. not. 35. p. 31.

seruetur etiam eadem directio in omnibus simul
corporibus, quæ inter se agere supponuntur, quomodocunque demum sibi mutuo occurrant, dum
scilicet seruatur directio centri grauitatis communis.   Si lex ista CARTESIO nota fuisset, corporum directionem æque * ac virtutem imperio animæ sub-
traxisset, & hoc, opinor, eum ad harmoniæ præstitutæ hypothesin recta perduxisset, quo istæ me
regulæ duxerunt.   Nam præterquam, quod alterius ex his substantiis physicus in alteram influxus
nulla ratione explicari potest, obseruaui, *absque
omnimoda legum naturæ perturbatione* ** in corpus animam physice agere non posse. „

§. 67.

* De hac coniectura posses hærere.   Ratio enim, quare motuum augmenta animæ humanæ CARTESIVS
subtraxit, hæc videtur, quoniam ex constantia diuina,
eandem motus quantitatem subsistere CARTESIVS intulit. V. princip. philos. P. II. §. 36. p. m. 31.   Sed
vero directionis summariæ identitatem nemo generaliter ex relatione cum diuinis quacunque eruit; sed recte ab LEIBNITIO hic dicitur, eam in omnibus simul
corporibus, *quæ inter se agere supponuntur*, quomodocunque demum sibi mutuo occurrant, seruari.
Potuisset igitur fieri, vt CARTESIVS, etsi huius inter corpora legis gnarus, mutationes directionum ab anima
oriundas retulisset ad illas, quas eodem paragrapho
ob euidentem experientiam vel diuinam reuelatio-
nem exceptas voluit.   Sed vero coniecturam hoc loco LEIBNITIVS facit, non demonstrationem crepat:
tribuitque CARTESIO eam partem, quæ fuisset ratio-
nabilior opposita.   Itaque, si vel maxime suspicio
falleret, non læderet tamen.

** Has velim voces pensitent, quibus curæ est examinare has disquisitiones.   Argumentum hic non du-

§. 67. Sunt ista huiusmodi, vt pro refutatione dicti systematis nihil addi necesse sit. *Quicquid* enim influxui animæ in corpus oppositum est in antecedentibus, vbi motum ipsum dicebatur producere, id repeti potest contra directionis variationem ab anima deriuandam. *Experientia* non magis directionem animæ subiectam demonstrat, quam motus ipsam vim & quantitatem. *Neque* magis *intelligi* potest, qui mutatio directionis fiat ab anima, quam qua ratione motus producatur? Neque directio in corpore moto potest immutari nisi *resistentia*, reactione, aut impulsu contrario, saltim in diuersam plagam tendente. Itaque, si impulsus non pendet ab anima, si reactio animæ nulla est, de quo supra disputauimus, etiam directionis mutatio nulla est. *

§. 68. *Legem*, quam Leibnitivs allegat, primus, quod sciam, Hvgenivs (86) in sphæricis corpori-

citur ab impossibili, sed ab inconuenienti. Suadet ergo, non cogit hactenus. Diximus §. 35. & 36. quid excipere possint aduersarii difficiliores: diximus vero etiam, quid exceptio valeat, ex nostra quidem sententia?
* Velim obseruent lectores, quo momento vnumquodque horum argumentorum producam, ne existiment, me plus in conclusione inferre, quam est in præmissis. Momenta autem distinxi superius §§. 28. 31. Illos consulant, qui dictorum obliti hic hærent.
86) Vid. extrait d' une lettre de Mr. Hvygens á l' auteur du journal des sçavans 1669. 18. mars p. 534. Ibi: „ au reste, j'ay remarqué une loy admirable de la nature, laquelle je puis demontrer en ce, qui est

poribus deprehendit; vniuersalem enuntiauit LEIB-
NITIVS (87). Quodſi enim plura ſint corpora, motu
in ſe inuicem impingentia, primum inquiritur, notis inter mechanicos artificiis, eorundem commune centrum grauitatis, pro diuerſis ante conflictum
ſtati-

 des ſpheriques, & qui ſemble étre generale en tous
 les autres, tant durs que mols, ſoit que la rencontre
 ſoit directe ou oblique. C'eſt, que le centre com-
 mun de gravité de deux ou trois ou de tant, qu'on
 voudra de corps, avance toujours également vers le
 même coté en ligne droite devant & aprés leur rencontre. „

 87) Journ. des ſçav. 1696. 9. avr. p. 262. „Il faut
 ſavoir, qu'il y a une autre loy de la nature, que j'ay
 decouverte & demontrée, & que Mr. des CARTES ne
 ſavoit pas, c'eſt, qu'il ſe conſerve non ſeulement la
 même quantité de la force mouvante, mais encore la
 même quantité de direction, vers quel coté, qu'on
 la prenne dans le monde. C'eſt a dire, menant une
 ligne droite, telle qu'il vous plaira, & prenant encore des corps tels, & tant, qu'il vous plaira: vous
 trouverés en conſiderant tous ces corps enſemble,
 ſans ometre aucun de ceux, qui agiſſent ſur quelqu'un
 de ceux, que vous avés pris, qu'il y aura toujours la
 même quantité de progrés du même coté, dans toutes les paralleles â la droite, que vous avés priſe.
 Prenant garde, qu'il faut eſtimer la ſomme du progrés en ôtant celuy des corps, qui vont en ſens contraire de celuy de ceux, qui vont dans le ſens qu'on
 a pris.„ Conf. journ. 1693. p. 651. Adde etiam
 la loy univerſelle pour quelque multitude de corps,
 que ce ſoit, dans quelque proportion de maſſe, de
 viteſſe, de reſſort, de dureté & de moleſſe, que ce
 puiſſe étre, par Mons ** Journ. des ſçav. 1699. 4.
 may. p. 315. - - 320.

ſtatibus, vt inde conſtet, num id quieſcat aut moueatur, & ſi mouetur, qua linea qua velocitate id
fiat: deinde poſt factum conflictùm ex legibus per-
cuſſionum, pro ſingulis, ad quæ attendere lubet,
momentis, inquiritur eorundem ſitus verſus ſe inuicem, atque ex eo eruitur denuo locus centri grauitatis communis, vt determinatis denuo iſtis punctis de linea conſtet, in qua id ipſum moueatur
poſt conflictum, aut de puncto, in quo quieſcat.
Id vbi feceris, deprehendes *veritatem regulæ* de
eadem manente directione centri grauitatis communis in quacunque corporum in ſe mutuo actione
(88).

§. 69. Quemadmodum igitur CARTESIVS ex
eo, quod eandem in vniuerſo motus quantitatem
conſeruari voluit, motus ſpirituum in corpore animalium ſubduxit animæ imperio, atque volitioni præuios voluit: ita [fieri facile potuiſſet, vt] ſi
viuendo attigiſſet HVGENII LEIBNITIIque de motu inuenta, ex regula de eadem manente directione,
iſtam

---

88) Conf. memoires de l' academie royale des ſcien-
    ces, A. 1706. p. 584. ſeqq. edit. Batau. Vbi Dn.
    QVADRATVS (CARRE) deducta ex generali formula, le-
    ge eadem de centro grauitatis duorum corporum ſe-
    ſe percutientium, ex mente & verbis R. P. MALEBRAN-
    CHII, magiſtri ſui, communem *Carteſianorum* regu-
    lam, de identitate motus in vniuerſo perpetua, ex-
    plicat non de *abſoluta* motus quantitate, ſed de quan-
    titate motus *reſpectiua* verſus eandem vniuerſi par-
    tem, ſiue de *directione* & motu communi *centri gra-
    uitatis* ante & poſt ictum; cuius quidem regulæ me-
    taphyſicam quoque rationem reddere allaborat.

iſtam quoque ab anima independentem, atque a
priorum motuum directionibus determinandam di-
xiſſet. Atque ſic *incidiſſet in id*, quod *harmonia
præſtabilita dicit* ratione corporis: quod ſolum te-
neri non poteſt, niſi & alterum addas de anima,
eiuſdemque mutationibus & perceptionibus corpori harmonicis. [Non itaque præter rationem] Leibnitivs: Cartesivm (89), ſi hodieque ſupereſſet in
ſuam ſententiam tranſiturum eſſe, Carteſianamque
philoſophiam (ſaltim in hoc capite) eſſe veſtibulum
veritatis (90).

§. 70. Erunt fortaſſis, quibus *hæc de* Cartesii
mente ſuſpicio minus veroſimilis videtur, quia vident, Carteſianos, Malebranchivm maxime, & qui
illum ſequuntur, Cordemævm ceterosque aliam ini-
uiſſe viam, & ſyſtema potius occaſionale, a noſtro
diuerſum exſtruxiſſe. Sed nihil moueor ea ratione,
quamdiu diuerſæ concluſionis cauſſæ & concludendi modi in Cartesio & Carteſianis, quoad præſens
negotium allegari poſſunt. In eo *melior* eſt Cartesivs, quod ex eadem motus quantitate in vniuerſo permanente, *non immediate* ad primam eius
caus-

89) V. princip. philos. Leibnit. in ſuppl. A. E. l. c. p.
512. Monadolog. §. 83. Epiſtol. ad Remon. T. II.
du recueil de diverſes pièces. pag. 135. quam epiſtolam hiſtoriæ cauſſa euoluendam puto.
90) Recueil T. II. p. 135. citata: ,, l'on peut dire,
que ſa philoſophie eſt à l'antichambre de la verité,
& pag. 138.,, Je vous ai peut étre deja dit, que je
conſidere la *philoſophie de Des* Cartes comme *l'antichambre* de la veritable, ou l'on n'arrivera que peu
à peu.

cauſſam progreſſus eſt, ſed præexiſtentiam ſaltim
motus in corpore concluſerit; facile idem facturus
de directione, vt §. antec. diximus. Ex aduerſo MA-
LEBRANCHIVS cum ceteris ex negata animæ virtute
actiua *immediate* ad primam motus cauſſam ſe conuertit, eiuſdemque actiuam vim vocauit in ſubſid-
ium. Cauſſæ concludendi diuerſæ hæ videntur, quod
alter de *ordine* motus magis; alter de *cauſſa* vere efficiente fuerit magis ſollicitus: alter magis *ex re-*
gula motus generali, ſancta & inuiolabili, alter
ex virtute infinita ad motum producendum neceſſa-
ria fuerit ratiocinatus. Inde eſt, quod *intermedias*
cauſſas efficientes motus particulares hic *negauerit,*
ille admiſerit (91).

§. 71. *Carteſianos* itaque ſi audias, MALEBRAN-
CHIVM & reliquos: ab anima nihil proficiſcitur,
aut pendet effectiue, quod in corpore fit; nihil a
corpore, quod fit in anima. Verum motus corporis omnes immediate & vnice pendent a diuina
virtute & actione, quæ *pro occaſione* volitionum
mentis atque ad earundem præſentiam, motus illos ipſa & ſola efficit; & ad præſentiam atque occaſione motuum in corpore noſtro factorum (quos
& ipſos ad aliorum corporum præſentiam, horum-
que occaſione DEVS fecit,) perceptiones animæ
produ-

91) Conf. CARTESII princ. P. II. n. 36. ſeqq. MALEBRAN-
CHE éclairciſſemens. T. III. p. 178. CORDEMOI de di-
ſtinctione corporis & mentis diſſ. 4. pag. 83. ſeqq.
apud STVRMIVM in phys. elect. T. I. pag. 135. 137.
138.

producit & mutat : vtrumque vero exequitur secundum certas a se ipso semel arbitrarie latas leges, quarum vigore ad hunc motum hæc perceptio, & vice versa : ad alium producitur alia, & vicissim.

§. 72. Dicitur hoc *systema occasionale*, quoniam secundis agentibus siue caussis virtus omnis actiua, siue ex se illam, siue ex diuina communicatione habeant, penitus denegatur, iisdemque præter occasionem, ex qua diuinæ actionis effectus, pro semel latis legibus generalibus, in quocunque casu determinatur, nihil quicquam relinquitur. Estque id hodie satis receptum, non inter Cartesianos modo, sed & eos, qui videri volunt, nulla sectæ placita sequi, quorsum omnino referimus præ ceteris Io. Chr. Stvrmivm (92), virum de saniori physica meritissimum.

§. 73. Dici autem non potest, quam *variis studiis* de eo systemate in vtramque partem disputatum sit. Verum illa plane silentio inuoluemus, quæ de motu corporum inter se atque illius communicatione huic systemati intertexta sunt ab illius auctoribus : neque illa omnia aut diffuse persequemur, quæ ad ipsam animæ & corporis vnionem ex eo deriuandam vel explicandam pertinent. Vnum tamen alterumue libabimus. Nescio vero

F   sane

____

92) V. physicæ hypotheticæ vsum metaphysicum c. 2. §. 7. p. 837. de naturæ agentis idolo. c. 4. §. 2. de natura in cassum sibi vindicata contra Schelhammervm. cap. 4. & act. erud. 1698. pag. 208. & seqq.

sane , quo fonte id TOVRNEMINIVS (93) hauserit,
quando LEIBNITIVM Cartesianis ita obiicientem facit:
„neque legem a Deo sibi impositam, agendi conformiter in animam atque corpus, neque conspirationem mutationum in vtrisque facere veram quamcunque animæ & corporis vnionem. „   Fateor
enim, etsi plurimis locis Leibnitianam de eo systemate sententiam legerim, non me meminisse tamen , vllibi hanc obiectionem fieri, neque illam
LEIB-

93) V. pag. 369. l. c. vbi: „ il fait aux Cartesiens une
obiection , qui ¡detruit entierement leur systeme
sur l' union de l' ame & du corps. Ni la loy, que
Dieu s'est imposée d' agir conformement sur l' ame
& sur le corps, ni le rapport de changemens de l'
un à ceux de l' autre , ne font entre l' ame & le
corps aucune veritable union. Il y a , si vous vou-
lés , un parfait rapport : mais il n'y a point de liaison réelle , pas plus qu'il y auroit entre les deux hor-
loges , dont nous parlions tout à l' heure. Il n'y a
pas de replique à cette objection : mais par malheur
elle detruit le systeme de Mr. de LEIBNIZ aussi bien,
que celuy des Cartesiens. „   De re ipsa dixi in textu : de comparatione hic dicam.   Non sequitur sane , si arguas: „ ea non est realis & vera vnio, vbi
ratio conuenientiæ duarum rerum non est in ipsis rebus, sed extra eas in DEO, eademque penitus arbitraria, vt inter duo horologia externi motoris sola directione concordantia; ergo nec illa dici vnio potest;
vbi ratio conuenientiæ est in ipsis rebus, antecedente
sc. vtriusque statu, eademque regulis naturæ rerum
conformibus inædificata. „   Non enim dubito, quin
concedas, posteriori sensu propius atque amplius ad
se inuicem referri , vt vnum aliquod constituere valeant, quam priori.

Leibnitio dignam existimauero, *prout hic proponitur*, atque in ipsum vertitur a Tovrneminio. *

§. 74. Potius *hæc sunt argumenta* Leibnitii (94) : „systema caussarum occasionalium (legis verba viri illustris latine reddita ab interprete Iesuita:) præterquam, quod ad conciliandum huius vtriusque substantiæ commercium *miracula perpetua* introducit, *non cauet perturbationi* legum naturalium in vtraque substantia constitutarum, quæ æque violabuntur, siue DEI interpositio ex sententia illa noua, siue mutuus influxus iuxta opinionem communem interueniat. Atque alibi (95) de Bælio :

F 2 „id

* Ceterum de vnione sic statuo. *Summa* est vis vocabuli in systemate influxus ; quoniam illic anima & corpus in se mutuo influerent. *Media* est in systemate harmoniæ præstabilitæ ; quoniam ibi principia successionum sunt vnicuique intrinseca, & alterum alteri ex rei ipsius conuenientia normam præstat. *Minima*, neque nulla tamen, est in systemate assistentiæ ; etsi enim omnia pendeant a principio rebus ipsis extrinseco, non tamen anima mea percipit, nisi occasione mei corporis ; neque mouetur corpus meum nisi occasione meæ animæ. Sunt igitur connexa, sunt vnita : quis dubitet?

94) Leibnit. theodic. §. 60. edit. Lat. §. 61. edit. Gall.

95) Theodic. §. 340. pag. 335. quibus confer. §. 353. pag. 345. Non ei (Bælio) necesse fuerat ad systema caussarum occasionalium confugere, plenum miraculis & hypothesibus, quas nulla ratione fulciri fatentur ipsi eius architecti. Vtrumque hoc vitium systema a genuinæ philosophiæ indole quam maxime alienum facit.

,,id autem (quod leges naturæ arbitrariæ ac indifferentes fint,) maxime verum effe cenfebat de
lege vnionis animæ cum corpore; opinatur enim
cum Cartefianis recentibus, qualitatum fenfilium
ideas, quas DEVM, occafione motuum corporis,
animæ impertiri putant, nihil habere, quod motus corporis repræfentet, aut illis fimile fit. Ita
in mero DEI arbitrio erat, caloris, frigoris, luminis, ceterarumque qualitatum eas, quas nunc experimur, ideas, aut prorfus alias nobis largiri. Mi-
ratus fum frequenter, hominibus tam eruditis fententias tam parum philofophicas, tamque primis
rationis effatis contrarias probari potuiffe. Nihil
enim philofophiæ alicuius imperfectionem luculentius indicat, quam fi philofophus fateri cogatur,
aliquid in fyftemate fuo reperiri, *cuius ratio nulla*
exiftat. Id fane tantundem eft, ac atomorum EPI-
CVRI declinatio. Siue DEVS fiue natura operetur,
fuæ nunquam rationes operationi deerunt.,, Similia prioribus funt illa (96) eiufdem: ,,pour re-
foudre des problemes, ce n'eft pas affés d'employer
la caufe generale, & de faire venir ce qu'on appelle,
Deum ex machina. Car lors que cela fe fait fans
qu'il y ait une autre explication, qui fe puiffe tirer de
l'ordre des caufes fecondes, c'eft proprement recou-
rir au miracle. En philofophie il faut tacher de
rendre raifon en faifant connoitre de quelle façon
les chofes s'executent par la fageffe divine, conformement à la notion du fujet, dont il s'agit.,,
Deni-

96) Journ. des fçav. 1695. 4. juill. pag. 456.

Denique & eo ipfo loco, (97) quo cum horologiis hæc fyftemata contendit, & quem fortaffe innuunt verba TOVRNEMINII, fic loquitur: ,,la voye de l'af-fiftence eft celle du fyfteme des caufes occafionel-les: mais je tiens, que c'eft faire venir *Deum ex machina*, dans une chofe naturelle, & ordinaire, ou felon la raifon il ne doit entrevenir, que de la maniere, qu'il concourt à toutes les autres chofes de la nature. ,,

§. 75. *Tria* igitur funt potiffimum, quæ de-fiderat vir fagaciffimus. *Primum*, quod neque fic in faluo fint leges naturæ & motus. Perinde hic eft, fiue anima humana fuis volitionibus efficiat in corporibus motum, fiue occafione & pro ratione volitionum iftarum DEVS producat illos in corpore motus. Neutro cafu feruantur leges vtrique fub-ftantiæ latæ: neque ethico-logicæ (98), quibus anima fubiicitur, & quæ faciunt, vt affectuum in anima prodeuntium cauffa fit in anima; neque phyfico-mechanicæ, quæ motum motui cauffam po-ftulant in corpore. Nullum enim hic eft princi-pium naturale, vt mox dicemus, adeoque nullum legibus naturæ alligatum. Neque id fieri poteft: fi actiones immanentes confentientibus Cartefianis ita liberæ funt, vt quorfumcunque velis, deter-minare appetitus animæ poffis, quidni & illa velle poffis, aut eo tempore, vt, fi conuenienter hifce volitionibus DEVS in corpore

F 3   re

___

97) Journ. des fçav. 1696. 19. nov. p. 709.
98) V. recueil de diverfes pieces T. II. p. 330. vbi di-ctas legum appellationes deprehendes.

re motum excitet, leges naturæ & motuum inde pa-
tiantur incommoda. [Aut igitur ab initio corporeum systema istis quidem volitionibus conformiter
ordinatum esse oportet, aut ita illud turbabitur, vt
v. g. in præsenti momento motus existant, qui per
nullam motuum legem ex priori statu orti, sed occasione huius volitionis demum ab DEI immediata
vi orbi corporeo intrusi sunt.]

§. 76. *Secundum*, quod male habet LEIBNI-
TIVM, id est, Cartesianos plane liberas atque omnino
arbitrarias facere istas leges generales, quarum vigore DEVS occasione motuum perceptiones operatur, & vice versa. Scilicet id *nunquam ferre* potuit vir *philosophus:* dari, existere, aut fieri aliquid
sine ratione, siue id de spiritibus dicatur, siue de
corporibus. De corporibus facile omnes consentiunt, sine caussa efficiente nihil fieri: in spiritibus aliquando hæsitari videas, vbi sine caussis finalibus
nihil fieri contenderis. Sed qui modum cogita-
uerit, quo spirituum atque agentium liberorum indeterminata voluntas ad determinatum quid pro-
moueatur, ille, opinor, nullum temere casum
concedet existere, quo *sapiens* se ad quicquam sine
caussa determinet. Itaque id DEO tribui non potest, leges, quas ille inter plures possibiles suo operi applicandas selegit, esse plane arbitrarias, neque
vllo se argumento præ ceteris commendare. Potius arbitror, omnibus rei attendentibus probatum
iri, quod LEIBNITIVS (99) porro addit: ,, in naturæ
quidem

99) V. la theodic. §. 340. pag. 335. edit. Lat. fin.

quidem operationibus rationes vel a veritatibus necessariis, vel a legibus, quas DEVS rationi con-
formiores iudicauit, petendas : in operationibus
autem DEI ab electione suprema rationis, qua
DEVS ad agendum mouetur, dependebunt. „

§. 77. *Tertium*, cui nos inhærebimus, hoc est,
quod ista sententia perpetua faciat aut supponat miracula. *Miraculum* proprie dictum, definio, LEIB-
NITIVM (100) secutus atque WOLFIVM, (101) consentientibus, nisi me omnia fallant, theologis & philosophis extra Angliam (102) plerisque, per effectum eiusmodi, qui sui caussam non habet in natura rerum, sed extra eam, in auctore rerum,
DEO, vnice quærendam : qui vires creatorum trans-

F 4   scen-

Videntur gallica clarius dicta : „ dans les operations de la nature, ces raisons dependront ou des verités necessaires, ou des loix, que Dieu a trouvé les
plus raisonnables ; & dans les operations de Dieu, elles dependront du choix de la supreme raison, qui le
fait agir. „

100) V. theodic. §. 207. Le caractere des miracles,
(pris dans le sens le plus rigoureux) est, ‘qu'on ne
les sauroit expliquer par les natures des choses créé-
es. Conf. epist. V. ad CLARK. T. I. pag. 144. §. 117.
& adde theodic. §. 249.

101) Metaphys. §. 633.-638. Vbi & conceptum no-
strorum theologorum allegat, & contra SPINOZÆ, LO-
CKII & CLARKII definitiones approbat.

102) Mododiximus, hic falli LOCKIVM, & CLARKIVM
quoque ipsum hic in transuersum agi a suis. V. resp.
II. ad LEIBN. §. 12. T. I. p. 27. Epist. LEIBNIT. III.
§. 17. p. 37. CLARKII resp. III. §. 17. pag. 47. &c. de
LOCKIO vid. Posthumous Works. p. 217.

scendit: * vel &, qui per naturales creatorum vires, per conceptus, affectiones, naturam aut essentiam rerum explicari non poteſt; ſiue cuius ratio reddi non poteſt ex iis, quæ in rebus obſeruari
poſſunt; vbi tamen *memineris*, in duabus vltimis
phraſibus non de eo ſermonem eſſe tantum, quod
nos non poſſumus, ſed quod nec ille poſſet, qui
rerum naturas peruideret (103).

§. 78.

* Hic notes velim, fieri dupliciter poſſe, vt factum aliquod transſcendat vires creatorum: vel in genere,
vti vires hominum ſuperat deſperatos ſola voce mo-
bos curare, vel ſuſcitare mortuos, vti vires aquæ
ſuperat ſuſtentare ſolidas ferri maſſas & ſimilia; vel
ſub hoc aut iſto ſtatu ſpeciali, vbi factum aliquod non
ſuperat in genere vires creatorum, ſed omnino ſui
exempla habet in ipſis naturalibus rerum euentis;
ſuperat autem vires naturæ, vt ex ſtatu, qui *nunc* eſt,
per leges naturæ enaſcatur ſtatus, qui conſequitur;
vt ex ſudo cœlo pluuia cadat, vt ruptura terræ ſine
cauſſa terræ motus antecedenti & naturali, ob moralem quidem rationem contingat. Et quæ ſunt ſimilia.

103) Nimirum, id non eſt miraculum ſtatim, cuius rationem philoſophi hactenus aſſecuti non ſunt. Quis
cauſſam grauitatis tenet? An ideo eſt miraculum,
grauem eſſe lapidem, & cadere non ſuffultum? Potius hanc eius naturam eſſe conſtanti rerum obſeruatione nouimus; & innatare ferrum aquæ ſolidum,
ignem non lædere, corpus humanum in ſublime latum
ſecare aërem &c. vltra naturales rerum, & obſeruatione cognitas vires aſcendere legitimo intelligimus argumento. Verum iſta diffuſius, vbi ex inſtituto.
[Hic vnum addidero. Dari poſſe caſus, vbi per
hanc definitionem nobis incumbat το ἐπέχειν. Da-

§. 78. Hoc præmisso *manifestum est*, si perceptionis meæ, cum ego nunc dolorem ex muscæ
manui insidentis punctione sentio, neque in animæ
præcedenti statu, neque in corporis cum anima
commercio, vera & realis caussa est, sed a DEO
illa vnice excitatur ad alterius præsentiam, id *miraculum* fore; & si sæpius id contingat, miraculum
fore *repetitum*; si semper accidat, *perpetuum.
Neque id moror*, quod dici possit, esse aliquam
in corpore illius effectus caussam, occasionalem
scilicet. Occasio enim, non vere influens, hoc est,
occasio omnis, consistere potest cum miraculo; quis
nescit, occasionem a miraculis non abfuisse? Et
quis putet, nostra definitione admissa, id desinere
esse miraculum, si ad quamcunque baculi expor-
rectionem aquæ scinderentur diuina virtute? Quis
non potius id constans, repetitum, imo perpetuum esse miraculum, admiserit?

§. 79. Vt tamen id clarius patescat, remouen-
dum est id, quod MALEBRANCHIO (104), BÆLIOQUE
F 5 (105) &

ri, vbi certo pronunciare liceat. Crediderim vero,
istum casum esse frequentiorem in miraculis, quæ
vocant, prouidentialibus, hunc in euidentialibus.
Vtor vocibus receptis, etsi non aptissimis.]

104) MALEBRANCHE entret. sur la metaphys. XII. p. 490.
„Par miracles j'entens des effets, qui dependent des
loix generales, qui ne nous sont point connues naturellement.„ Igitur si legibus aliquid generalibus
accidit, iisque naturaliter cognitis, miraculum non
est, sensu Malebranchiano. Non disputo de voce,
manet hoc tamen, quod effectus ille viribus naturalibus non præstetur. Atque id puto satis esse eo, vt
systema id displicere possit philosophis.

(105) & ceteris fuit offendiculo. Exiſtimatum eſt
non paucis, id non amplius eſſe miraculum, quicquid fiat per leges generales, ſaltim nobis cognitas.
Verum hic, ſi placet, *diſtingue* leges (106) generales, (ſiue nobis cognitas ſiue incognitas,) & leges
naturæ. Quicquid fit *legibus naturæ*, hoc eſt illis,
quæ ex natura rerum conſequuntur, quæ per naturam rerum agunt, & quorum effectus ex natura
rerum poteſt explicari: *id omne* eſt naturale & miraculo vacuum, eidemque contradiſtinctum. Sin
leges fuerint *generales* quidem, etiam cognitæ nobis,
ſed non poſſint executioni mandari per naturam
rerum intermediam, atque a DEO ſemel efficacem
redditam: *omne id*, quod ſecundum haſce leges a
diuina virtute perficitur, miraculum eſt. Accipe
exemplum LEIBNITIO (107) familiare: ſi vel maxime DEVS legem corporibus ferret, vt ſe mutuo at-
traherent ſine medio, vt libere mouerentur in circulo, etſi nihil eſſet aliud, quod ipſa retraheret a
motibus in tangente rectilineis; id per naturam rerum obtineri non poſſet; itaque, ſi fieret, miraculum foret, cum diuina vis eum naturæ & virium
centri-

---

105) Ita BÆLIVS apud LEIBN. theodic. §. 354. „Hæc
omnia citra miraculum peracta fuiſſent, de his enim
omnibus *leges generales* exſtituræ fuiſſe ponuntur. „
In quo is longius a vero recedit, atque MALEBRAN-
CHIVS fecerat.

106) Diſtinctio eſt LEIBNITII journ. des ſçav. 1709. T.
II. Suppl. juin. p. 602.

107) V. theod. §. 207. 355. Epiſtol. III. ad CLARK.
§. 17. Journ. des ſçav. l. c. & paſſim.

centripetarum, quas vocant, defectum vna, sola
atque immediate supplere necessum haberet. Motus enim ille, cum sit minime simplex, ab vno in
corpus facto impetu, quo rectilineam directionem
sequeretur, deriuari non potest: sed noua in omnibus punctis actione & versus centrum pressione
opus habet.

§. 80. Vides igitur, quicquid sit de legibus
generalibus, quicquid de voce miraculi, quam
facile tibi liberam relinquo, atque ex hoc discursu,
si velis, elimino, *saltim hoc consequi*: effectus in
natura rerum ordinarios nullam in natura caussam
agnoscere: naturam non esse systema, in quo po-
steriores rerum status aliqua rerum ipsarum conuenientia consequantur ex prioribus, aut ingenitum
ad eos respectum habeant: sed esse aggregatum
entium, quorum mutationes auctor eorundem
plane liberrimo & simplici arbitrio alicui placito
generali sic alligauerit, vt ipse omnia solus atque
vnicus facere velit isti regulæ conformiter. Quale
id foret, si quis liberrimo decreto ordinem sibi
penitus arbitrarium præstitueret, eundemque deinceps ita ipse exequeretur; vbi rerum quidem successio & successionum similitudo obtineri posset, quoniam vero nulla rerum inter se connexio esset,
sed mera occasionalitas indifferenter determinata,
in ea quidem coordinatione nemo auctoris sapientiam (108) quæsiuerit. Verum illud *eo saltim* dictum

___

108) Sapientia nimirum supponit rerum ad se invicem
habitudines, mediorum atque finium connexiones:

&ctum est, si omnino arbitrarias eas leges feceris:
sin conuenientiam aliquam eorum, adeoque non
omnimodam indifferentiam, admiseris, cessabit id,
quod hic est difficillimum. Non euitabis tamen
hoc inconueniens, quod DEVM animæ atque corpori perpetuum quasi interpretem alliges, qui &
pro corpore ad animam loquatur, & animæ voluntatem corpori insinuet, hoc est, quod effectuum
naturalium supernaturalem tantum caussam alle-
ges.

§. 81. Quodsi autem eo te recipies, vt in illo ipso velis naturam rerum collocare, aut *natura-*
les vocare eos effectus, qui sequantur legem a DEO
latam, siue iussum illud diuinum, cuius efficacia
nunc omnia peraguntur: tum distingui velim cum
LEIBNITIO (109). Scilicet diuinum illud beneplacitum, cuius virtute nunc in tuo systemate animantur
corpora & afficiuntur animæ, vel *extrinsecam* rebus *denominationem* tribuit, nullam veram & in illis
perdurantem vim vel efficaciam iisdem imprimit:
vel

constantiam igitur in executione obserues & dilaudes
profecto; in coordinatione sapientiam difficulter o-
stenderis. Neque sufficit mihi viarum simplicitas, &
effectuum admirabilis varietas, si nullus præ altero
effectus naturalem cum hoc vel alio obtinendi modo cohæsionem habet. Cedam tamen lubentissime
ea obiectione, si luculenta sapientiæ specimina in ista
suppositione demonstraueris.

109) Disiunctio est LEIBNITII in act. erud. 1698. m. sept.
pag. 430. cui conf. responsa STVRMII in iisdem actis
1699. m. maio p. 216.

vel expreſſum aliquod *ſui veſtigium* in rebus relinquit, inditam aliquam efficaciam, vim vel formanı,
a qua deinceps pendent & producuntur effectus legem iſtam ſecuti. *Si prius :* in eo naturam collocare non licet, quæ rebus eſt intrinſeca ; neque
effectus ratione naturali ab ea conſequuntur, ſed vnice atque immediate pendent a diuina, & repetitis
actionibus (110) operoſa virtute, nihil conferenti-
bus rebus naturalibus, adeoque manent miracula ;
actionis autem diuinæ, ſiue iuſſi illius nullus eſt in
corporibus effectus verus, realis, perdurans, nullum
apoteleſma. *Si poſterius :* concedis in rebus principium, a quo pendent earundem mutationes,
ſaltim in corporibus principium motus, & in ſpiritibus perceptionum. *Non* enim puto, hic *ſuffi-*
cere, ſi dicas, id veſtigium eſſe *pure paſſiuum*, vti
vide-

110) Dico, actionibus, non, decretis. Vt enim hoc facile concedam, imo vrgeam, non poſſe decreta DEI
effectu vacua eſſe, & ſufficere effectibus perennanti-
bus decretum eius vnicum, perpetuo efficax : nego
tamen, id decretum poſſe veros extra DEVM effectus præſtare in rebus naturalibus, niſi vel initio perdurantem in illis potentiam producat, vel actionibus
continuo repetitis efficaciam ſuam obtineat. Non
igitur imputo *Carteſianis*, quod repetita DEO decreta tribuant, ſed repetitas ſemel lati eius decreti generalis executiones effectiuas : neque igitur diuinæ
voluntatis ſiue conſtantia ſiue efficacia ſaluam ab hac
obiectione theſin præſtant. Si dubites : reſponde
ad *dilemma*, & vel alteram eius partem aſſume, vel
oſtende tertiam, a prioribus diſtinctam : loquere autem, ſi placet, perſpicue, & determinate.

videtur voluiſſe Stvrmivs, vir doctiſſimus, qui ha-
bilitatem interpretatur ad vlteriores multiuarias
& ſpecificas impreſſiones recipiendas: præterquam
enim, quod paſſiuum eiuſmodi veſtigium ſiue ha-
bilitas, producendis actu motibus non ſufficiat,
exiſtimo etiam id ſequi ex corporum, quatenus
compoſitorum, eſſentia, non vero eſſe effectum
diuinæ voluntatis beneplacito compoſitis rebus ſu-
perinductum; quod tamen dici poteſt de principio
actiuo in corporibus, vtpote quod ex compoſitionis ratione, modoue, atque adeo ex compoſiti eſſentia deriuari non poteſt.

§. 82.   Et fateor profecto, niſi conceſſeris, diuino illo & primæuo iuſſu efficaciam rebus &
principium actiuum inditum, *me non intelligere,
quid* ſit id, quod *DEVS eo decreto effecerit?* Neque omnino capere poſſum, quomodo ſine ea in
perpetuum efficax ſit iſtud decretum, etſi nulla noua volitio aut nouus conatus accedat, quo DEVS
nunc iſtos motus producat? Si ſtuporem hunc putes, explica, ſi potes, iſta Stvrmii (111), ſed diſtincte.   „ Vti cauſſam motus, inquit, de nouo producendi aliam, quam DEVM ipſum agnoſcere non
poſſumus: ita neceſſum haud erit in quibuſlibet
communicationibus aut determinationibus motuum
& actionibus peculiaribus, DEVM ipſum, tanquam immediate motum quemuis in indiuiduo de
nouo

111) V. diſſ. de natura ſibi in caſſum vindicata c. 3. n.
§. 3. 6. p. 717. & loca ibi allegata ex phyſica concil.
& hypothes. præcipue §. 6. 7. p. 723. 724.

nouo (nunc demum & sine omni medio corporeo)
producentem allegare &c. „ Sed videor mihi tutus
esse, si me LEIBNITII exemplo tuear, qui & ipse hic
suam ignorantiam non semel (112) confessus est.
Manet itaque ex dictis, nisi diuino iussu effectum
perdurantem, actiuumque aliquod principium in
rebus productum concedas: effectuum & mutationum omnium nullum esse principium internum,
naturale nullum. Quid ergo! Supernaturale &
miraculosum. Atqui id vitium est in physicis, si
effectibus naturæ *specificis*, (iisdemque singulis)
caussa quæratur extra naturam.

§. 83. *R. P.* TOVRNEMINIVS (113) Cartesianam
in hoc negotio *responsionem piam* putat, sed, an
philosophicam esse concedas, ambigit. De priori nihil dicam: saltim de celeberrimo STVRMIO satis patet, eum optima mente & voluntate istam defen-
dere, vt passim obtestationes docent. *Philosophicam* hactenus *non* concedo, quatenus id philosophicum dicitur, cum naturalia explicantur ex natura. Consentio itaque hac parte cum doct. quem
dixi, viro Iesuita. Sed in eo non possum adsti-
pulari, quando idem (114) contendit: id CARTESIO
& di-

---

112) V. journ. des sçav. 1709. T. II. suppl. juin pag.
   600. Et pour dire la verité, je ne comprens rien
   dans le sentiment contraire. Conf. act. erud. mens.
   sept. A. 1698. p. 432. §. 9.

113) Mem. de Trev. 1703. p. 866. La reponse est fort
   devote: je ne say, si vous la trouvés assés philosophique.

114) V. l. c. p. 1858. vbi: „ si le defenseur des Cartesi-

& difcipulis ingratum fore, fi legitime cauffam fuam
egiffet eorum defenfor anonymus, a diuina voluntate deriuans id commercium, quod hactenu-
inter animam & corpus ex eorum mente obtinere diximus: *ita* enim opera eorum *inutilia fieri* putat,
& *phyficam* conuerti in *meditationes de voluntate
diuina*. Verum ifta *nec quicquam fequi* video. Fac,
omnia fieri fecundum fyftema occafionale, omnia
DEO vnice operofo, creaturis nude patientibus:
non tamen eapropter *phyficam abolere* diceris:
quamdiu eam diuinam operationem concefferis *fequi leges*, arbitrarie quidem a DEO ftabilitas, & fecundum quas ipfe folus operatur, etiam repetitis, fi
tibi placeat, molitionibus, fed *generales* tamen,
quæ ex naturæ obferuatione atque experimentis
poffint erui, fic vt intelligas, quænam fint ea, quæ
DEVS mutuo velit & faciat fe inuicem confequi?
Neque minus laudabile erit, inquirere, quas DEVS
fuæ in naturam actioni leges fecerit, quam inueftigare, quibus legibus prodeant naturæ phænomena ex primæua rebus a DEO impreffa vi & efficacia. *Meditationes de voluntate* diuina, fi *volitionum
cauffas* inueftigare velis, funt metaphyficæ quidem,
ex diuinæ fapientiæ confideratione eruendæ: fed
phyficæ funt, quatenus ex rerum naturalium (115)
ordine

ens avoit bien prouvé, ce qu'il pretend, il auroit ren-
du aux Cartefiens & à Monfieur des CARTES un fort
mauvais office. Tous leurs ouvrages deviendroient
inutiles: la phyfique feroit reduite à des meditations
fur la volonté de Dieu.

115) Quomodo id fieri poffit & debeat, vid. WOLFII metaphys. §. 1007. & feqq.

ordine eruitur, quid velit, aut *quibus legibus* machinam suam subiecerit diuini artificis consilium.

§. 84. Vti vero hic nimis largam ex Cartesia-
nismo consequentiam intra suos limites constrin-
ximus : ita probare institutum non possumus, si
communes loquendi formulæ in Cartesianos vertan-
tur, quasi res penderent ex formulis, iisque populari-
bus, quibus phænomena solent exprimi; non contra
formulæ sequi deberent rerum veritatem, qualis ra-
tiocinando detegitur. Itaque id nihil officere puto
Cartesianis (116), quod solem lucere, globum ferire, animam mouere, hominem loqui, scribere
&c. dicimus. Quodsi enim ea vera esset sententia,
quam viri doctissimi defendunt ; quid in eo foret
incommodi, si consequeretur, vulgi voces ex philosophorum placitis (117) emendandas esse?

G

§. 85.

116) Malo id *iocum* interpretari, quam argumentum,
quando Tovrneminvs p. 867. ait : vous étes instruit
sur ce que pensent les Cartesiens, de ce, qu'ils ap-
pellent les causes occasionelles. Vous vous souve-
nés, que ce n'est pas le boulet, qui abbat vne mu-
raille, mais Dieu, qui l' abbat à l' occasion du boulet.

117) Ita neminem opinor contradicturum Dodardo, qui
sonum, aëre per contractam plus minus glottidem
erumpente genitum, fieri gratum asserit, cum in ca-
uitate oris & *narium* resonare illum contingit ; eo
forte argumento motum, quod ingratam vocem *per
nares* editam vulgus pronuntiet. Loquatur enim vero vulgus, vt consueuit! Philosophi sentiant, vt debent; secuturi naturam rei, & sultam experientia

§. 85. *Esse* autem & *alia*, quæ vrgeantur aduersus hoc, quod præ manibus est, systema, facile
videas *apud cel.* WOLFIVM (118). Verum illa supponunt, præmissam esse de mundo tractationem : itaque ab illis in præsentia rerum abstinendum esse re-
mur, ne in immensum excrescat oratio.   Quemadmodum & ab illis temperamus nobis, quæ,
quantumuis lenita, *durius sonant*.   Cuiusmodi est
illud LEIBNITII (119), posse sententiam *Cartesianam,* sed *nimium extensam,* etiam non cogitantes *ad
Spinosismum* deducere : quo tamen ipse noluit optimis viris istam maculam inurere, quemadmodum &
alibi, cum id de sententia quadam alia CARTESII (120)
euicerat, *ipsum* tamen, atque eius bonam mentem
diser-

rationem ! sunt *plura* huiusmodi exempla in sermone hominum quotidiano : sufficiat vero id vnum,
quia vehementer obuium.   Histoire de l' acad. des
sciences 1700. pag. 26. & memoires p. 224. hist.
1706. p. 24. & memoires p. 172.

118) In instit. metaphys. §. 764.

119) V. journ. des sçav. l. c. 1709. pag. 600. ,,Si le
sentiment contraire étoit *outré*, il pourroit nous me-
ner sans y penser à une doctrine dangereuse. Celui
qui soutient, que Dieu est le seul acteur, pourra ai-
sement se laisser aller jusqu'a dire avec un auteur
moderne fort decrié, que Dieu est l' unique substance, & que les creatures ne sont que de modifications
passageres, car jusqu'ici rien n'a mieux marqué la
substance que la puissance d' agir.,,   Saltim LEIBNI-
TIVS eum canonem, quod actiones sint suppositorum,
de omni substantia singulari reciprocum esse existimat
in act. erud. 1694. 1695. & 1698.

120) Locus est in journ. des sçav. 1697. 17. juin pag.

disertis verbis *defendit.* * Verum ista hucusque de *secundo* systemate, quod vocauimus assistentiæ. Sequitur

SECTIO QVINTA,

DE

SYSTEMATE HARMONIÆ PRÆSTABILITÆ.

§. 86.

Rimum *generale* argumentum esto. *Vidimus,* harmoniam esse inter animam & corpus, atque mutationes vtriusque. *Vidimus,* præsupposita vtriusque existentia contingenti, tres solum diuersos esse modos, quibus eam explicare liceat. *Vidimus,* non admitti posse primum, quod scili-

G 2   cet

441. & prolixe 20. aout p. 624. 625. Geminus vero prioribus est §. 15. in act. erud. 1698. m, sept. p. 438. Vbi & eadem consequentia de Spinozismo ex occasionalitate non limitata occurrit, & clar. quoque STVRMII innocentia simul asseritur.

* Exemplum est, quod pauci sequuntur : sed laudabile omnino. Si eadem iustitia actum esset in caussa LEIBNITII, potuisset eruditus orbis carere apologia haud vna : & eruditi agere, quod scientiis augendis inseruiisset. Meminerint vel tandem librifices dictorum : „non quis dicat, & quid dicatur spectandum.„ *Et:* quod tibi non vis fieri, alteri non feceris. Postulat illud sapientia, hoc iustitia.

cet altera pars hominis agat in alteram. *Vidimus,*
non concedi posse secundum, quod DEVS harmoniam illam suis semper operationibus efficiat. Itaque *consequitur*, obtinere tertium, quo substantia
vtraque ita sibi habet res suas, vt suarum mutationum principium & rationes effectiuas in se ipsa contineat, [vt perceptiones animæ tales & eo tempore ex proprio animæ fundo euoluantur, quales &
quo tempore conueniunt motibus corpori humano
impressis: vtque motus corporis tales & eo tempore ex statu corporis antecedaneo motuumque legibus oriantur, quales & quo tempore conueniunt
appetitibus siue volitionibus ab anima libere elici-
tis.]

§. 87. Intelligitur, quæ hucu¢que diximus,
non præliminaria tantum nostro systemati, neque
omnino aliena fuisse, aut vagæ compilationis af-
fectatione prodiisse: sed potius *primum* nostræ sententiæ *argumentum* esse, idemque in nostra complicatione satis firmum. Dico *in nostra complica-*
tione, qua & existentiam vtriusque substantiæ in-
uoluimus, & contingentiam vtriusque, atque adeo
& omnis diuersæ explicationis aut refutationem aut
exclusionem: ex hisce enim omnibus simul sum-
tis *ipsa* eius *actualitas*, adeoque & possibilitas a
posteriori concluditur, adeo, vt nisi hoc systema
sit, nullum sit aut esse possit (121): vnde consequeretur

---

121) Vides hic nobis aliam adhuc caussam esse, quare
doctissimo, elegantissimoque scriptori, FONTENELLIO
adstipulemur, cuius in historia academiæ scientiarum

retur in datis errorem esse; nullo itaque explicationis modo saluandum.

§. 88. Moneo autem ista in hunc finem, vt,
si videas, magnum virum, clar. WOLFIVM (122),
ipsumque aliquando LEIBNITIVM *in possibilitate syste-*
matis eruenda aut asserenda *occupari*, eius rei necessitatem ad præsentem §. 86. trahere nolis, neque Leibnitianas mihi voces obuertere, quando ille
& hoc desiderat alicubi (123) in Cartesianis, quod
nonnunquam neglexerint possibilitatem suæ defini-
tionis, ita hic ego systematis ostendere. Illud
enim eo pertinet, si quid ex rei natura vel definitione a priori debeat concludi: adeoque hactenus
a me potuit omitti, inferius sollicite obseruandum
§. 105. & seqq.

§. 89. Cetera, *cur* initio maluerim *hanc viam*
sequi, si caussam quæsiueris, hanc habe inter alias,
quod & magis naturalem esse crediderim per §. 23.

G 3   &

1716. pag. 143. hæc verba legimus: „si tous les
    deux (systemes, l' un de Mr. des CARTES, & l' au-
    tre de Mr. LEIBNIZ) succomboient aux objections,
    il faudroit, ce qui seroit bien penible pour les phi-
    losophes, qu'ils renonçassent à se tourmenter davan-
    tage sur l' union de l' ame & du corps.   M. des
    CARTES & M. LEIBNIZ les justifieroient de n'en plus
    chercher le secret. „
122) V. eius metaphys. §. 767. & LEIBNITII responsio-
    nes BÆLIO & LAMIO factas, & passim.
123) V. schediasma de cogitatione, veritate & ideis in
    act. erud. 1684. m. nou. & conf. reflex. sur l' es-
    sai de l' entendement de Mr. LOCKE. Tom. II. du
    recueil des diverses pieces de LEIBNIZ p. 146.

& quod viderim, LEIBNITIVM (124) hanc calcasse
in inueniendo suo systemate.   Existimo enim,
quod intersit rei litterariæ, attendere ad modos atque ordinem, quod magni viri ad sua peruenerint,
eosdemque vel in inueniendo, vel & in proponendo,
imitari.   Verum ista transeamus, ne videamur filum orationis perdidisse, atque ad logicas obseruationes deflectere.

§. 90.   Specialius & magis pro systemate, *
si res expediri debeat, sciendum est ex Leibnitianæ,
&,

---

124) V. journ. des sçav. 1695. 27. juin, 4. juill. qui
    locus est, vbi *primum* LEIBNITIVS in publicum hoc
    systema *edidit*, postquam *vltra decem annos* iam pres-
    serat. v. pag. 639. Ibi autem 456. refutato prius
    systemate Cartesiano, inquit: ,,étant donc obligé d'
    accorder, qu'il n'est pas possible, que l'ame ou quel-
    que autre veritable substance puisse reçevoir quelque
    chose par dehors, si ce n'est pas la toute - puissance
    divine, je fus conduit insensiblement à un sentiment,
    qui me surprit, mais qui paroit inévitable, & qui
    en effet a des avantages tres grands & des beautés
    tres considerables.   C'est, qu'il faut donc dire &c.,,
  * Velim lectores meminerint, scripta hæc esse eo tem-
    pore, quo primum prodierant libelli, Leibnitianæ
    scil. philosophiæ principia, & metaphysica Wolfiana.
    Erant etiam inter præcipuos eruditorum, qui specia-
    liorem horum principiorum designationem a me pe-
    tierant.   Sine vtraque hac ratione, noluissem adeo
    longe, & ab ipsis repetere principiis, quæ hic dicen-
    da erant.   Hodie id minus forte necessarium foret,
    postquam vndique resonant in auditoriis hæ contro-
    uersiæ.   Relinquam vero, vt ante scripsi; quoniam
    prima vice sic excusæ sunt: neque libellum hic do
    nouum, sed emendatum solum.

&, quæ huic consentit, Wolfianæ philosophiæ placitis (125): *substantias* omnes esse vel *simplices* vel *compositas* (126); illas ob simplicitatem suam *uni-*
G 4
tates

125) *Breuiter* ista quidem, hoc loco: neque enim id ago, vt rigidis omnia demonstrationibus fulciantur, sed vt ordinem rerum & coagmentationes thesium intelligas.   Cetera, si tempus ferat & occasio, & circumstantiarum, quibus cingimur, externarum ratio suadeat; dabimus id amicorum monitis & vtilitati, saltim commoditati, discentium, (inglorius enim ille labor est, & præsenti similis,) vt siue *commentarium*, siue diuinationes *in principia philosophiæ Leibnitianæ*, qualia in act. erud. edita conspicimus, suppl. T. VII. Sect. XI. p. 500. seqq. publicæ eruditorum censuræ aliquando exponamus.   Interim, si placet, adi metaphysicas cel. WOLFII institutiones, adhibita in subsidium præfatione illius ad germanicam commercii Leibnitio - Clarkiani translationem, Lipsiæ 1720. editam ab interprete HENRICO KOEHLERO. [Fuit animus, cum ista ederentur, coniicere in chartam, quæ eodem tempore auditoribus priuatis exponebantur, secutus filum monadologiæ, quam hic allego, Leibnitianæ.   Mutaui id consilium succedenti tempore, & dilucidationes de DEO, anima, & mundo philosophicas, quas itidem auditoribus meis exposueram, typis imprimendas curaui. Eas velim, vt huius promissi loco lectores nostri accipiant, & consulant.]

126) Memini eorum, quæ de compositis admonuit LEIBNITIVS, tum passim in actis, tum & in collectione sæpius citata, T. II. p. 7. 133. 189. 227. Journ. des scav. 1695. p. 461.   Non postulat autem hic locus eam subtilitatem; neque ab ista appellatione, qua vtimur, LEIBNITIVS abhorret. V. supplem. actor. T. VII. pag. 502. n. 17.

tates dici aut *monades.* Earum *existentiam* neminem negare , nisi qui numerum & multitudinem
sine vnitatibus possit concipere. Esse autem illas
non perfecte similes: si enim id foret, nullam hinc
in compositis varietatem oriri posse, saltim vbi
omnia plena credideris: differre autem non figura,
mole &c. quibus careant simplicia (127); *differre*
non *statu* externo, quorsum figura &c. pertineret:
igitur *interno*, qualis in simplicibus attendi possit.
Statum illum *internum* posse variari ob naturam si-
nitudinis; finita enim dicuntur, quæ non omnia
simul habent, quæ habere possunt, eoque successiue illa possunt obtinere. In mutatione successiua
omni contineri varietatem & multitudinem; manere enim aliquid, vbi mutatio contingat, & variari
aliquid. Multitudinem igitur esse in simplici, non
realem sane & partium proprie dictarum : repræsen-
tatam igitur, & graduum (128). *Repræsentationem*
illam multitudinis tanquam extra monadem existentis, factam in simplici, *generali* quidem vocabulo
vocari

127) Carent enim partibus, ex definitione simplicium :
carent igitur extensione , quæ partes extra partes
postulat: carent adeo etiam terminis extensionis, i.
e. figura. Vt enim finita sint, eoque limitata in essentia, affectionibus, virtute, effectibus suis: non
sunt eapropter extensa, eoque nec figurata. Quis
figuram spiritibus determinat, etsi finitis ?

128) Quid a proprie dictis partibus, totum componen-
tibus, differant gradus: id exemplis vulgo cognitum
est. Maior est attentionis gradus, qui duobus, aut
pluribus obiectis considerandis sufficit, quam ille, qui
vix vni eorum sufficiat. Neque tamen attentioni par-

vocari *perceptionem* (129) posse. Perceptionem esse
diuersi *gradus specifici* (130): in *simplicibus mona-*
dibus esse debilem, sine sensu, sine conscientia, &
obscuram, qualis est v. g. soni debilioris perceptio
in homine dormiente, non somniante, neque per
sonum euigilante, qualis est luminis manui meæ
allabentis, cuius aliquam impressionem, sed valde
perquam infirmam esse, nemo hodie dubitat, *
etsi neque sensu perceptam, neque conscientia. In

G 5   *mona-*

tes proprie sic dictas communiter adscribimus, etsi
gradus quoque ad illarum analogiam consideremus
vtiliter.

129) Suspendit de perceptione sententiam eruditissimus
Chr. Wolfivs in institutionibus metaphysicis: neque
minus tamen e suis quoque principiis intulit, statum
simplicium internum respicere vniuersum, & pro
vario ad vniuersitatem habitu differre.   In secunda
etiam editione possibilitatem monadum Leibnitiano
sensu perceptiuarum adiunxit. v. §. 595 - 599.

130) Ne mireris vocem: quod gradus aliquando sufficiant differentiis specificis, non est nouum in metaphysicis.   Dabo cum exemplis testimonia, si necesse fuerit. [Interim nemo nescit, bonum & malum
differre specie, & sæpissime a solis gradibus pendere
differentiam.] Specificos vero gradus hic illos voco,
cum nouus cogitandi modus accedit priori, obscuro
clarus, confuso distinctus : & aliam illam substantiæ
speciem puto, quæ *tantum* obscure percipit; aliam,
quæ nonnulla clare; aliam, quæ confuse tantum;
&, quæ distincte nonnulla, aliam; aliam, quæ distincte omnia.

* Impetum enim in corpora faciunt allabentes radii;
vt v. g. elaterem tendant collecti per causticam len-
tem; testibus virorum doctissimorum experimentis.

monadibus corpori organico iunctis atque in eo *prædominantibus*, h.' e. *animabus*, perceptiones esse prioribus fortiores & aliquando claras, quales sunt perceptiones sensuum, vt luminis perceptio, cum oculo incidit, atque in subtilioribus nerui optici fibris, illi rei conuenienter dispositis, extantiorem suo nisu impressionem facit: plurimas tamen & obscuras esse. In *spiritibus* denique finitis, tertia monadum classe, qualis est anima humana, perceptiones dari & obscuras plurimas, & claras multas, sed confusas, & distinctas etiam: inde esse & conscientiam sui & intellectum, & quæ inde consequantur (131).

§. 91.

131) Existimassem, satis illa perspicue dici, vt intelligeretur, an monades Leibnitianæ sint spiritus, an corpora? Quia tamen id *sæpenumero* ex me quæsitum est: disertam quæstioni responsionem applicabo. Corpora sunt aggregata simplicium: ergo monades non sunt corpora. Sed neque omnes sunt spiritus; quam vocem tertiæ demum classi propriam seruamus. Nimirum hallucinamur in distinctione *substantiarum*: quando illas *immediate* in corpora & spiritus dispescere consueuimus. Sunt omnes sane substantiæ aut materiales aut immateriales. Ita monades necessario erunt aut materiales, aut immateriales: tertium enim nullum datur. Verum id vitium est, si pro substantiis immaterialibus, hoc est, iis, quæ non sunt materia, aut corpus, tanquam perfecte æquipollentes spiritus velis substituere. Vide, quæ in eum errorem, & circa hoc ipsum exemplum, dixit philosophus celeberrimus, *I. P. de* CROVSAZ logique P. I. S. II. c. IV. §. v. Tom. II. pag. 639. 640.

§. 91. Eiusmodi monades nec *incipere* posse, nisi per *creationem*; nec *interire*, nisi per *annihilationem* : ceteros enim ortus & interitus modos successiuos requirere partes in subiecto : simplici igitur momentaneum competere; huiusmodi esse illos, quos diximus. *Nihil* quoque *rerum creatarum & externarum* posse *agere in interiora monadum*, quia nihil hic transponi possit, nullus concipi motus internus, vt in compositis; neque quicquam in hæc simplicia possit ingredi, nihil egredi (132). *Mutari* tamen ipso quoque facto monades, vti creata omnia. Mutari ergo oportere non ipsam essentiam, aut id quod perdurans est in substantia, sed *limitationes* eius, gradum intellige illius perceptionis, quam diximus : mutari autem a *principio interno.* Principium mutationis huiusmodi omnis generale *vim* vocari posse, & per conatum explicari, qui quasi *medius* sit inter nudam potentiam, quæ adhuc sui excitationem requirat ad actionem, & ipsam actionem, & cuius hæc natura sit, vt nitatur exserere actionem, atque adeo exserat, cum impedimenta tolluntur, cuiusmodi sit grauitas in lapide suspenso, elaterium in elatere tenso &c. *Actionem* illius principii in monadibus interni, qua fiat mutatio siue transitus ab vna perceptione ad alteram, dici *appetitum*, generali iterum vocabulo.

§. 92.

132) Non *substantiam* primo, ne vel duas in simplici substantias nanciscare, vel nihil retineas : sed neque *accidentia*, quod transitum illis, e subiecto in subiectum migraturis, philosophi negent communiter.

§. 92. Ex ista igitur vi & actione pendere *mutationes* in substantia simplici *naturaliter omnes.* Cur autem nunc hoc præcise , nunc alio modo composita siue vniuersum a monadibus repræsentetur, siue cur ita nunc *determinentur* illius *perceptiones* , id oriri ex determinationibus status antecedanei, pro legibus naturæ rerum conuenientibus. *Primam* vero perceptionem siue repræsentationem *quoad existentiam* suam pendere a diuina voluntate & potentia , quæ res possibiles in actum deduxerit: *determinationem* eius hanc vel istam, *in mundi possibilis idea* iam tum obuiam , nasci ex eo respectu , quem res illa habeat ad ceteras omnes in vniuerso coëxistentes , aut successione connexas, hoc est, ex spatio & tempore, quæ occupet in vniuerso , idealiter in possibili, realiter in existente. Ita *determinationem* eius monadis, quam dicimus *animam humanam* , pendere a *situ corporis* cuiusdam organici in vniuerso, vt videlicet anima vniuersum repræsentet eo præcise & tantum modo , qui respondeat positioni corporis nostri in mundo. *Consecutiones* autem ipsas diuersorum successiue *statuum sequi leges ethico- logicas* , ex consideratione caussarum finalium atque appetituum eruendas; qualis v. g. *illa* est respectu *spirituum*, quod voluntas non appetat nisi bonum , & ceteris paribus maius bonum minori præferat.

§. 93. Ita singulas *monades esse specula vniuersi* (133), in quibus diuersæ & mutuo sibi succedentes, diuer-

---

133) Figurata nimirum locutione, cuius nequaquam ille

diuersorum & mutuo sibi in vniuerso succedentium
rerum & motuum, repræsentationes ex suis antecedentibus consequantur, secundum leges appetituum, vti in compositis id accidat ex regulis motuum. *Quapropter fiat*, vt, si quis omnem alicuius monadis perceptionem distincte pernosset (134),
ille vniuersos mundi præsentem & præteritum &
futu-

sensus est, icones obiectorum illabi in interiora monadum, atque ibi demum repræsentari tanquam a
speculis; cum ex aduerso principium repræsentationis sit vnicuique substantiæ internum.   Differunt
nimirum a speculo monades, quod ibi repræsentatio
sit in extenso, hic in simplici; quod ibi pendeat ab
actione externorum, hic ab interno fiat principio; &
quæ sunt plura eius generis.   Cui bono ista? Ne
appellatione abutaris figurata.   Cetera enim vulga-
ris de influxu sententia animam tuam *proprie* speculum constituit, cui externa rerum obiecta icones
suas aut vestigia, vel species imprimant.   [Notari
illud sollicite velim. Fuerunt enim, qui nescio quid
ridiculi voluerunt Leibnitianæ sententiæ affricare, ex
appellatione speculi ad animum translata.   Sciant
vero illi, in hypothesi de influxu animam esse speculum, quod ab extra patitur, patitur inquam, non
agit in sensationibus suis.   Rideant igitur specularem
philosophiam, per me licet, rideant, quibus pulmo
prurit: sed sciant, nihil istam scenam ad nos pertinere; pertinere ad ipsos comœdiæ actores.]
134) Intelligis hinc, quomodo *DEVS videat omnia in
omnibus*, & quam infinite variis modis eundem mundum cognoscat. Cognoscit enim totum in quacunque monade, totum quidem & ratione spatii & du-
rationis. Præsens enim status sequitur ex antecedente, & ex præsenti consequens: ergo vt nos con-
cludendo vnum ex altero possumus inferre, ita is

futurum quoque, status in ea posset internoscere, *quatenus* aliquem ad hanc monadem respectum habent.

§. 94.   Quoniam vero speciatim *animæ nostræ* hæc natura sit §. 92. vt res omnes siue vniuersum * repræsentet pro statu & situ nostri corporis organici in vniuerso: inde fieri, vt *aliqua obscure* saltim, alia *clare* quidem, sed confuse tamen, alia *distincte*, sed inadæquate, percipiat, prout illa plus minusue connexionis habeant ad nostri corporis organa & situm.   Sic *infinitam* esse *multitudinem appetituum* atque *perceptionum obscurarum*, quarum tamen non magis conscii simus, quam perceptionum in somno

intuendo potest vnum in altero intelligere.   Cognoscit autem hoc vniuersum toties sub alia ratione, quot sunt huiusmodi monades, siue naturæ elementa, mundi pro suo situ repræsentatiua.   De quo plura in metaphys. Wolfian. c. vlt. §. 972.--974.   Adde inferius notam §. 109. ex theodic. LEIBNITII §. 360.   [Atque dum hic intelligis, quid ego mihi velim, cum dico, DEVS *videt* omnia in omnibus: quære etiam ex aliis, quid isti sibi velint, cum dicunt: DEVM *esse* omnia in omnibus?   An hoc solum volunt: DEum in se possidere realitates omnes? An istud: omnes rerum realitates esse a DEO?   An aliquid aliud, & amplius, & fortassis υπɛλον.]

*   Obiter admoneo, si cui id fastuosius videatur, dici *res omnes*; fecerit operæ pretium, vt de limitationibus cogitet, intra quos coërcere istam repræsentationem velit.   Atque vbi satisfecerit sibi, officiose rogatum velim, vt publice mentem, & distincte exponat, & determinate: quo possimus & ego & alii proficere ex ipsius laboribus.   Si nec sibi satisfaciat; domi habitet.

mno infenfibilium : *illas* tamen omnes non minus
concurrere ad determinationem perceptionum *con-
fequentium* , quam res in vniuerfo illis refpondentes
concurrant ad motus in illo confequentes.

§. 95.   Intelligi & pendere hinc *idearum* inter fe confecutionem atque *euolutionem* , quia re-
præfentationem aliis plurimis commixtam , atque
adeo obfcuram, cum vel clara fit vel etiam diftin-
cta, quafi euolutam dicere liceat.   Sic *in corpore*
quidem luminis vel foni impreffiones in faciem meam pluribus aliis aëris commotionibus & impreffio-
nibus commixtam non diftingui poffe ab iifdem,
nifi vel oculi vel auris ,   tanquam organi magis
minufue huic vel illi motui recipiendo accommo-
dati, ope fortius hæc , quam alia , impreffio in
iftam corporis partem , agat , adeoque ab ea poffit
difcerni.   Eiufdemque generis effe *in anima* perceptiones iftarum impreffionum, quæ difcerni non
poffint ,   dum adhuc pluribus aliis permixtæ fint;
fin fortiores fiant, vt dignofci præ aliis atque ab iis
fecerni poffint, inde fenfum generari, & ideas cla-
riores, aliquando & diftinctas.

§. 96.   Ifta vero ratione *mutationes in anima*
omnes fui principium habere in anima, e cuius fundo,   fumma prorfus fpontaneitate, nulla alia re
creata quicquam effectiue conferente, iftæ omnes
fcaturiant, conuenienter tamen legibus metaphyficis generalibus; atque, vt ante diximus, appetituum ethico-logicis.   Vnde conficitur id , quod
LEIBNI-

LEIBNITIVS *figurata locutione* non male edisseruit :
præsens grauidum est futuro (135).

§. 97. Eadem & similia *de corporibus* dici au-
dies: composita nimirum *esse aggregata ex simplicibus*, tanquam elementis naturæ, non similaribus
tamen aut vniformibus, sed *inter se differentibus*;
id nisi foret, nullam in composito differentiam obtineri posse, saltim in hypothesi, quæ vacuum neget; vtcunque enim partes moueantur vel trans-
ponantur, succedere similaria; substitutis autem æ-
quiualentibus non obtineri diuersitatem.   *Iisdem*
substantiis, quia res creatæ sint, *mutationes competere :*

135) Nimirum hoc est, quod *communiter* supponimus,
    etiam non attendentes, cum rationem reddere de
    præsenti rerum conditione iubemur; quis enim ne-
    scit, ex antecedaneo illam statu peti communiter? Et
    possumus id sane, quotiescunque rerum aut appeti-
    tuum, in præsentem statum influentium, curiosi fui-
    mus, aut esse potuimus; potuimus vero, quoties
    ideæ satis claræ aut distinctæ sunt, vt earum conscii
    esse possimus & meminisse.   Sin obscuræ fuerint, ra-
    tionem in antecedaneo quærimus sane, neque inueni-
    mus tamen specificam; etsi, dari illam, negari ex ea
    caussa non possit.   Illud solum hoc loco, si placet,
    attende: *nihil aduersus libertatem* moliri eam regu-
    lam.   Pariunt grauidæ *naturaliter : necessario* non
    item.   Sequitur adeo præsens ex antecedaneo status
    naturaliter: necessario non sequitur ex ista compa-
    ratione. [Tum vero, sicubi naturalis consecutio oppo-
    nitur *liberæ* : scias, nos de *sensationibus* loqui hac vi-
    ce, in quas non homini maius imperium est, quam
    est fœminis in partum.]   Verum ista prolixius cum
    ex instituto.   Conf. dicenda inferius, inter obiectio.
    nes Lamianas, §. 173. - 187.

tere : mutationem compositorum, qua talium, *fieri motu;* scilicet partium vel additione , vel detractione , vel transpositione. Itaque requiri *principium motus* , siue vim motricem.

§. 98. *Vim* illam *motricem non consequi* ex eo, quod geometricum sit in materia , non ex illius extensione vel impenetrabilitate , vel modo compositionis partium : ex quibus passiua materiæ attributa pendeant , mensurabilitas , diuisibilitas , mobilitas &c. Itaque *altius* hic *principium* requiri, & *metaphysicum* , vim a DEO corporibus inditam, quam naturam dicas : *in corpore* enim *tria* considerari posse , id quod aggregetur, *materiam* siue multitudinem , modum aggregationis siue *essentiam* compositi vt talis , & principium mutationum , siue *naturam* , quatenus ab ea corporum motus pendeant.

§. 99. Eam *vim originalem,* siue primitiuam, *esse* in singulis corporibus varie *determinatam* : determinationem illam pendere *a situ reliquorum* in vniuerso corporum , quorum *respectu* DEVS vim primitiuam in quolibet corpore limitauerit, vt habeant in sese vires deriuatiuas , mirifice quidem inter se diuersas , sed harmonicas. Illam vero *vim deriuatiuam exserere se* producendo motus corporum non vtcunque , sed *pro legibus* motus a DEO *constitutis ; libere* quidem, quatenus eas non esse geometrice necessarias, per Leibnitiana inuenta (136) constet, sed *non* tamen *omnino arbitrarie* & indif-

H feren-

136) Paragrapho demum 98. indicata obiter, peculiaris,

ferenter, vt aliis vifum fuerit, verum pro ratione
fapientiæ fuæ, quæ conuenientiam fectetur & ordinem, atque inter plura poffibilia feligat optimum.

§. 100. *Eas leges* obferuatione & experimentis detectas, ipfo facto *oftendere, quod* corporum
motus & *mutationes cohæreant*,quoniam fecundum
illas & explicari & prædici poffint. Huiufmodi effe
illas, *quod cauffa & effectus æquipolleant, quod in
vniuerfo eadem & virium motricium & actionis motricis quantitas & directionis totalis ratio perfiftat,
quod reactio fit æqualis & contraria actioni & c.* Regi autem corpora legibus fuis phyfico-mechanicis
ita, vt alter ex altero motus fecundum illas prodeat:
vnde fiat, vt machina fit hic mundus (137): machinam enim dici corpus aliquod, quando varii
eiufdem motus pro diuerfa partium connexione fecundum leges motus ex ftatu & motu eius antecedaneo determinantur & confequuntur.

§. 101.

quam de *dynamica* vir ingeniofiffimus meditabatur,
fcientiæ fundamenta. De qua, fi placet, conferas
recueil de diverfes pieces T. II. p. 7. 200. 133.
134. 231. 232. 233. Theodicée §. 345. feqq.
Journal des fçavans 1695. pag. 445. 1697. p. 261.
1692. p. 308. & 368. Itemque in actis erud. ad
A. 1695.

137) Conf. CHR. WOLF. in metaphys. §. 557. & quæ inde confectaria fluant, vide omnino §. 1037. & 1038.
Similia dabimus ipfi quoque in differtatione de origine & permiffione mali; namque & ibi vfus eft harum obferuationum non contemnendus.

§. 101. Sic *rationes mutationum* contineri *in corporibus*, eorumque essentia & natura: neque *ordinarie* (138) quicquam fieri in vniuerso corporeo, quod sui caussam non agnoscat in corpore. Verbo: *statum consequentem* vi legum, quibus aguntur corpora, *determinari ex* statu *antecedenti*: caussamque adeo motuum neque externam esse corporibus, neque supernaturalem tantum; esse internam & naturalem (139).

§. 102. Eandemque hic rationem esse *corporum animatorum*, etiam *humani*, quorum tanto extantior cum reliquis vniuersi corporibus connexio sit, quanto subtilioribus partibus artificiosius sint contexta. Ita *sensuum ope* perfici, vt, quæ ceteroquin debiles forent corporum impressiones, fortius deinde feriant; vt v. g. radii luminis *dioptrico oculi artificio* collecti notabiliorem in neruos im-

H 2   pressio-

138) Dico ordinarie: ne existimes, adeo sanctas nobis esse leges §. 100. memoratas, vt neque DEO integrum sit, suadente sapientia aliquid extraordinarium & miraculosum perficere. Neque enim identitas virium motricium aut directionis totalis, Deo opponitur, sed scholasticis illa, ista etiam CARTESIO, vtrisque pro tuenda incognita illa, & incomperta & inexplicabili actione animæ in corpus suum, turbaturis leges corporum, diuinitus impressas, & experimentis æque ac fundato illis calculo cognitas.

139) Vides, me loqui non de prima motuum origine, quam DEO transcribimus §. 98. sed de proximo motuum, quos in corporibus naturalibus obseruamus, principio.

preſſionem faciant, quam ſine eo facturi eſſent,
aut hodieque in alia corporis organa faciant.

§. 103.   *Omne* tamen *illud*, & quicquid hinc
conſequitur, *mechanicis ſubeſſe legibus*, atque motu mediante confieri; quod etiam ſatis obuium &
palpabile ſit hiſce caſibus, vbi nulla interueniente
animæ opera ſenſibili, v. g. in terrore ſubito, motus in neruo auditorio excitatus, mediante cerebro
in exteriora corporis membra tranſeat (140); itemque cum turbato corporis, maxime neruorum &
fluidorum, ſtatu, nihil motus ex animæ imperio
conſequatur, quia ſcilicet leges hic ceſſent mechanicæ, & quæ ſint plura huius generis.

§. 104.   Quibus omnibus hoc obtineatur, vt
& *in noſtro corpore* agnoſcendum ſit, conſequentia
pendere ex antecedentibus, atque adeo & horum
reſpectu *verum* eſſe illud LEIBNITII: *præſens grauidum eſt futuro.*

§. 105.   Quemadmodum autem iſta declarant,
quid *in ſingulis* fiat, anima & corpore noſtro: ita
iam

140) Conf. cel. CHR. WOLF. metaphys. §. 778. & expende, *vtrum* eo caſu *conuenientius ſit*, ex motu organi vnius ad cerebrum communicato mediantibus
neruis immediate conſequi motum organi alterius:
an mediante demum perceptione animæ & appetitu, ita vt motus prior corporis faciat in anima perceptionem, perceptio animæ faciat appetitum animæ, appetitus animæ demum faciat in corpore motum, reducendo quaſi poſtliminio in corpus, quod
ex eo diffugerat in animam.

iam videamus, vnde *harmonia* (141) pendeat?
Scilicet id experientiæ teſtimonio nouimus, concordare haſce duas hominis partes ; atque eatenus id
aſſumimus & ab initio & modo etiam §. 87. 88.
Nunc vero, cum *a priori* inſtituitur noſtra diſceptatio, eius rei poſſibilitas ex noſtro ſyſtemate oſten-
denda eſt: id §. 88. promiſimus.

§. 106.   Videas autem, hic eo prouocari,
vt dicatur : *DEVM* vtriusque conſecutionis ſcien-
tem, ita *præparaſſe corpus* atque animo aptaſſe, vt
mutationes motuum in illo conſequantur eo ordine,
quo perceptiones [& appetitus] animæ : *animam
eo inſtruxiſſe* modo, vt repræſentet mutationes ſui
corporis, atque aliorum, quatenus cum iſto con-
nectuntur.   Factumque id eſſe *ſemel atque ſimul*,
non quaſi neceſſum fuiſſet, ſingulis vniuerſi mutationibus ſigillatim accommodare perceptiones ſin-

H 3   gulas,

-----

141) Obiter moneo, *quam* ego *harmoniam* dicam, ex paragrapho ſtatim primo intelligi.   Neque eſt negotio
præſenti ſimile accommodum, quod *a chordis* ad vni-
ſonum reductis ſumitur.   Vt enim tactæ alteri altera conſonet, aliquo ſenſu ex influxu eſt, dum motus, vibrationum impulſu, aër chordæ tactæ conter-
minus, tremorem ſuum transfert ad alteram quoque
ſimiliter aut proportionaliter tenſam, eoque vibra-
tionibus etiam ſimilibus & oſcillationibus ſuſæque
velocibus idoneam.   Dixi tamen, *aliquo ſenſu :* neque enim ab impulſu illo harmonia eſt, eſt a tenſio-
nis ratione; nimirum hæc efficit ſimilitudinem & ex-
citabilitatem ſoni, excitat impulſus.   Verum de illo
nolim ego laborare anxius: tu, ſi placet, noli id
ſimile (rectius, illud diſſimile) ad rem præſentem
transferre, aut ex illo arguere.

gulas , & singulis animæ'appetitibus singulos corporis motus: sed quod *sufficiat* , vtrumque semel
conspirare , & postea suum ordinem sequi ; ita
enim fieri , vt , nisi alterutrum ab ordine desciscat
suo , nunquam amplius discordare possint.

§. 107. Nempe *quales leges* vniuersi structura sequatur, eiusmodi regulas sequi eius *repræsentationem* quoque,* esse conuenientissimum. Quodsi enim in vniuerso *plus caussæ* sit, *vt* effectus hac
vel illa ratione consequatur, dubitari non posse,
quin in repræsentatione *plus caussæ* sit, *cur* effectus
hoc vel illo modo consequi intelligatur. *In vtroque* nihil fieri sine ratione sufficienti: quodsi igitur *res rei caussam* contineat sufficientem, etiam *repræsentationem repræsentationis* sufficientem continere.

§. 108.

* Velim animaduertant lectores mei, quoties de anima
corpori harmonica loquor, solas appellari perceptiones, repræsentationes, ac sensationes. Quoties de
corpore, vt animæ harmonico, loqui me de perceptionibus & appetitu seu volitionibus animæ. Potest hæc res magno esse vsui : ita enim intelligitur,
quod suo loco disertius memorabo, quæstionem de
libertate, hoc est, illam de consecutione appetituum
ex perceptionibus esse ab hoc instituto alienam; non
illam pertinere ad negotium harmoniæ præstabilitæ.
Posse de appetituum ex perceptionibus consequentia,
hoc est de libertate dici, quicquid velis, & consistere
tamen systema harmoniæ præstabilitæ. Id nisi pla-
nissimum fecero in sequentibus, consentiam sane, vt
mea omnia vel ob stuporem ingenii aquis, vel ob ma-
læ voluntatis crimen flammis destruant.

§. 108. Hoc nisi fuerit, *de primo* repræsentationis statu *dici non posse*, quod vniuersi naturam satis exprimat aut repræsentet ; non enim omnia exhiberi, quæ in eo distingui possunt. Sin primus animæ status ita vniuersum exprimat, vt ex eius facta repræsentatione consequatur, secundum quoque eadem ratione exprimere statum vniuersi secundum: sequi iam, omnia sic exprimi in repræsentationibus consequentibus, vti reuera sese habeant in vniuerso.

§. 109. Atque adeo & hic *harmoniam priorem continere in se caussam* harmoniæ consequentis, & sic omnium *subsequentium:* esse igitur & in hoc capite verum illud generale: *præsens grauidum est futuro* (142).

§. 110. *Ista* quidem *hactenus* ex philosophia LEIBNITII atque WOLFII, celeberrimorum in restaurandis metaphysicis duumuirorum, saluis tamen, si qui de meo accesserunt, erroribus. Vnum hic addidero, prioribus siue supplementum siue explicationem, in eorum gratiam, si qui sunt, qui mutuam

H 4 tuam

142) Verba LEIBNITII in theodic. §. 360. „ C'est une des regles de mon systeme de l' harmonie generale, que *le present est gros de l' avenir* , & que celui qui voit tout , voit dans ce , qui est , ce qui sera. Qui plus est , j'ay établi *d' une maniere demonstrative* , que *Dieu* voit dans chaque partie l' univers tout entier , à cause de la parfaite connexion des choses. Il est infiniment plus penetrant, que PYTHAGORE, qui jugea de la taille *d'* HERCVLE par la mesure du vestige de son pied. „

tuam vtriusque harmoniam secundum diuersas in
vtroque leges obtentam fortasse specialius paulo
(143) expositam vellent. Scilicet id non sufficit, *diuersi generis res* ab initio conspirare, & tum suis
quamque *legibus regi*, vt postea quoque conspirare
credantur, *nisi* simul aut supposueris aut *ostenderis*,
eas leges inter se *esse harmonicas.*

§. III.   Non dubito, id in genere sequi ex
iis, quæ §. 106-110. dicta sunt : sed tentabo
tamen, num aliquid in eam rem dici possit magis
specialiter.   Equidem si *disciplinam*, quam hodie
desideramus, *cosmologicam* viri docti excolerent,
non dubito, quin hoc negotium felicius procede-
ret.   Ea enim doctrina, si, quod titulus (144) pro-
mittit, legitime præstaret, *generales* nobis *leges* exhiberet, quibus & corpora regantur, & spiritus,
siue vniuersim monades.   Exhiberet porro leges
euique generi proprias, vt quemadmodum de legibus motus plurima hodie WALLISII, HVGENII, WREN-
NI, LEIBNITII, NEWTONII, MARIOTTI, *la* HIRII & *alio-*
rum

---

143) Quid promittam, videas? Non sane plenam &
    valde specificam rerum expositionem : sed specia-
    liorem *paullo*, quam sit ista altera §. 106.-110. ex-
    posita.

144) Non enim desunt libelli *eo titulo* insignes, qui, vt
    cetera boni sint, & omnino egregii, non tamen id in-
    stitutum habent, aut perficiunt, cuius hoc paragra-
    pho mentionem feci. Nolim igitur, existimes, in-
    sultari hoc loco viro longe præstantissimo, NEHEM.
    GREW, Anglo, cuius inter cetera, quæ ætatem fe-
    runt, scripta *cosmologiam* quoque prædicant eruditi,
    a nostro tamen instituto abludentem.

rum opera innotuerunt, ita & de legibus (145) appetituum, quas sequuntur monades, constaret paulo
specialius.

§. 112. Meminit eius negotii de mundo in vniuersum cl. WOLFIVS (146), atque aliquas simul regulas generales, alibi & de corpore & de spiritibus,
v. g. anima humana, nonnullas exhibet. Duas
alias generales vide apud LEIBNITIVM (147), cui plerasque debemus. Speciminis loco hæ sunto: *na-*
H 5 *turam*

145) Quod id hucusque factum non sit, inde ortum puto, quoniam libertati noxium id esse existimatum fuerit, si & spiritus in suis volitionibus alicui ordini
aut regulæ generali adstringantur, quod vtique *verum esset*, si leges istæ forent absolute necessariæ, &
pellendo agentes, quales olim creditæ sunt leges mechanicæ, & obtrusæ spiritibus ab extrinseco. Sed
contrarium obtinere, in nostro casu, inferius doce-
bimus. Cetera quis nescit, *receptam* vndique *regulam* animarum, vt non appetant nisi bonum, aut sub
specie boni? Quæ, vt constans sit, libertati tamen
electionis inter plura non officit.

146) Metaphys. §. 709. habentur generales: de corporibus vide §. 665. & seqq. de anima §. 847.

147) Novell. de la republ. des lettres 1687. juill. p.
745. seqq. [Rogo autem lectores meos, præcipue
illos, quibus placet ad DEVM referre studia scientiarum, vt hunc quidem locum euoluant, & repetita
lectione examinent. Videbunt, quomodo LEIBNITIVS
etiam abstractissima philosophiæ capita referat ad
pietatem; ipsas scil. mechanicas corporum leges e
diuinis repetens attributis. Longior locus est, quam
vt huc describi debeat: longiorem tamen optabunt,
quicunque legent, & intelligent.]

turam dicimus *non facere saltum*, valetque id dictum & de corporibus & de spiritibus, quorum
mutationes nunquam naturaliter * transeunt ab
extremis ad extrema nisi per intermedia. Dicimus,
effectus æquipollere caussis suis : id *in motu* vulgatum
est, & communiter pro principio assumitur, non a
LEIBNITIO tantum, sed & aliis, PAPINO, NANV
(148), &c. vtroque contra LEIBNITIVM de motu di-
sputante. Obtinet vero *& in spiritibus*, vt, *quo
plus caussæ sit mouentis*, siue distincte cognitum, siue confuse, siue & obscure perceptum, caussæ adeo
finalis, vt in corpore & motu efficientis, *eo maior
effectus sit :* vnde & affectuum vehementia pendet
(149). Dicimus cum LEIBNITIO, *ordinatis datis, ordinata esse quæsita.* In mechanicis id probant pro-
blemata de motu, in metaphysicis testantur idearum & ratiocinationum consecutiones. Dicimus
per *legem continuitatis* (150), cum differentia duorum casuum in datis minuitur vltra datam quamlibet
differentiam, etiam sic minui differentiam in quæ-
sitis. *De motu* videas, quæ a LEIBNITIO contra
CARTESIVM & MALEBRANCHIVM detecta sunt : *de
mente*

---

* Potest transitus esse velocissimus, vt in cataractis flu-
  minum : est tamen per intermedia, si naturalis est.
  Supernaturali diuinæ actioni nullas hic leges obtru-
  dimus.

148) PAPINVS in actis eruditorum, locis ad §. 33. citatis.
  NANV in journal des sçavans 1691. 16. juillet pag.
  457.

149) Conf. metaph. CHR. WOLFII §. 881.

150) Quam primus se inuenisse ait LEIBNITIVS theod. §.
  348. Recueil de div. pieces T. II. p. 417.

mente id , si placet, experiare exemplis , v. g. amoris atque odii tui in diuersas personas, vel electionis atque auersationis duorum voluntatis obiectorum: videbis enim tantundem minui affectus differentiam , quantum vel alteri addendo, vel detra-
hendo alteri, voluntatis tuæ motiua reduxeris ad
æqualitatem.

§. 113.   Ex isto vero, quem hic vidimus, legum ethico-logicarum atque physico-mechanica-
rum consensu, *quid* aliud *consequitur*, quam hoc:
leges corporum (plurimas hodie cognitas) *& leges
monadum* (plurimas adhuc incognitas) quantumuis diuersas , tantum tamen inter se , sub generalibus scilicet legibus metaphysicis, *conuenire*, vt
harmonicas dicere, iisdemque mediantibus effectus
harmonicos ex caussis harmonicis deriuare liceat :
hoc est, leges illas esse huiusmodi, vt , si semel
corpora monadibus, & corporibus monades conspirent, vtraque autem suas leges sequantur, illa
nunquam non conspirare possint: atque adeo harmoniam *præstabilitam* inter illa *esse possibilem.*

§. 114.   Atque ita, nisi fallor, præstitum est,
quod §. 88. ad hanc deductionem requisiuit. *Colli-
gamus rem denuo in neruum.*   Possibile est, vt corpus atque anima conspirent, etiamsi principium mutationis sit vnicuique intrinsecum saltim.   Id quidem ex dictis §. 105.-113. consequitur : neque
desunt argumenta, quibus id re ipsa obtinere per-
suadeas.   Nimirum experientiæ testimonio conspirant mutationes corporis & animæ §. 1. & §. 26.
sed vtrumque sibi habet res suas & suas sequitur

leges,

leges, anima per §. 90.-96. corpus per §. 97.-
104. Ergo necesse est, vt a DEO semel sint harmonice constituta ab initio, sic vt ex priori eorum
harmonia consequantur ceteræ, eo fere modo,
quem diximus §. 105.-113.

§. 115. Quodsi *nolis integram* hanc sententiarum *catenam* recipere, relinquam & id arbitrio tuo,
num velis ita rationes tuas subducere: vt *pro actio-*
ne animæ in corpus explicanda, dicas, DEVM, qui
omnia animæ cogitata olim nouit, excogitasse deinceps & accommodasse animo aliquod corpus in
eum modum, vt sui mechanismi virtute hæc pera-
gat, quæ mens ipsi vel imperitaret, vel imprimeret, si reale vtriusque & physicum foret commercium: *pro actione* autem *corporis in animam*, dicas,
eundem, qui & corporum nos ambientium
collisiones & motus nouerit, ita illis animæ naturam attemperasse talem, vt ipsius repræsentationes iusto tempore externis illis in corpus nostrum agentibus respondeant (151). De cetero de
impressione corporum ambientium in nostra, & de
origi-

---

151) *scio* fuisse, qui Leibnitianum hoc sensu systema in-
tellexerint, accommodata esse sibi mutuo animam &
corpus, vel corpori animam vel animæ corpus; *ali-*
quos etiam *præoptasse*, vt harmoniam ex præscientia
diuina deriuando, animam quidem sibi relinquere-
mus, corpus autem ex animæ nutu, aut ad eius mutationes accommodari a DEO decerneremus. Quos
si recte intelligo, hoc volunt, vt alterum sibi relinquamus, alterius vero naturam ad alterum tanquam
ad aliquod præsuppositum a DEO attemperatam, &
quasi in illius gratiam inuentum esse & excogitatum

origine volitionum animæ in actionibus liberis, *
dic pace mea, quod lubet.

§. 116.

concipiamus. *Esto sane id liberum* vnicuique: illud systemati est conuenientissimum, vt neutrius naturam demum alteri, *quasi de alieno* & ab extra
attemperatam dicas, sed vt inter infinitas animas, sibi
relictas & suis domesticis legibus a se ipsis directas,
aut sese determinantes, itemque inter infinita corpora diuersis motuum determinationibus ab intrinseco
principio limitata, obseruata esse plurima a diuina
omniscientia existimes, quorum successiones mutuo
consentiant, adeoque pro obtinenda rerum creatarum
harmonia præ ceteris in actum existentiæ diuina ope-
rante omnipotentia sapienter deduci mereantur.
Quo sane in casu nulla maior animæ vis infertur,
quam in sententia modo memorata; vtrinque enim
sibi relicta suarum est ipsa mutationum fons & principium, cui vehementer extrinsecum est, num illi
demum ab ente aliquo intelligente quæratur & ex-
cogitetur & accommodetur corpus harmonicum;
(quo modo inuentiones hominum cognito fine de
mediis circumspiciunt, eademque illi conformiter
coordinant :) num dicas, inter possibilia infinita,
diuino intellectui simul præsentia, repræsentari etiam, quod ipsi conspiret in toto; non accommodan-
dum demum per partes. Neque est vtriusque sententiæ alia diuersitas, quam in modo considerandi
originem possibilium, de quo plura hoc loco edisserere, nihil attinet. Necessaria videas in institutionibus metaphysicæ Wolfianis, §. maxime 995.
* Rogo etiam atque etiam, vt huic monito lectores attendant animos. Quantum anima corpori debet respondere, pertinet ad sensationes, non ad volitiones.
Potest harmonia præstabilita consistere cum sententiis de libertate omnibus. Atque vt hoc vel cæci

§. 116. Foret autem eiusmodi systema illud, quod *exemplo* expressit IAQVELOTIVS, (152) si stricte rebus inhæreas : libellus enim ipse cum ad manus non sit , de mente viri doctissimi nihil asseuerate definiuero. Simile *exemplum hoc est :* admisso vel animi gratia supposito, to esse artificem primi ordinis, qui facile possit construere machinas humano corpori externe similes, & quæ motus aliquos præstare possint humanis corporibus familiares ; posito

possint palpare, fingam, tanta animam indifferentia prædditam esse, vt volitiones liberæ nihil rationis ex statu eius antecedaneo admittant, sed sine omni illius influxu ex merissima æquilibrii indeterminatione ità consequantur, vt nec boni species in obiecto debeat præsupponi; addam vero, quod omnes admittunt, nosse DEVM futuras hominum volitiones. Dico, his positis harmoniam præstabilitam posse consistere. Quid ita? Fecit DEVS animam eiusmodi, vt ex seipsa euoluat sensationes, quales situi & motui corporum externorum conueniunt. Hic nulla difficultas est; sensationes enim nec sunt nec esse debent in nostro systemate, liberiores, quam sunt in altera influxus sententia. Iam ex præsentibus sensationibus, vel illarum occasione sequantur, si velis, indifferentissimæ volitiones : & oporteat, vt illas exequantur corporis organa. Dico, DEVM fecisse machinam eiusmodi, quæ iusto tempore hos motus intrinseco elatere perficiat, quos appetit & imperat anima. Quid hoc ad libertatem ? consistit illa in volendo : & hanc quidem partem intactam relinquit harmonia præstabilita ; imo nunc etiam exequitur volita : adeo scil. illa libertatem non impedit, vt omnino eius decreta perficiat.

152) Libro de conformitate rationis & fidei allegato a LEIBNITIO in theod. §. 62.

sito amplius, te pernoffe, quid ego per aliquot dies
hac vel illa hora, modo & fine, famulo imperare
velim meo: confequetur, te machinam conftrue-
re poffe, quæ deftinato tempore me accedat, &
dum omnia prolocutus fuero, coram me confiftat ;
tum vero, quafi iuffa ex obfequio factura, eadem
omnia perficiat, quæ fieri voluero.   Ita vero me,
artificii fimul & confilii tui ignarum, dubitare non
poffe vides, quin ex mandato meo atque illius vi
facta fuerint omnia, quæ tamen mechanifmus non
ex meo fane influxu, fed ex harmonia ab artifice
ante ftabilita, præftitit.

§. 117. *Suppone* nunc famulo huic mechanico
corpus humanum, quod & ipfum effe machinam
in confeffo eft, hydraulico - pneumaticam vulgo
dictam, vel cum LEIBNITIO pyrotechnico-hydrau-
lico - pneumaticam ; fubftitue *hero animam*, quæ,
quid fieri velit, intelligat, eademque fieri præop-
tet vel iubeat.   Videbis eadem in vtroque negotio phænomena fore, atque adeo vel hoc fimili
intelliges, quomodo corporis motus confentire
poffint appetitibus animæ ex præordinato corporis
mechanifmo, fine vero, reaii, effectiuo, phyfi-
coue animæ in corpus influxu (153).

§. 118. Diximus autem ifta *in eorum gratiam*,
quibus forte id graue eft, approbare vniuerfum fyftema,

153) Intelligas etiam, an illa actionum harmonicarum
    vel imperatarum confecutio fufficiat eo, vt per expe-
    rientiam cognofci influxum euincas.   Eadem enim
    hoc cafu phænomena, nullum tamen influxum pro-
    bant.

stema, prout §. 90. seqq. expositum est, vt si qua
sibi videantur minores hic difficultates experiri, atque ea, quæ sub finem §. 115. conceditur, libertate vtiliter frui posse , hæc postrema seligant,
dum alii vniuersa teneant. Scio enim, *Leibnitia-*
nam de monadibus doctrinam, quod noua est, diffi-
cilemque habet aditum, non proxime futuram esse
communem: quamuis vltra *Wolfianam* (154) *cau-*
tionem vix quicquam addi possit , ipsaque de monadibus theoremata ab eodem satis demonstrata sint
ex natura simplicitatis.

§. 119. *Hactenus* pro adstruenda atque *expli-*
canda harmonia diximus: nunc ad eandem *contra*
obiectiones vindicandam , resoluendasque difficultates progredi iuuat. *Mihi* quidem , si quid hic
dubii mouendum esset , omnis *res triplici* capite
comprehendi posse videretur : *aliæ* difficultates pertinent ad ea, quæ per harmoniam nostram fieri
debent *in corpore*; *aliæ animam* tangunt ; *aliæ vnio-*
nem vtriusque concernunt. Sed aliter visum est viris doctissimis , quibus suam de hoc argumento
sententiam exponere placuit ; aliter itaque & hic
nobis agendum erit , quibus eorum vestigia legere
constitutum est (155).

§. 120.

154) Metaphys. §. 599. & 900. conf. super. ad §. 90.
not. 125. & 129.
155) Potuissem vtique sine multa difficultate ad ea capita obiectiones reuocare: nec feci tamen ; namque
& tu potes, quod ego poteram , si reductas velis.
Cetera malo longior discursus fiat, quam vt parata
tibi exceptio sit, eneruatas primo obiectiones viro-

§. 120. Ad meam quidem notitiam illa peruene-
runt: *opposuisse* huic systemati *aliqua* FOVCHERIVM,
BÆLIVM, LAMIVM, ARNALDVM, PARENTIVM, TOVR-
NEMINIVM, NEWTONVM, CLARKIVM atque STAHLIVM.
Arnaldina quidem nulla vidi, neque aliunde noui,
ipsum hic dubia mouisse, nisi ex LEIBNITII (156)
testimonio: quo etiam intellexi, BOVRQVE-
TVM (157) [virum multis ex eo tempore, & egre-
I   giis

rum eruditissimorum, & truncatas esse; tum solutas facilius, formidabiliores vtique futuras, si inte-
græ forent.

156) Ille in discursu de conf. fid. & rat. §. 26. ita: „les
paralogismes specieux renferment souvent quelque
ouverture utile, & donnent lieu à resoudre quelques
difficultés considerables. C'est pourquoy j'ay toujours aimé des objections ingenieuses contre mes propres sentimens, & je ne les ay jamais examinées, sans
fruit: temoin celles que Mr. BAYLE a faites autre
fois contre mon systeme de l'harmonie preétablie,
sans parler icy de celles, que Mr. ARNAVD, M. l'
abbé FOVCHER, & le P. LAMI Benedictin m'ont faites
sur le même sujet. „

157) Idem in epistola ad REMVNDVM T. II. du recueil pag. 61. „Il y a à Venise un savant Francois
nommé Mr. BOVRQVET, qui m'a fait des objections,
je crois qu'il est amy de Mr. l'abbé CONTI - - -
MonsieurHERMANN & WOLFIVS ont reçû les remarques
de Mr. l'abbé CONTI sur mon systeme, j'espere qu'il
m'en feront part, & je tacherai d'en profiter. „
Ceterum aliunde constat, non alienum ab hoc systemate fuisse CONTIVM, ita enim LEIBNITIVS in ep. ad
ipsum, l. c. pag. 561. „L'idée, que Mr. NEWTON
donne ici de mon harmonie preétablie n'est pas celle, qu'en ont quantité d'habiles gens hors de l'An-

giis clarum speciminibus] obiectiones, & dn. abbatem Contivm obseruationes fecisse in sententias
Leibnitianas; nescio tamen, an & hæ pertineant
ad harmoniam nostram, an ad alia potius philosophiæ capita; neque memini earum aliquid in publicum prodiisse.   Quæ in epistola ad dn. Contivm opposuit dn. *des* Maiseavx, illa titulum magis communem habent cum negotio nostro, quam
rem ipsam.   Disputat enim historice de sententia
Hippocratis, Parmenidis, & Melissi circa substantiarum durationem atque indestructibilitatem animalium.   Num ceteræ, quæ perierunt, illius annotationes propius ad nostrum negotium pertinue-
rint, dicere non possum, quoniam ipse earum auctor
illius rei non meminit. *

§. 121.

gleterre, & quelques uns en Angleterre: & je ne
crois pas, que *vous méme, Monsieur*, en ayés eu une
semblable, ou l' ayés maintenant, à moins que d'
étre bien changé.

* Dedi heic catalogum scriptorum, qui eo tempore
aliquid de harmonia præstabilita publice disseruer-
rant.   Interea temporis nemo non de isto argumento iudicauit, & infiniti scripserunt.   Fuerunt, qui
particularem hancce quæstionem venditarent pro
fundamento, imo & pro nucleo & neruo totius systematis philosophici recentioris; coactissima meta-
morphosi.   Fuerunt, qui insectarentur odiosissime;
fuerunt, qui cum bile defenderent: fuit, qui modeste opponeret: fuit, qui amice responderet: fuerunt, qui excusarent: fuerunt, qui abstraherent:
fuerunt, qui combinarent systemata: fuerunt, qui
ignorarent, & scriberent: fuerunt, qui cognosce-
rent, & tacerent.   Ista generatim.   Quod ad me at-

§. 121. Age autem, percurramus, quæ maximi viri de hoc negotio dixerunt. *Sequamur ordinem* vniuscuiusque, vt, quo illi modo, quibus regulis consueuerint rem cogitare, simul elucescat. *Exscribamus* vero, vbi fieri potest, *verba* eorum, vt nihil virtuti argumentorum ab ipsis propositorum decedat : sed demus illa latine tantum, ne nimii simus, vel multum aliena lingua in textu loquamur, qui omnibus destinatur nostra lecturis. Vbi autem *nonnulla alia* nobis succurrent, quæ scrupulum mouere possent, etsi nondum opposita per eos, quos ante nominauimus, illa sub nomine adoptiuorum * ceteris subiungamus, vt quantum fieri potest, omnibus occurratur difficultatibus.

I 2   SECTIO

tinet, fuit vir eruditus, qui mea quædam ex hac commentatione loca nominatim perstringeret: illi responsum est modeste, vti decet, in dilucidationibus philosophicis sparsim. Fuit, qui ex professo mea excuteret: huic ex instituto respondi; euentu quidem eo, vt ex disceptatione illa inter nos amicitia, & in argumento ipso propior concordia coiuerit. Credo & vtilem publico fuisse illam disquisitionem. Vid. litteras cl. HOLLMANNI & BILFINGERI amœbæas.

* Sunt hæc, quæ ex amicorum sermonibus eo quidem tempore hauseram, quo libellus primum editus est. Nunc omnia recensere infiniti operis, & refellere omnia nullius pretii foret. Quibus sequentia approbantur, illis sufficient quoque. Quibus hæc non sufficiunt, illis nec cetera approbatum iri certus sum.

SECTIO SEXTA,

OBIECTIONES VIRORVM DOCTIS-SIMORVM EXPENSÆ.

§. 122.

PRimus, qui suam de hoc systemate sententiam publice, quantum scio, exposuit, est idem ille, cui primum id LEIBNITIVS (158) inscripsit A. 1695. M. S. F. (OVCHERIVS) (159) canonicus tum Diuionensis. Extant eius *obseruata* in diario eruditorum gallico, eodem anno (160); quibus *respondit* sequenti anno (161) LEIBNITIVS. Conferamus huc , quæ pertinent ad harmoniam præstabilitam: & singulis obiectionum momentis responsa interseramus.

§. 123. „Concedetur tibi, inquit FOVCHERIVS *ad* LEIBNITIVM, quod magnus vniuersi artifex *DEVS* corporis organa *possit* adeo apte disponere, vt omnes illos

158) Journ. des sçav. 1695. juin. pag. 444. & juill. pag. 455. seqq.
159) Sic intelligas ex coll. journ. 1695. p. 644. 1696. pag. 261. 1692. pag. 365. 1693. p. 182. 527. atque theod. disc. præl. §. 26.
160) Journ. des sçav. 1695. 12. septemb. pag. 639. seqq.
161) Journ. des sçav. 1696. 2. avril pag. 255. & 9. avril pag. 259. seqq.

illos motus producere queant, quos anima, isti
coniuncta corpori, per omnem suam vitam produ-
ci volet, etiamsi ipsa nullas motuum mutationes
aut modificationes efficiendi facultatem habeat; &
vice versa, quod *DEVS possit* eam animæ constru-
ctionem largiri (siue illa sit *noui generis machina*,
siue non sit,) cuius ope omnes cogitationes earumque modificationes motibus corporis respondentes
successiue enasci possint, eo præcise tempore, quo
corpus suas functiones exserit: quodque id non mage repugnet fieri, quam vt duo sibi mutuo horologia sic accommodentur, vt quo momento horologium A. meridiem indicat, eodem id & alterum
B. præstet, ita vt eodem pondere aut elatere mota
videantur. „

§. 124. *Accipimus* vero ista liberaliter *concessa*,
& grata mente: *machinam noui generis* per nos
dicas, si machinam voces omne id, vbi ordine sibi mutationes succedunt, singulæ ex antecedentibus
suo ordine & modo determinatæ: quo sensu &
LEIBNITIVS (162) eam vocauit *automatum* spiritua-
le vel formale, &, quoniam rationale est, liberum.

I 3 Memi-

162) Journ. des scav. 1695. 4. juill. pag. 459. & confer infer. §. 144. & memento, animam sensu *propriissimo* esse automaton; machinas eo nomine appellari solitas, sensu minus proprio: norunt id, quicunque græca callent, & mechanicam. [Absint
suspiciones & odiosa omnia! Habeatur hoc pro exemplo, quomodo fieri possit, vt boni viri palpabili-
ter fallantur. Dubium nemini esse potest, quin
præsens nota eo fine ab me addita sit, vt ostendam,
automati vocabulum *aliter* sumi de anima, quam de

Memineris saltim, *partes* hoc sensu *nullas* requiri
in ipsa re, vt est in machinis corporeis: hic enim,
quia res expediri debet per caussas efficientes veras
& reales, & a se inuicem distinctas, partes esse
oportet,

corpore. Illam propriissime, hoc improprie automatum dixi. Differt autem ab impropria significa-
tione propria, quidni & propriissima? Recte, inquis, differunt, sed quo momento? Potest ipsa hæc
differentia nocere caussæ tuæ. Ego vero differentiam indicaui, prouocans ad mechanicam, & græcum
idioma. De his silentium est in obiectione; allegatur locus meus, & excerpitur, sed finitur verbis:
„memento, animam sensu propriissimo esse automaton &c.,, Scilicet ita incautis approbatur meo
quasi testimonio, quod ibi dixerat disputator; Wolfianam philosophiam facere ex anima horologium,
subiicere illam necessitati brutæ, mechanicæ, inelu-
ctabili, & quid non?

Non dicam, id studiose factum esse, quia nemini
dolum aut insidias nisi coactus vnquam adscribere
constitui. Potuit vir clariss. falli festinatione, potuit excerptis aliorum. Ne tamen id innocenti no-
ceat diutius; (nocuit enim ab initio, dum & alius
in publico scripto, me non audito, nec visa commentatione mea, aduersus me disputare fide auctoris sustinuit :) dedi in dilucidationibus expositionem
his verbis:

„Explicabo hoc loco, quis sensus sit verborum
consequentium. Prouocaui ad linguam *græcam*, &
mechanicam, atque ex illis dixi patere, quod anima
aliter, *quam* machinæ dici automatum possit, & quidem anima proprie, machinæ improprie. Αυτοματον descendere per lexicographos, v. g. Martinivm
in lexico etymologico, Svicervm in græco, existima-

oportet, quarum altera agat in alteram; ibi autem,
quia per cauſſas finales omnia conſequuntur, ſufficit, vt diuerſitas adſit repræſentationum, ſiue rerum
a ſimplici repræſentatarum, vt altera alterius ratio-

I 4

ne

tur ab *αυτος* & *μαω*, vel & *ματεω*, inquiro,
deſidero, vehementer appeto. Eſt igitur *αυτοματον*
ens ſeipſo deſideratiuum, ſiue *cuius mutationes ab
ipſo appetita ſunt.* Id animæ competit *propriiſſime*,
quicquid in illa ſit, ſit per principium internum, ſiue per appetitum ſuum. Conf. definitionem appetitus in eodem tractatu meo §. 91. pag. 107. *Machinæ* omnes, per doctrinam mechanicam, habent
principium motus ſui externum: igitur *non* mouen-
tur *ſeipſis*, multo minus ex appetitu interno. Quod
igitur *αυτοματα* dicantur, eſt ab ignorantia philo-
logorum *antiqui* temporis, eademque per philolo-
gos *noſtri* æui dudum agnita & emendata. SVICERVS
in lexico: *αυτοματα*, vel *αυτοματοι μη-
χαναι* ſunt opera mechanicorum, quæ per ſe moueri *videntur*, vt ſunt horologia. Non igitur ſine
argumento credidi *per notulam* iſtam *præcaueri* poſſe
interpretationes vocabuli ſiniſtras: poſtquam *id* re-
medium per experientiam cognoſco fuiſſe *inſufficiens*;
adhibebo *aliud.* Abſtine a vocabulo automati, cum
de anima ſermocinaris: abſtinebo enim & *ego.* Abſtinui *antehac vbique* alias. *Vnum* illum locum in-
terſerui, vt moneret, *non aſſimilari* animam machinis. Sine eo non exhibuiſſem id vocabuli. Si
quid *in ſententia ipſa*, vt eam enarraui, cenſendum
exiſtimas, audiam illud *verbis non-ambiguis* propo-
ſitum libenter.„ Iſta tum temporis, quibus nihil addo hac vice. conf. tamen locus LEIBNITII infra allegatus ad §. 152. not. 184.]

ne fieri poſſit & finis & medium, atque ſic repræſentatio medii ſit ob repræſentationem finis inten-
tam : quæ, vt facile videtur, ſpiritui nec quicquam
contradicunt ; cum multitudo non ſit in ipſa re,
ſed limitationibus eius, vel in termino, ad quem
eius repræſentatio refertur, externo.

§. 125. „ Verum, *cui* tandem *rei*, ita pergit
Fovcherivs, *inſeruire* poteſt magnum id ſubſtantiarum artificium, niſi huic ſcopo, vt videantur in ſe
mutuo agere, etſi id non faciant? Certe *non* videtur hoc ſyſtema *præſtare Carteſiano*, & ſi ſatis
cauſſæ eſt, vt hoc eapropter reiiciamus, quia inu-
tiliter ſupponit, DEVM, conſiderando motus, quos
ipſe in corporibus efficit, producere etiam ideas
animæ motibus reſpondentes, quaſi id non eſſet
DEO dignius, ipſas ſtatim ideas & animæ modificationes producere, ſine corporibus, quæ ſint
ipſi regulæ loco, atque vt ſic loquar, quid agendum ſit, commonefaciant: annon & *merito ex te*
quærere licet, quare DEO non ſufficiat, vt omnes
animæ ideas atque modificationes efficiat, ſiue id
immediate malit, ſiue, quod tu probas, per artificium, ſine corporum illorum *inutilium* exiſtentia,
quæ ſpiritus neque mouere poſſit, neque *cognoſce-*
re? Vsque adeo quidem, vt ſi nullus in corporibus motus eſſet, anima nihilominus eum eſſe iudi-
caret; eodem modo, quo *dormientes* credunt, ſe
mouere membra, & ambulare, etſi illa quieſcant
& omnino nihil moueatur. Sic & *dum vigilamus,*
animæ conſtanter ſibi perſuaderent, moueri corpus ex voluntate ſua, etſi vanæ & inutiles illæ machinæ

chinæ in ipsa *inactione* essent, & *perenni lethargo*
oppressæ persisterent. „

§. 126. Fateor, me non intelligere hic omnia:
itaque in nonnullis *disiunctiue respondebimus*, in
aliis per modum *prouisionis.* Si quæras, *cui bono*
istud artificium? *Dulpex* sensus est: vel de sententia quæris, vel de re ipsa. *Si primum:* cui bono
ista *hypothesis* excogitata sit a Leibnitio? Accipe sequentia: vbi arbitrariæ sunt hypotheses, quæri iure potest, cui bono excogitentur vel supponantur?
Si non sint arbitrariæ, sed ex principiis ante stabi-
litis consequantur, pro examinanda sententiæ alicuius veritate, *inutilis* hæc *disquisitio* est, saltim *non
necessaria*, minus etiam illi, vtcunque res cadat,
præiudicans. Quis vnquam Evclidi opposuit, cui
bono sit illa angulorum in triangulo rectilineo cum
duobus rectis æqualitas? Cui bono incommensurabi-
litas (163) lateris & diagonalis in quadrato? *Deinde*
vero id difficile non est, *dicere: cui bono.* Ad euitan-
das in systemate antiquo specierum emissiones &
transmissiones & transmutationes & transcreatio-
nes,& entitates vnitiuas,& intermedia inter spiritum
atque corpus vehicula, & scholasticorum figmen-
ta, & figmentorum supplementa omnia: in systemate
I 5   Carte-

---

163) *Exemplum* est Leibnitii, quod nolim sic intelligas,
quasi rem rei, adeoque necessitatem harmoniæ con-
ferat necessitati geometricæ. Comparat conclusionem conclusioni, siue necessitatem theorematis, *vt il-
lati* ex antecedentibus, adeoque id asserit, quod necessitatem consequentiæ dicimus, inferentes legitimo
nexu veritatem aliam ex alia, prius cognita.

Cartesiano ad præcauenda perpetua miracula, &
legum naturalium turbas, & systematis hiatus,
quos inducerent, res, leges & statuta plane arbitraria: in tertio denique, ad distinctos rerum conceptus formandos, ad reddendam rationem effectui
homogeneam, & sufficientem & domesticam, in
vtroque substantiarum genere, & quæ sunt huiusmodi.   Si *denique & vsus* systematis hic recenseri
posse admittas, cogita ex nostra explicatione exsur-
gentem animæ a corporibus independentiam, atque
adeo nouam libertatis & immortalitatis illustrationem, demonstrationem nouam existentiæ diuinæ:
& summum sapientiæ diuinæ specimen &c.

§. 127.   Si *de re ipsa* sermo sit,   cur DEO
non sufficiat facere spiritus sine materia? Memineris *primo*, id non esse nostrum contra Cartesianos
argumentum, quo hic nititur dn. FOVCHERIVS. *De-*
inde responsionem in promtu esse: maioris id sapientiæ specimen est, si plura sint creata (164), eademque natura quidem sua inter se differentia, in
muta-

---

164) Argumentum est, quo & *vacuum* e mundo LEIBNI-
TIVS exclusit.   Sic ille in suppl. ep. ad SAM. CLAR-
KIVM quartæ: „je pose, que toute perfection, que
Dieu a pû mettre dans les choses *sans déroger* aux
autres perfections, qui y sont, y a été mise.   Or fi-
gurons nous une espace entierement vuide, Dieu y
pouvoit mettre quelque matiere sans déroger en rien
à toutes les autres choses: donc il l'y a mise: donc
il n'y a point d'espace entierement vuide: donc
tout est plein.„   V. recueil T. I. pag. 61. 62.   Videtur tamen, *aliquid amplius* innuere LEIBNITIVS, vocibus *sans déroger*, de quo ego nihil asseuerate dicam.

mutationibus tamen fuis harmonice confpirantia.
Ita enim plus perfectionis eft in vniuerfo, quam
fi omififfet DEVS illum rerum a fe diuerfarum ordinem tam mire, fed & tam eleganter confentien-
tem. Atqui hoc DEO dignum eft, agere & producere id, quod eft perfectiffimum, mifcere *ma-*
ximum cum *optimo*, combinare adeo *corpora* cum
fpiritibus. Tum vero *inutilia* corpora non funt,
quam diu & finibus modo enarratis inferuiunt, &
rationem in fe continent determinationis repræfen-
tationum in fpiritibus, quod ante afferuimus. Dicerem *potius* eum cafum, quem vir doctiffimus
noftro fubftituit, fore incommodum, fi corpora
remoueas. Cui bono enim fpirituum repræfentationes limitabuntur ex fitu corporum in vniuerfo,
fi corpora non exiftunt? Dico autem, cui bono?
Quoniam *ita &* FOVCHERIVS difputauit, ne putes,
me hic alieno mifceri negotio, atque aduerfus *idea-*
liftas (165) difputare velle.

§. 128.

Id certum videtur mihi, fi additamento illo maior in
vniuerfo exfurgat perfectio: DEVM illud non negligere. Num autem de *omni* fuppofito vacuo dicere liceat, id impleri poffe *fine detrimento* perfectionis
in toto? imo etiam *cum* illius *acceffione* noua? id
non ante determinauero, quam oftenderis, compleri
poffe vacuum *fic*, *vt* illæ nouæ fubftantiæ cum antiquis, (falua etiam eorundem antecedanea perfectio-
ne omni,) confentiant. *Noftrum* vero argumentum
ferre eam limitationem in textu vides.

165) Nihili enim eft id argumentum, fi *idealiftam* eo velis ratiocinio expugnare, *quod* ineptum foret, repræfentari corpora extra nos, fi nulla exifterent, *aut quod*
in errorem auctor naturæ duceret, fi animam effice-

§. 128. Ad reliqua paragraphi 125. hæc habe:
corpora funt *inutilia*, quatenus phyfice non influunt: fed non funt inutilia, quatenus in fe continent rationem limitationis & determinationis re-
præfentationum in fpiritibus.   Etfi igitur phyfica
ceffet connexio, non ceffat tamen metaphyfica.
Deinde corpora *vigilantibus nobis* quieta fupponi
non poffunt, cum moueri videntur: alioqui ceffaret
harmonia corporis & fpiritus.   Quod autem *porro*
fomniantibus aliter eueniat, id eft ex difcrimine fen-
fationum & imaginationum: vt enim id fiat, quod
imagineris fieri, non poftulat harmonia, imo ne
quidem admittit; nullis enim id legibus obtineri
poteft.   Quare autem fomniantes non diftinguant
phan-

ret eiufmodi, vt quafi corpora vĩdere fibi videretur,
etfi corpora eiufmodi nulla exifterent. *Vt enim il-*
lud confequatur, *neceffum eft*, antea demonftres, poffe
finitos exiftere fpiritus, eofdemque cogitantes varia,
etfi illa obiecta non repræfentent fibi vt extra fe exi-
ftentia; itemque poffe illos finitos effe, confufis adeo
& obfcuris præditos ideis, neque tamen eo facto nan-
cifci notionem corporis, aut materiæ.   Scilicet *hoc*
illud eft, quod ill. LEIBNITIVS in theodicæa monet §.
124. ex quo neceffitatem corporis in fpiritibus finitis eruit, alia fortaffis occafione diftinctius tradendum
& profufius.   *Alterum* autem non mage ftringit hoc
fuppofito, quam fi errorem vulgi de coloribus corpori inhærentibus, de realitate iridis, de cruribus eius
folo infiftentibus, de rotunditate vifarum e longinquo
turrium angulatarum, de motu folis diurno, de ca-
lore cellarum fubterranearum hyberno æftiuum ex-
cedente, de attractione aquæ in fiphonibus fuctoria,
&c. tueri ifto argumento fufciperes.

phantafmata & fenfationes, adeoque id fieri putent,
quod fabulantur, id cel. WOLFIVS (166) docere
poteft. *Postea* vero *inactionem*, vanas maffas, per-
ennem lethargum philofophia Leibnitiana nullibi
admiferit: nullum corpus eft, quod non moueatur;
faltim inteftino motu: nulla fubftantia, quin agat;
fed in fe ipfa. Sin *praeterea actiones alterius in alteram* vrgeas, diftinguo: fi actionem definias, mutationem, cuius principium fit in re ipfa; paffio-
nem, cuius aliqua ratio fit extra hanc rem in alia:
concedam mutuas actiones & paffiones (167). In
anima enim eft ratio, cur hæc percipiat, eft aliqua
etiam in corpore, pro cuius fitu animæ repræfentationes limitatæ funt. Idemquę dico de corpore;
eft enim in corpore motus ratio efficiens; eft in
anima ratio determinationis, quoniam hic motus
huic

---

166) V. metaphys. §. 236. feq. atque in vniuerfum,
  quicquid ille de regulis phantafiæ, de fomnis, fenfa-
  tionibus & imaginatione dicit, quam rem nullibi fic
  expofitam inueneris.
167) V. LEIBNITIVM journ. des fçav. 1696. pag. 158. „Je
  ne fuirai pas même de dire, que l' ame *remüe* le
  corps: & comme un *Copernicien* parle veritablement
  du lever du foleil, un *Platonicien* de la realité de la
  matiere ; un *Cartefien* de celle des qualités fenfibles,
  pourvû qu' on l' entende fainement; je crois de même, qu' il eft tres vray de dire, que les fubftan-
  ces agiffent les unes fur les autres, pourvû qu' on
  entende, que l' une eft caufe des changemens dans
  l' autre, en confequence des loix de l' harmonie.
  Conf. omnino principia philofophiæ fæpius citata
  §. 51. - 54.

huic appetitui respondere debet.   Itaque vides
denique, quomodo dici possit, quod *anima mo-*
ueat corpus; quin autem *cognoscat*, nemo ambigit.

129. Pergit FOVCHERIVS (168): „ & profecto
quis non videt, has opiniones fieri ex consilio,
& hæc systemata rebus superuenientia exstrui, ad sal-
uanda quædam *principia* ante *stabilita?* Cartesiani
quidem supponentes nihil esse inter substantias spirituales & corporeas commune, non possunt explicare, quomodo alterum agat in alterum, & consequenter eo adiguntur, vt ea dicant, quæ audimus.
Verum *tu*, *domine*, qui te *aliis* extricare modis
poteras, miror, quomodo iisdem te difficultatibus
implices.„

§. 130. Si principia illa ante stabilita intelligas *præiudicia*, veritatis speciem mentientia, præstaret addi, quam negligi probationem subsumtio-
nis: sin *axiomata*, & theoremata a priori illata,
vel ex phænomenis a posteriori aliunde cognita;
id laudem systemati conciliat, non creat vitupe-
rium.   Recte *Cartesiani* difficultates viderunt, sed
non satis caute deuitarunt.   LEIBNITIVS non *aliam*
habuit viam, quam calcare poterat, præter hanc
vnam.   Id puto constare ex tota hac exercitatione.
                                                                Sed

---

168) Hic dabo verba gallica, quoniam difficilia viden-
    tur: „ en verité, Monsieur, ne voit on pas, que ces
    opinions sont faites exprés, & que ces systemes, ve-
    nant aprés coup, n'ont été fabriqués, que pour sau-
    ver de certains principes, dont on est prévenu ?„

Sed videamus, *quis ille modus* fit, quem dominus
Fovcherivs propoſuit.

§. 131. ,, Quis neſcit, ſtateram *in æquilibrio po-
ſitam* & ſine actione, quam primum alterutri la-
teri pondus accedat, moueri in continenti, atque
alterum contrapondiorum attolli, non obſtante contrario ad deſcenſum niſu? Noſti, *entia materialia
eſſe impetus* & motus *capacia*; atque id naturale eſt,
vt fortior impetus exſuperet debiliorem. Ex altera
parte noſti, entia *ſpiritualia poſſe impetum facere:*
& quemadmodum omnis impetus reſiſtentiam ſupponit, neceſſe eſt, vt ille impetus ſit vel fortior
vel imbecillior; (*potuiſſes addere: vel æqualis:*)
,,ſi fortior, vincet, ſin debilior, cedet. Neque
id impoſſibile eſt, vt ſpiritus impetum faciens ad
motum corpori imprimendum, illud contrario
niſu præditum deprehendat, eodemque vel fortiori vel debiliori, quod eo ſufficit, vt inde patiatur
(qu'il en ſouffre). Hic modus eſt, quem Avgvstinvs
ſequitur, vbi data opera explicat actionem ſpirituum
in corpora, libris ſuis de muſica. ,,

§. 132. Dicuntur iſta ad Leibnitivm, quaſi
conformia ſyſtemati eius v. §. 129. fin. ſed ex *ſententia*, vt videtur, *minus* dextre *intellecta*. Leibnitivs ſubſtantiis ſimplicibus finitis impetum, vel
niſum concedit, agendi *in ſe:* non extra ſe. Niſus
in ſpiritibus non eſt vis motrix, ſed eſt appetitus
ad nouas perceptiones in ſe ipſo producendas. Itaque nihil ille motus imprimere poteſt corpori, ſiue
id concipiatur, vt in æquilibrio ad diuerſos motus
conſtitutum, ſiue vt vehementer reſiſtens (169.)
Neque

169) *Recte* omnino *viri doctiſſimi*, qui in æquilibrio cor-

Neque intelligas , quomodo *comparari* appetitus
poffit cum refiftentia ad motum , eidemque vel
æqualis vel maior dici aut minor: *multo minus*, quomodo id *dolorem* efficiat , fi corpus fortiori nifu
contrario præditum fit , quam foret impetus ab anima ipfi impreffus.   Verum in ifta non excurramus
amplius.

§. 133.   Denique fic *finit* difcurfum *vir doctiffimus*, academicæ veterum philofophiæ felix atque induftrius cultor: ,, fcio *multas* adhuc quæftiones fieri poffe *ante* , *quam* omnes refoluerimus,
quæ agitari poffunt a primis inde principiis : adeo
verum eft , quod obferuandæ fint *academicorum*
leges, quarum *fecunda* prohibet, eas ventilare quæftiones, quas decidi non poffe videas , & quales
funt fere omnes , de quibus hic loquimur; non
quod illæ quæftiones abfolute loquendo refolui non
poffint, fed , quod *non* poffint , *nifi* certo ordine,
qui poftulat, vt philofophi conueniant de infallibili
veritatis nota, atque fe fubmittant demonftratio-
nibus a primis inde principiis.   Dum id fecerint,
feparari poffunt ea, quæ clare & fufficienter concipimus

poris, in tenfione partium motui accommoda, in le-
nitate impulfus requifiti præfidium fententiæ quæ-
runt, recte, inquam, illi *attendunt*, minimam eo cafu vim fufficere ad præftandam actionem; quam fane veritatem *non omnes* abunde æftimant, qui in ca-
fibus pæne, aut perfecte æqualibus negligere minuti-
as folent.   *Non fufficit* tamen ea obferuatio, *vbi* rerum comparatio fieri non poteft: vt enim puluifcu-
lus tollere bilancis æquilibrum poffit ; non poteft
defiderium meum, vtlibet ingens, & diuturnum.

cipimus ab his, quæ obfcuritatem intermixtam habent. ,,

§. 134. Optime ifta quidem *in thefi :* fi ad
noftra applices, vereor, vt Leibnitianam mentem
affequaris. LEIBNITIVS iam A. 1696. fe *omnes iftas
veritates* noftro fyftemati *præuias* examinaffe exifti-
mauit. Nunc *duæ nouæ responsiones* priori accedunt.
Puto præsuppofita noftræ sententiæ omnia contineri
in *principiis philosophiæ Leibnitianæ* toties allegatis
ex suppl. act. erud. atque adeo & in iis, quæ superius
ex philosophia LEIBNITII ediffervimus. *Plenum* autem a primis inde principiis *syftema* dedit vir vere
philosophus, CHR. WOLFIVS (170) in inftitutionibus
K suis

170) Pro *Leibnitiano* & ex orali traditione sententias viri
edocto, habitus communiter, ab illis quidem, qui
nescio quam *arcani disciplinam* in hac philosophia
fingunt, suasque a veris LEIBNITII atque WOLFII sententiis deuiationes ea fortassis excusatione emolliunt:
etsi ipse LEIBNITIVS de WOLFIO: ,, Mr. WOLFIVS eft en-
tré dans *quelques uns* de mes sentimens; mais comme il eft fort occupé à enseigner, sur tout les mathematiques, & que nous n'avons *pas* eu *beaucoup*
de communication ensemble sur la philosophie, il ne
sauroit connoitre *presque* de mes sentimens, que
ce, que j'en ai publié ,, V. recueil de diverses pieces,
T. II. pag. 162. *Cui bono* ista ? *Primum,* vt intelligas veritatem dictorum cel. WOLFII in præf ad
germanicam editionem epistolarum LEIBNITII: *deinde,* vt suum vnicuique tribuam, neque mea hac coordinatione duumuirorum alteri præiudicem: *tertio,* vt ne existimes, intelligi dicta, vel inueniri, *fine
traditione,* aut communicatione, non poffe; etsi *ea
mediante* possint facilius & felicius. [Similes de me

ſuis metaphyſicis.   Itaque nihil eſt, quod *Fouche-*
rianas obiectiones amplius extimeſcamus.

§. 135.   Sequuntur *Bælianæ*, omnium, quas
videre contigit, ſpecioſiſſimæ, digniſſimæque ingenio, eloquentia & eruditione Bæliana. Expoſitæ
ſunt primo in dictionario eiusdem critico (171), &
reſponſionem acceperunt a LEIBNITIO iam A. 1698.
(172).   Denuo productæ & ſupplemento auctæ in
noua dictionarii editione A. 1702. quibus iterum
reſpondit LEIBNITIVS in ſchediaſmate, quod inſertum
legitur collectioni (173) ſæpe citatæ, & cui gemi-
næ ſunt notæ illæ, quas monadologiæ ſubiunxit
HENR. KOEHLERVS (174);niſi quod illud BÆLIO trans-
miſſum fuiſſe teſtetur LEIBNITIVS (175), adeoque
idem quoque Bælianas inſtantias exſpectauerit, fruſtra

rumores ab initio ſparſi ſunt, maiori cum veri ſpecie, quoniam viri doctiſſimi, CHRIST. WOLFII, inſtitu-
tione vſus eram, eandemque publice & gratus dilau-
daueram. Monuit autem ipſe vir magnus in commentatione ſua de differentia nexus rerum ſa-
pientis & neceſſitatis fatalis, §. 3. p. 6. quod „ ipſo
tantum doctore in matheſi vſus fuerim. „]

171) Articulo: RORARIVS; quo plura eius generis philoſophemata perſecutus eſt.

172) Dans l’ hiſtoire des ouvrages des ſçavans 1698.
m. juill.

173) Recueil de diverſes pieces T. II. pag. 389.-
424.

174) Tit. *Leibnitzens Vertheidigung ſeines* Syſtematis Harmoniæ præſtabilitæ. V. monadologie pag. 47.- 102.

175) Epiſt. ad dn. des MAISEAVX A. 1711. 8. iul.
ſcripta. V. recueil T. II. pag. 383. vbi: „peutétre, que Mr. BAYLE a repondu dans quelque ſup-

ſtra tamen a me quæſitas in nouiſſima dictionarii
editione; alteras demum Viennæ conceptas teſtetur titulus. *Dabimus* vero & hic *verba* BÆLII,
quantumuis prolixa, vt tanto melius, tantoque
etiam commodius, omnem obiectionum vim animo comprehendere, & cum reſponſionibus Leibnitianis, noſtro tamen more inflexis, aut, ſi opus
fuerit, aliunde ſuppletis, contendere poſſint *ſolli-
citi* lectores.

§. 136. Sic ille : „ initio publice profiteor,
me id in parte felicitatis collocare, quod obiectiones meæ, quas contra tanti philoſophi ſyſtema
propoſui, occaſionem fecerint reſponſioni eiuſdem,
quæ præſens negotium mihi explicatius reddidit, atque ad diſtinctiorem arcani heic latentis cognitionem me deduxit. *Magnam* ego *philoſophiæ acceſſio-
nem* (176) interpretor hoc ſyſtema, & qua limites
eius promoti ſint. *Duo* ſunt *hactenus* ſyſtemata,
K 2 ſcho-

---

plement à ſon dictionnaire, ou dans quelque autre
endroit pas encore imprimé. Car il me marquoit,
ce me ſemble, qu'il y vouloit penſer. Mais comme ni cette replique de ma part, ni ſa duplique n'
ont pas encore parû : je vous envoye mon ecrit,
tel à peu prés, que je l'avois envoyé à Mr. BAYLE.
Je dis, à peu prés, car j'ay changé quelque peu de
choſe en le reliſant. Eandem vero LEIBNITII reſponſionem leges & in hiſtoire de la rep. d. lettr. T.
XI. quod intellexi ex præfat. dn. des MAISEAVX.
pag. 79.

176) Similia præſentibus ediſſeruit & FONTENELLIVS ; in-
ſolens viſum eſt eruditis, ſupereſſe nouum, quod hactenus latuerit, ſyſtema vnionis notiſſimæ, atque in
philoſophorum ſcholis tritiſſimæ. Accipe verba

ſcholaſticum alterum, alterum Carteſianum. Illud mutuo corporis atque animæ influxu nititur;
hoc aſſiſtentia vel cauſſalitate occaſionali. *Nunc
ecce tertium*, quod nouiter adiunctum eſt prioribus
lucrum, & quod cum R. P. LAMIO *(imo cum* LEIB-
NITIO *ipſo,)* ſyſtema harmoniæ præſtabilitæ dixeris.
Habet nos ea re ſibi deuinctos illuſtris LEIBNITIVS:
neque concipi quicquam poteſt, quod *æque extollat* intellectum atque potentiam auctoris vniuerſi
(177). Quodſi præterea & id commodum conſide-
rem, quod hac ratione vniuerſum negotium vnionis animæ & corporis *ab* omni *miraculo liberum*
con-

ſcriptoris elegantiſſimi in vita LEIBNITII: „ ſa manière d' expliquer l' union de l' ame & du corps par
une *harmonie préétablie* a été quelque choſe d' im-
prévû & d' ineſperé ſur une matiére, ou la philoſophie ſembloit avoir fait ſes derniers efforts. Les
philoſophes auſſi bien que le *peuple* avoient crû, que l'
ame & le corps agiſſoient réellement & phyſique-
ment l' un ſur l' autre. *Des* CARTES vient, qui prou-
va, que leur nature ne permettoit point cette ſorte
de communication veritable, & qu'ils n'en pouvoi-
ent avoir qu' une apparence, dont Dieu étoit ſe me-
diateur. On croyoit, qu'il n'y avoit, que ces deux
ſyſtemes poſſibles; M. LEIBNIZ en imagine un troi-
ſieme &c. ,, Conſ. hiſtoir. de l' acad. des ſciences
1716. pag. 142. edit. Batau.

177) Conſentiunt etiam hoc loco BÆLIVS atque FONTE-
NELLIVS: „ ce ſyſteme donne une *merveilleuſe* idée de l'
intelligence infinie du createur; mais peutétre cela
même le rend - il *trop ſublime* pour nous. Il a toujours pleinement contenté ſon auteur, cependant il
n'a pas fait juſqu'ici, & il ne paroit pas devoir fai-

conseruetur, permouerer vtique, vt id systematis
præferrem alteri Cartesianorum, modo illius *præstitutæ harmoniæ possibilitatem* liceret concipere. „

§. 137. Atqui *possibilitatem* euicimus, generaliter quidem, §. 113. *Repugnantiam* BÆLIVS nullibi
probauit, quia nullam contradictionem eo inuolui
vel ostendit, vel saltim ostendere connisus est.
Perterrefecit imaginationem portentis, rectius mirabilibus, quæ nostrum systema complectitur: atqui hoc vertimus in rem nostram, quo enim id
artificiosius est, quo maiorem id sapientiam postulat & potentiam; eo dignius est diuina electione,
quæ maximum sequitur & optimum & perfectissimum. Sed audi BÆLIVM:

§. 138. „Abstineo illis oppositionibus, quæ
non magis LEIBNITII, quam ceterorum sententiis ad-
uersantur. Itaque silebo eas difficultates, quas patitur suppositio *de virtute actiua creaturis* a DEO
communicata. Magnæ sunt & fere insuperabiles.
V. STVRM. in phys. electiua, cuius excerpta sunt in
actis erud. 1697. p. 474. seqq. atque schediasmate,
quod iisdem actis insertum est A. 1699. p. 208.
seqq. & quo respondit alteri schediasmati LEIB-
NITII A. 1698. p. 427. seqq. actis iisdem in-
serto. Systema LEIBNITII non minus atque peripateticorum iis est obnoxium. „

K 3   §. 139.

re la même fortune, que celui de *Des* CARTES. „ v. l. c.
pag. 143. [Atqui nec Cartesianum systema statim
ab initio a multis probatum est. Difficilis ad scho-
las aditus est nouitatibus metaphysicis. Rationes sunt
multæ, quæ impediunt, & variæ.]

§. 139. Posse creaturis *vim motiuam* concedi; imo diuina benedictione *concessam esse*, postulat diuinæ voluntatis efficacia: non potest illa agere, & nihil efficere; moliri aliquid, & effectum post se nullum relinquere; aut apotelesma nullum præstare. Quid autem est *illud in rebus persistens*, & diuina præstitum virtute *apotelesma*, si non est vis motrix, rebus insita & perdurans? Motus enim non erit, vtpote qui neque existit, neque in existentia sua persistit. STVRMII *argumenta* hoc saltim dicunt, *materiæ qua tali* neque competere vim motiuam, neque posse communicari, quod concedimus de materia prima: in *corporibus* vero illi materiæ accedunt, modus compositionis, ex qua nec dum sequitur vis actiua, vt recte STVRMIVS monet; & natura siue principium motus, ex qua ille consequitur.

§. 140. ,, Existimo etiam, LEIBNITIO non minus, quam Cartesianis atque aliis philosophis, difficile fore, illis obuiam ire obiectionibus, quas desumere licet a *mechanismo fatali*, quo *libertas* humana proteritur. Verum ista quidem prætereamus, atque ad illa accedamus, quæ systemati præstitutæ harmoniæ *propria* sunt. ,,

§. 141. *Mechanismum fatalem* æque ac *Epicureismum casualem* optime LEIBNITIVS deuitat istis obseruationibus, quas & antea contra Spinozismum allegauimus ad §. 14. §. 99. repetiimus. Ille *fatum* & *casum* excludit ex vniuerso, qui mundum regi legibus non geometricis aut geometrice demonstrandis, atque adeo absolute necessariis, ostendit; sed contingentibus quidem, eligentis vero DEI sapien-

pientiæ præ reliquis conuenientissimis. *De libertate*
dicam inferius ; neque enim ista prolixe hoc loco
refutari debent, quæ BÆLIVS non vrget. Veniamus
igitur & nos ad ea, quæ sunt BÆLIO hic *propria* (178).

§. 142. „*Prima* hæc est obseruatio mea, quod
id systema diuinam potentiam atque sapientiam,
diuina hac arte expressam extollat *vltra id omne,*
quod potest (1.) concipi. Concipe (2.) *nauigium,*
quod virtutem habeat, sine omni cogitatione aut directione entis, siue creati siue increati, se ipsum adeo
apposite commouendi, vt ventum semper habeat
secundum, vt torrentes atque scopulos euitet, eoque præcise tempore, quo id res postulat, portum
contingat optatum. Fac eiusmodi nauigium *aliquot*
successiue *annis* dicta modo ratione vndis inerrare,
& pro tempestatum vicissitudine, pro diuersitate
regionum maris & continentis, iusto semper &
apposito modo verti : consenties mecum, *diui-*
nam infinitudinem non sufficere, ad virtutem eiusmodi nauigio imprimendam ; concedesque naturam
nauigii potentiæ eiusmodi a DEO recipien-
dæ capacem non fore.   Interim id omne,
K 4   quod

<hr>

178) Optarem vero, ni graue fuerit, vt Bælianas *initio*
obiectiones *solas* ordine percurras, integrum earum
systema animo comprehensurus : *tum demum* singulas cum responsionibus contendas nostris. Facies
ea re, vt vtrumque assequaris distinctius; vt tuas
quoque, quæ menti responsiones inter legendum il-
labuntur, cum nostris conferendo alteras ex alteris siue suppleas siue emendes. Fortassis etiam, vt breuius id negotium tibi sit, si illas deinde solas repetere
velis, quarum videbitur esse grauius momentum, aut
solutio difficilior.

quod Leibnitivs (3.) in humani *corporis machinæ* suppoſuit, *multo eſt mirabilius* & portentoſius. Applicemus hoc ſyſtema vnionis nouum ad perſonam Ivlii Cæsaris *&c.* „

§. 143. Extollit (1.) hoc ſyſtema diuinam ſapientiam atque potentiam vltra omne id, quod poteſt *comprehendi*, non, quod poteſt *concipi*. Sic Leibnitivs: dicam *apertius*. Non licet diſtinctis & determinatis conceptibus aſſequi id omne, quod hic concurrit, quibusue id viis atque artificiis posſit obtineri: *generaliter* tamen ediſſerere poſſumus & concipere, quibus id legibus poſſit præſtari; diximus id, vbi de poſſibilitate ſyſtematis ex inſtituto egimus. (2) *Nauigium* huiuſmodi ſi potentia præditum intelligatur, *qualitate ſcholaſtica*, quæ ſine medio & ſine diſpoſitionibus machinalibus iſta omnia perficiat, qualis eſt v. g. grauitas peripateticorum, dirigens corpora ad centrum ſine mediis, ſine cognitione &c. eſt illud impoſſibile, omnium hodie philoſophantium iudicio. *Sin machinam intelligas*, quæ per motuum leges a principio quodam mechanico, ſecundum partium atque organorum diſpoſitionem agatur atque dirigatur: eiusmodi machinam *eſſe poſſibilem*, nullus dubito. *Caſus* enim, quibus ea machina præparanda eſt, *non ſunt inſiniti;* alioquin nec ſinita nautarum intelligentia ad eosdem præcauendos ſufficeret: itaque hoc eſt *problema geometrico-mechanicum,* facere machinam, quæ dato fluctuum, ventorum, fretorum, promontoriorum &c. ſtatu, motu, & viciſſitudine, per partium ſuarum diſpoſitionem dato motu feratur atque

atque in datum locum dato tempore deueniat. Ita
& *olim planetis* pro conseruando eorum cursu regu-
lari, quantumuis variato, intelligentias motrices
philosophi comites adiunxerunt : *hodie* (gratias
Io. KEPPLERO nostrati, & ISAACO NEWTONO Anglo)
id omne multo & exactius & intelligibilius præstat
eorundem grauitatio in solem. (3.) Vidimus Bæ-
lianam suppositionem, recte inflexam, *non esse impossibilem*: nunc illud adde, *non esse Leibnitiano* systemati *similem*. Nauigium id nullam, nisi vehementer accidentalem, cum mari, ventis, flucti-
bus, scopulis &c. connexionem habet, atque *in se
idem* supponitur, siue secundo siue aduerso vento
feratur, siue scopulos caueat, siue libero mari su-
pernatet. Itaque omnino id mirum foret, imo impossibile, vt, pro externarum circumstantiarum
ratione variata, cursum sua potentia immutet, fle-
ctat, vertat, tardet, vel acceleret. Atqui *alia scena*
est *corporis* humani, cuius vniuersum machinamen-
tum rebus externis omnibus semel attemperatum
est, & cuius adeo successiones & vicissitudines
omnes, successionibus & vicissitudinibus rerum quasi alligatæ sunt. Vt enim mutationes *rerum* determinantur ex statu suo priori, *ita* & motuum *in corpore*
variatio : vnde si quam *cum rate comparationem*
(179) ames, *dic*: corpus in systemate Leibnitiano esse
K 5   simile

---

179) Comparationem dico, ne identitatem supponas, atque influxum ex simili vrgeas. Nimirum in rate est
connexio physica, & realis funium influxus : in corpore non item. Obtinetur autem a principio hic interno, quod ibi ab externo.

simile nauigio, quale fluminibus traiiciendis adhibe-
tur, & quod funem sequitur, cui cohæret (180).
Sed attendamus animum ad IVLIVM CÆSAREM.

§. 144. „Ex hoc systemate asserendum est,
corpus (4.) IVLII CÆSARIS ita exerere vim suam motricem, vt inde ab ipsa natiuitate ad necem vsque
cohærentem in suis mutationibus successionem obser-
uet; atque eam quidem, quæ penitissime consentiat
perpetuis etiam mutationibus alicuius animæ, quam
neque corpus cognoscit, neque in se agentem expe-
ritur. Dicique potest, legem, secundum quam
ea corporis potentia suos motus atque actus producere debuit, fuisse ita comparatam, vt certo die
atque hora senatum accessisset, hæc atque illa verba prolocutum fuisset, etsi diuinæ (5.) voluntati
placuisset, *animam* CÆSARIS altero statim die ab illius creatione denuo *annihilare.* Dicendum est porro, quod (6.) eadem vis motrix *pro velocitate cogitationum* istius ambitiosæ mentis exactissime se immu-
ta-

180) *Eleganter* more suo LEIBNITIVS in recueil T. II.
pag. 402. 403. „Il ne faut pas comparer nôtre hypothese à l’ egard de la masse corporelle, avec un
vaisseau, qui se mene soi même au port; mais avec
les *bateaux de trajet*, attachés à une corde, qui tra-
versent la riviere. C’est, comme dans les machines
de theatre & dans les feux d’ artifice, dont on ne
trouve plus la justesse étrange, quand on sait, comme tout est conduit: il est vrai, qu’on *transporte* l’
admiration de l’ ouvrage à l’ inventeur; tout comme lorsqu’on voit maintenant, que les planetes n’ont
point besoin d’ étre menées par des intelligences
&c. „

mutauerit atque determinauerit, & quod proprie
hunc mage statum induerit, quam alium; quoniam
anima ab hac idea transiuerit ad istam.   Num igitur (7.) *cœca* quædam *potentia* vi impressionis ante
30. vel 40. annos factæ, nunquam postea inno-
uatæ, sed sibi soli relictæ, adeo apte se determina-
bit, etsi rerum penitus omnium, quas præstare ipsa
tenetur, profundissime ignara? Nonne id magis
etiam incomprehensibile est, atque illa fuit naui-
gatio, quam antecedenti §. expressimus? „

§. 145.   Omnino vero (4.) ista dicimus, sed
caue tibi a potentia, *qualitate scholastica*.   Potius
cogita *famulum* IACQVELOTII automatum, quem superius expressimus §. 116. & *auge artificium* istud,
dum vniuersum famulitii tempus eo comprehendere
possis.   Etiam (5.) illud admittimus, imo vrgemus. Audi LEIBNITIVM (181). In hoc systemate
corpora agunt, ac si (per impossibile,) nullæ darentur animæ, & animæ agunt, ac si corpora nulla
darentur; & ambo agunt, ac si vnum influeret in
alterum. Existimo *intelligi* LEIBNITIVM, si superiora
legeris. *Alterum* dicit de caussa mutationum mentis atque corporis vera & reali : *alterum* de respectu
mutuo determinationis in vtroque. (6.)   Hic si
placet, vide, ne systemati nostro tribuas, quasi mo-
dificatio & determinatio illa penderet a *potentia, sine
sensu* & intellectu, sese ad ideas animæ accommo-
dante : pendet potius a *potentia summe intelligente*,
quæ

181) LEIBNIT. in princ. philos. §. 84. quocum conferas
    WOLFII metaphys. §. 777. & 780. & notam nostram
    §. 127.

quæ machinæ structuram ita potuit ordinare atque
ideis accommodare, vt, structuræ & texturæ ipsius ratione, modificationes motuum consequentes
destinato fini respondeant. *Caussa*, *cur* machina
corporis *hunc* mage *statum* induat, quam alium,
duplex est: *altera efficiens*, pendens a structura & motu antecedaneo, atque hæc est physica; *altera* est saltim metaphysica, atque vt sic dicam *exigens* vel determinans primi status in corpore, pendens ab animæ repræsentationibus motui huic
harmonicis. (7.) Si *ex diuturnitate temporis* putes
difficultatem nasci, cogita *primo* illud, finitos tamen casus esse, variationesque isto tempore facien-
das; *deinde* memento eorum, quæ diximus §. 106.
sufficere scilicet, vt vtrumque semel conspiret, ita
enim & deinceps conspiratura esse omnia, dum
subsistat vtrumque, atque legibus suis mutetur &
regatur (182. a.). Impressiones *nouas non* requiri-
mus, neque pro virtute conseruanda, neque pro re-
gendis directionibus: illa nimirum in vniuerso perseuerat, ex superioribus; istæ pendent ex machinæ,
& partium inter se connexione, figura, situ &c.
Nihil adeo hic est incogitabile, nihil repugnans.

§. 146. „*Augentur* vero (8.) *difficultates*, si
cogitaueris, humani corporis machinam complecti
infinitam fere organorum multitudinem, & obnoxiam esse actioni corporum ambientium, quæ suis
impres-

182. a.) Similia de *animis* vide apud LEIBNITIVM, epistol.
V. ad SAM. CLARKIVM §. 91. T. I. du recueil pag. 131.

impreſsionibus infinite variantibus mille & amplius
in ipſo modificationes efficiant. Neque intelligo,
quo (9.) *medio caueri* poſsit, ne præſtabilitæ harmoniæ aliqua *confuſio* exoriatur; & quo fieri queat,
vt non interruptum ordinem ſequatur per omnem
longæui hominis vitam, nihil obſtantibus infinite
variantibus modis, quibus tot organa in ſe mutuo
agunt, innumeris ſtipata corporibus, frigidis modo, modo calidis, mox ſiccis, nunc humidis,
ſemper autem neruos diuerſe vellicantibus. Mea
hæc eſt ſententia, organorum multitudinem atque
ambientium corporum varietatem neceſſarium eſſe
inſtrumentum, quo infinita varietas mutationum
corporis obtineatur: verum an illa (10.) *varietas*
eum *ordinem ſeruare* poteſt, qui Leibnitiano ſyſtemati debetur? Numquam illa turbabit harmoniam
mutationum corporis & animæ? Id vero penitus
videtur impoſsibile. Obſeruandum eſt, ex LEIBNITII
mente id, quod in vnaquaque ſubſtantia actiuum eſt,
eſſe huiuſmodi, vt ad realem quandam *vnitatem* reduci debeat. Cum vero corpus humanum multis
compoſitum ſit ſubſtantiis, vnaquæque habebit in ſe
principium actionis, realiter diſtinctum a principio
cuiuſcunque alterius ſubſtantiæ. Ait etiam, cuiuſ-
que principii actionem continere ſpontaneitatem.
Hoc igitur operationes eorum & confuſiones (11)
in infinitum variabit. Ambientium enim corporum percuſsio neceſſario coactionis aliquid intermi-
ſcebit ſpontaneitati naturali. „

§. 147. *Augeri* (8.) concedimus *difficultatem,*
iſtud artificium concipiendi vel ediſſerendi. Facit organorum atque ambientium corporum multitudo,

vt non sufficiat huic machinæ construendæ *intellectus finitus*, quantumcunque præstans. Sed bene est,
quod infinitum Numen sit illius opifex, cui difficile non est, infinita organa & corpora ambientia
simul cogitare, eorumque mutuas & infinite diuer-
sissimas combinationes omnes atque singulas *scientia* complecti, *sapientia* ordinare & *potentia* perficere.(9.)Atqui *exhibuimus id medium* §.106.-113.
Fac, machina corporis sequatur leges, harmonicas
illis, quas anima sequitur, & easdem cum illis,
quas reliqua sequuntur corpora; *fac amplius*, respondeat status primus corporis mei repræsentationibus animæ, & corporibus meum ambientibus,
perfecte: *intelliges, quomodo* & in posterum consentiat corpus cum anima, & conspiret quoque
ceteris circa se corporibus; quicquid deinde sit de
rerum modorumque infinitate. Illud *optime dicis*,
multitudinem organorum & corporum ambientium
esse instrumentum pro obtinendis corporis varieta-
tibus: *modo addideris*, & legem, quibus illa
agantur, moueantur, regantur, esse medium, quo
conseruetur ordo, & impediatur confusio. (10.)
Varietas quin possit *ordinem* sequi, nescio, cur du-
bitandum sit? Neque id impossibile est, infinitam
varietatem amicissime conspirare, modo illa *non
casui*, sed *legibus* debeatur. *Exempla* sunt in promtu: sic infiniti sunt modi, quibus idem obiectum,
(vrbs, castellum, regio) ex infinitis punctis conspectum appareat, omnes tamen illi prospectus in
eo conueniunt, vt spectatores omnes regularum
gnari eandem obiecti ideam nanciscantur.   Obtinetur

netur autem illa consensio *regulis optices* & *perspe-*
ctiuæ. Et cur dubitem, legibus quoque *mecha-*
nices obtineri ordinem posse in varietate rerum,
quantumuis infinita? LEIBNITIVS hoc BÆLII argumentum illi *simile* putat, quo veteres nonnulli scien-
tiam DEI a minimis excluserunt ob rerum infinitatem. (11.) *Varietatem* sic augeri in infinitum
concedimus: *confusionem* rebus induci, modo negauimus. *Spontaneitatem* asserimus substantiis simplicibus, quæ nihil patiuntur a corporibus & eorundem percussione: limitationes & determinationes motuum in corporibus pro ratione percussionis
variari concedimus, confundi negamus.

§. 148. „Frustra illi se tuentur diuina *omnipo-*
tentia, (12.) qui bestias aiunt esse tantum automata.
Laboratur incassum in eo, vt ostendatur, DEVM
posse machinas præstare, adeo subtiliter & artifi-
ciose contextas, vt vox humana, vt reflexum a
corporibus lumen &c. iusto tempore in eas agat,
atque perficiat, vt hac vel illa ratione commoueantur-
tur. Vniuersus, si a quibusdam Cartesianis disces-
seris, orbis eam suppositionem reiicit. *Neque*
Cartesianorum quisquam est, qui eam admiserit, ad
humanum corpus translatam, quasi DEVS perficere
machinas posset, quæ omnia ista peragerent, quæ
fieri ab hominibus conspicimus. Dum ista nego,
(13.) nequaquam hoc ago, *vt diuinæ potentiæ* atque
sapientiæ *limites* circumponam. Verum hoc volo,
naturam rerum id secum ferre, vt vires creando
ipsis

ipsis collatæ necessario suos terminos habeant. Absolute necessarium est, vt actiones creaturarum congruant eorum statui essentiali, atque exerantur pro charactere illo, qui cuiuis machinæ conuenit. Philosophorum enim axioma hoc postulat, vt omnia, quæ rei cuidam attribuuntur aut communicantur, proportionalia sint capacitati & receptiuitati subiecti.   Leibnitianam igitur hypothesin reiicere licet, vt impossibilem, quoniam *maioribus* obnoxia (14.) est *difficultatibus*, quam illa de automatis Cartesianorum : harmoniam ille constantem facit duarum substantiarum, quarum neutra in alteram operatur. Quodsi autem *famuli* nostri *machinæ* forent, atque id tamen exacte perficerent, quod domini iubent: fieri hoc non posset, nisi externa & realis in ipsos actio dominorum præcederet; oporteret vel verba eloqui dominos, vel signis vti, quæ sensoria famulorum organa realiter afficerent & mouerent. „

§. 149.   Frustra (12) est, quicunque ad diuinam prouocat potentiam *ante*, *quam* euicerit, rem in se esse possibilem.   Id WOLFIVS docet in metaphysicis. Sed monstrauimus nos, systema hoc esse possibile §. 106.--- 113.   Igitur omnino licet, ad potentiam DEI infinitam prouocare, cum de *executione* & existentia sermo est.   Qui machinam huiusmodi vt *impossibilem* reiiciunt, illi *falluntur*, neque veritati præiudicant.   Cartesiani non negabunt, machinam humano corpori similem, esse possibilem : sed corpus esse talem machinam, id non aiunt. Sed neque Cartesianorum (182. b.) suffragio

---

182. b.)Recte LEIBNITIVS recueil T. II. pag. 400. „Ceux,

gio stat veritas , neque dissensu cadit. (13.) Si
soli LEIBNITIO BÆLIVS scripsisset, potuisset hanc *cautelam omittere:* neque ego illi imputauerim, quod
diuinæ velit potentiæ sepem prætendere : neque
nos *illimitatam* creaturis potentiam tribuimus : neque illis adscribimus , quæ rerum naturas sua proportione excedant. Nouimus , quam *non sunt il-
limitatæ volitiones* nostræ ; sequuntur enim ex vi repræsentatiua mundi , vt WOLFIVS docet in metaphysicis §. 878. Vim autem illam & *obiectorum*
(183) ratione & respectu *modi repræsentandi* limi-
tatam esse concedimus: *illud,* quoniam hoc vniuersum, non omnia possibilia , repræsentat ; *hoc* , quia
non quouis modo , verum tantum pro situ vnius alicuius corporis organici in vniuerso. *Limitatæ*
L   sunt

qui montrent aux Cartesiens , que leur manière de
prouver , que les bêtes ne sont que des *automates,*
va jusqu'a justifier celui, qui diroit, que tous *les autres hommes,* hormis lui , sont des simples automates
aussi , ont dit justement & précisément , ce qui me
faut pour cette moitié de mon hypothese , qui re-
garde le corps.

183) Nolim existimes, illa *contradicere* LEIBNITIO, cuius
in philosophiæ principiis §. 62. hæc verba sunt ,, non
in obiecto , sed in modificatione cognitionis obiecti
monades limitatæ sunt ,, . Loquitur ille de hoc
mundo. Ego de possibilibus in vniuersum omnibus. Est enim *inter differentias* animæ ab intellectu diuino , quod ille repræsentet possibilia omnino
omnia ; anima hoc vniuersum, non alia: ille simul , & adæquate; hæc distincte pauca & successiue
solum : ille adeo modis omnibus ; hæc pro situ
corporis.

sunt igitur *volitiones* nostræ, eædemque DEO aper-
tæ: quis illi hoc negauerit, posse machinam ex-
truere, quæ volitiones istas exequatur? (14.) Interim in Leibnitiano systemate esse *maius artifici-*
um, quam in automatis hic memoratis, concedimus: quo pertinent illa præcipue, quæ faciunt
ad loquelam, ad edisserendas ratiocinationes, &
iudicia generalia, de quibus dicam inferius. Nego autem, id esse impossibile. *Actionem domini*
realem *in famulum* suum non esse necessariam, id
IACQVELOTII suppositio commonstrat, toties allegata. LEIBNITIVS & *alia* hic machinamenta appellat,
quæ, suis elateribus acta, potius dominos monent,
quam vt ab iisdem debeant moneri; cuiusmodi
sunt, quæ vulgo *Wecker* vocamus, horologia dato tempore sonitum, eoque dormientes ex somno,
excitantia.

§. 150. „*Nunc* age consideremus & *ani-*
mam CÆSARIS, vbi difficultates adhuc maiores de-
prehendemus. Erat illa in vniuerso, nulli corporis vel spiritus influxui obnoxia. Vis, quam
a DEO sibi impressam accepit, vnicum erat actionum, singulis momentis productarum, principium: istæ autem actiones cum inter se diuersæ fuerunt, eius rei caussa nequaquam illa fuit, quod
aliæ aliis elateribus aut organis productæ, quorum nulla in illis opera concurrit. *Anima* enim
humana *est substantia simplex*, indiuisibilis & immaterialis, in quo & illustris LEIBNITIVS mecum
consentit. Quodsi autem hic in alia abiret, atque
plerisque philosophis, & quibusdam ex præcipuis
quoque

quoque metaphyſicis noſtri æui, Lockio verbi gratia, adſtipularetur, ſupponendo fieri poſſe, vt cogitet corpus ex variis particulis certa ratione con-
textum: *tum* ego ipſius hypotheſin *abſolute impoſ-*
ſibilem pronunciarem, & multis ipſum modis im-
pugnarem, quibus vti hic neceſſe non eſt, quoniam & immortalitatem animæ concedit, atque illi innititur in ſententiis ſuis „.

§. 151. Iſta quidem *ſatis bene*, vt opus non
ſit, viro ingenioſo aduerſari. Illud autem de anima *omnino* probamus. Et qualis ea vis ſit, ſpeci-
fice expreſſimus §. 91. ſeqq. Illud vero *vtiliter*
Leibnitivs accepit in notis ad h. l. quod *tum de-*
mum abſolute impoſſibilem Bælivs hanc ſententiam pronunciare velit, ſi Lockianæ philoſophiæ
accederemus. Atqui eius rei metus aut ſuſpicio
nulla eſt. Videtur igitur, *haͤenus non omnino*
impoſſibilem ſtatuere.

§. 152. „ Reuertamur ad animam Cæsaris,
eandemque Leibnitiana voce appellemus *automa-*
tum immateriale (184) & cum *atomo Epicurea* con-
tenda-

184) De hac *voce* conf. omnino *theodic.* §. 403. vbi inter cetera non minus eleganter, quam ſolide: „ l'
operation des *automates ſpirituels*, c'eſt à dire, des
ames, n'eſt point mechanique; mais elle contient
eminement ce qu'il y a de *beau* dans la mechanique:
les mouvements developpés dans le corps, y étant
concentrés par la repréſentation, comme dans un
monde ideal, qui exprime les loix du monde actuel
& leurs ſuites; avec cette difference du monde ideal parfait, qui eſt en Dieu, que la plûpart des perceptions dans les autres ne ſont, que confuſes &c. „

tendamus. Intelligo vero atomum in vacuo con-
stitutam, neque vllibi cum alia atomo collidendam.
Comparatio est exacta. Atomus enim ista & naturalem sese mouendi vim habet, & eandem exercet, nulla alia re quacunque promota & adiuta,
vel in motu suo impedita & retardata: sic &
anima IVLII CÆSARIS supponitur esse spiritus, qui
vim habeat producendi in se ideas rerum, sine alterius cuiuscunque spiritus aut corporis in ipsum
influxu: nihil est, quod animam iuuet, nihil
quod interturbet. Quodsi iam ad generales ordinis ideas & naturam attenderis, deprehendes, eiusmodi atomum nunquam in motu suo cessaturam,
sed præsenti & consequentibus momentis eandem
præcise motus rationem modumque seruaturam
esse. Est hoc *consequens axiomatis* cuiusdam
LEIBNITIANI, quo præcipit, vt res quæque in eo,
quem semel obtinet statu, perseueret, dum aliquid
sit, quod ab ea cogat deflectere - - - *Ex eo*, inquit, *concludimus, non solum corpora, si quiescunt,
semper quiescere, sed etiam, si moueantur, eundem
semper motum, hoc est, velocitatem eandem, eandemque directionem conseruare: nisi aliquid sit,
quod actum illum interrumpat.* Quis igitur non videt, *atomum* istam, siue insitam illi cum DEMOCRITO
& EPICVRO vim motricem ponas, siue a DEO communicatam, *vniformi modo* in eadem linea pro-
gressuram, neque vnquam siue ad dextram siue sinistram esse declinaturam. EPICVRVS philosophis
ludibrium debuit, cum *declinationem motus* in atomis suis in scenam produxit; sumsit enim istam
fine

sine ratione, vt se extricaret e labyrintho necessi-
tatis fatalis, neque tamen eius nouæ ad systema
suum accessionis caussam allegare potuit. Aduer-
sata est hæc declinatio clarissimis animæ ideis;
manifesto enim intelligitur, eo, vt atomus per integrum biduum rectilineo progressa motu, tertiæ
diei principio declinet a semita, requiri, vt *vel im-
pedimentum* viæ offenderit, *vel* aliquem *appetitum*
senserit a via sua deflectendi, *vel* in se complexa
sit *elaterem*, qui se nunc demum exerere occœpe-
rit. *Illud* exulat in vacuo: *istud* aduersatur atomo, idearum non capaci: *hoc* etiam contradicit
corpusculo, in se simpliciter vniformi. Applicemus ista omnia ad præsens negotium ,,.

§. 153. *Comparationem* vero istam, etsi plau-
sibilem & *speciosam*, *esse* tamen *iniustam*, neque
præsenti negotio accommodam, id facile *demon-
strabitur. Epicurea atomus*, etsi corpusculum, supponitur tamen in se penitus vniformis: ideoque in
illa nihil quicquam caussæ internæ est, quod mutationem status quamcunque producere aptum sit.
Itaque si mouetur, perseuerat in motu eadem celeritate & directione; adeo quidem, vt si etiam dif-
formiter moueatur, verbi gratia in curua quacunque, in circulo, ellipsi &c. id duplici minimum
vi opus habeat, quarum altera ad centrum vrgens
si cesset, eo ipso momento atomus sequetur statum atque impressionem vltimam, & progredie-
tur in recta circulum, ellipsin &c. tangente. *Secus est in anima*, quæ, licet partibus careat, diuersitate tamen omni non caret; repræsentatio enim

vni-

vniuerſi, quæ ſit in anima, continet diuerſitatem
obiectorum & graduum: itaque ſatis cauſſæ eſt,
cur diuerſæ eſſe poſſint repræſentationum conſecutiones, propter diuerſitatem repræſentationum antecedentium, appetitum & tranſitum animæ ab
vna perceptione ad alteram limitantium & deter-
minantium. Atque vt id *clarius* dicam *pro geome-*
tris, antecedaneæ illæ diuerſitates cum legibus appetituum collatæ quaſi *æquationem* continent, ſecundum quam fieri progreſſus, aut, in exemplo
atomi, ſecundum quam fluere debet id punctum,
vt in curua incedat: quapropter ſi conſecutiones
idearum animæ comparari debeant motæ atomo,
non debet hæc *in vacuo* conſtitui, *ſed in vniuerſo*, in
quo ſcilicet fiunt illæ mutationes, diuerſimode va-
riantes, & motum conſequentem determinantes,
quarum deinceps in anima repræſentationes limi-
tant & determinant repræſentationes motuum conſequentes. At *quis neſcit*, hic *vniformem non eſſe*
corpuſculorum motum? Quis hodie neſcit curuam proiectionis *Gallilæanam*? Quis non audiuit
traiectorias *Newtonianas*? Quis *Bernoullianam* radii in atmoſphæra curuaturam? &c. Vides, opinor, quam longe differant *Epicurea in vacuo ato-*
mus, & *monas Leibnitiana?*

§. 154. ,,Anima IVLII CÆSARIS eſt ſubſtantia,
cui vnitas competit, ſi proprie loqui velis. Vis,
qua producere ideas poteſt, ex Leibnitiano ſyſtemate eſt proprietas naturæ ipſius. Potentiam vero
iſtam, quatenus eam & poſſidet & exercet, a Deo
acceptam habet. Quodſi (15.) iam prima, quam
in ſe

in se concitat, *idea voluptatis* est, dici non potest, *cur non & altera* talis existat; quoniam enim totalis caussa actionis eadem manet, oportet & actionem atque effectum esse eundem. Sed anima ista secundo existentiæ momento non aliam cogitandi vim acquirit, quam primo habuit, verum retinet eandem; neque secundo momento externarum rerum concursui vel adminiculo magis subiecta est, quam primo : igitur altero momento eandem illa ideam producet, quam primo excitauit. *Sin obiicias*, animam esse debere in statu variationis, eum vero præsenti casu non obtentum iri : responderi potest, mutationem eius fore similem (16.) mutationi atomi. Atomus enim rectilineo progressu mota, omni momento alium occupat locum, aut positionem aliam habet, sed priori similem : igitur vt & anima persistat in statu suo variationis, sufficit, vt nouam in se ideam producat, etsi similem priori „.

§. 155. *Eleganter* vero ista *omnia*, nisi quod *ex falsa hypothesi*. (15.) *Videtur* BÆLIVS hoc supponere : DEVM concreare animæ vim cogitandi indeterminatam, hanc deinceps ipsam in se excitare primam aliquam ideam, deinde secundam, & sic porro. Quodsi id vellet Leibnitianum systema, vltra Bælianas difficultates, noua accederet: scilicet *non saltim* secundo momento caussa nulla foret, quare animæ vis adhuc eadem & indeterminata aliam a priori ideam excitaret, *sed nec* caussa foret, quare primitus excitaret ideam voluptatis vel doloris determinate. Verum ista non est mens no-

stra.

ſtra. *Primo* ſtatim *momento* creatur anima determinate rerum repræſentatiua : *ſecundi momenti*
conceptus non deriuantur amplius immediate ex vi
cogitandi generali, ſed per primi momenti cogitationes iam determinata, atque certis appetituum legibus accommoda. Appetitus vero animæ eſt actio
principii illius interni, qua tranſit ab vna perceptione ad aliam. Itaque hic non manet *cauſſa* perceptionum antecedentium & conſequentium, vt ille loquitur, *totalis* : manet ſaltim *generalis*, h. e.
manet vis primitiua ; manet id, quod in virtute
repræſentatiua vere reale & adeo perdurans eſt ;
manet id, quod in ea concipi poteſt, vt indeterminatum & generale : ſed non manet vis deriua-
tiua, vt præciſe his vel illis repræſentationibus determinata eſt & limitata, idque ob internum mutationis principium, appetitum, non ob externas
aliarum ſubſtantiarum actiones in animam. *Cogita* animam tuam nunc repræſentare tibi ſtatum,
quo felix fores ; & eſſe in te principium nouas repræſentationes appetens, ſiue voluntatem, quam
in te definio conatum ad producendas nouas ſenſationes ſub ratione boni a te approbatas : facile intelliges, quomodo ex hiſce duabus ſuppoſitio-
nibus, coniuncta lege appetituum, quæ media di-
rigit ad fines ſuos, in te exoritura ſit mediorum
repræſentatio, conatus ad eorum ſenſationem, ſenſatio mediorum, & hinc ſenſatio finis &c. atque
adeo, *vnde diuerſitas* repræſentationum ſcaturiat,
videbis. (16.) Etiam hæc eſt *ingenioſa reſponſio*,
ſed *ex falſo* tamen *ſuppoſito.* Obiectionem non facimus

cimus nostram *ita generaliter* conceptam, vt cum
atomis conferri potest. Volumus variationem,
non quamcunque, sed *determinatam* ex statu antecedenti, secundum leges monadum, & speciatim
spirituum. Facessant igitur hic atomi, in quarum
antecedenti statu interno quocunque nulla est varietas, sed perfecta semper vniformitas : in statu
monadis quocunque est multitudo & varietas,
quarum vnaquæque pro legum suarum tenore influit in statum consequentem ; inde diuersitas. *Si
quid* tamen *corporei* velis conferre animæ huiusmodi, ob internam diuersitatem, diuersas ideas consequentes habentem, absque influxu rerum externarum : sume *columbam artificis Norici*, eandemque in vacuo euntem atque redeuntem concipe.
Ibi enim externum nihil erit. Elateres tamen interni dabunt diuersitatem, pro natura vnusquisque
sua, & legibus motus generalibus.

§. 156. ,, Verum *remittamus* nonnihil *a ri-
gore*, atque concedamus LEIBNITIO mutationem aut
metamorphosin cogitationum. Illud saltim *erit
necessarium, vt progressus* ab vna repræsentatione ad
alteram *seruet* aliquam *proportionem*, aut rationem
affinitatis. Posito, animam IVLII CÆSARIS aliquo
momento videre arborem, foliis & floribus ornatam, possum concipere, (supposito scilicet, in spiritibus finitis esse vim idearum excitatiuam, quantumcunque id incomprehensibile videatur,) quod
in continenti gestiat videre arborem solis præditam foliis, mox aliam floribus tantum conspicu-
am, atque adeo, quod successiue alias sibi ideas

L 5 forma-

formare poſſit, ex quarum ſingulis iterum ena-
ſcantur aliæ. *Illud* autem *concipi non poteſt*, quomodo fieri poſſint *alboris in nigrum, affirmationis-
que in negationem* miræ conuerſiones *, quomodo
fieri animæ *ſaltus ex terra in cœlum* ſtupendi, quos
tamen experimur quotidie. Incomprehenſibile eſt,
DEVM animæ CÆSARIS potuiſſe principium inde-
re eius mutationis, quam nunc allegabo. Sine
dubio id plus vice ſimplici accidit, vt, *vberibus
maternis adhærens, aciculæ punctionem* perſenſerit.
Igitur ex ea, quam hic examinamus, hypotheſi,
oportet animam ipſius immediate a dulciculis ma-
terni lactis ſenſationibus aliquot momentorum interuallo continuatis, tranſiiſſe ad moleſtas ſibi doloris perceptiones. Quonam illa elatere commo-
ta eſt, ad interrumpendam voluptatem, atque ex-
citandum in ſe ſenſum doloris, cum nihil fuerit,
quod de præparatione ad iſtam mutationem faci-
enda

* Hic miror, BÆLIVM inuenire difficultates haud paulo
maiores in tranſitu animæ ab affirmatione ad negationem, quam in tranſitu ab arbore foliis ornata, ad
arborem foliis non ornatam. Sunt hæ contradicto-
riæ qualitates: arbor foliis ornata, non ornata. Eſt
igitur hic tranſitus ab affirmatione ad negationem.
Longior eſt tranſitus a contrario ad contrarium, ab
albo ad nigrum: ſed non ideo difficilior, aut rarior,
aut a phantaſiæ regulis remotior. Tum vero, ſi
mirum non eſt, animum percepta re aliqua abſtra-
here proprietatem alteram ab altera; cur id mirum
ſit, & omnino incomprehenſibile, ſi in locum prioris ſubſtituat aliam, ſimilem, aut diſſimilem; ſi quidem & inter diſparata, & oppoſita datur relatio?

enda monuerit quicquam, & nihil in eius substantia noui acciderit? Quodsi vitam eius imperatoris placeat percurrere, singulæ actiones suppedi-
tabunt difficultates nostra hac maiores ,, .

§. 157. Amo te, BÆLI; ita eleganter & in-
geniose *omnes ordine* difficultates commemoras.
Etiam nos concedimus; imo vero *vrgemus, rationem affinitatis* seruandam esse in progressu & successione perceptionum: *negamus* atque *pernega-
mus, fieri* posse *saltum* in natura, siue de corporum motu sermo sit, siue de monadum perceptionibus (185). Itaque necesse est, fuisse & huius
nouæ ideæ antecedaneas in anima dispositiones, ex
quibus ea consecuta est. Hic autem *distinguas* velim *perceptiones* animæ *distinctas*, quarum ita sibi
conscia est, vt & notas allegare possit, quibus
vnam ab altera distinguit, & *claras, sed confusas
tamen*, quarum sibi ita est conscia, vt eas quidem
dignoscere possit; sed notas discriminis tamen
edisserere nequeat, *ab obscuris*, quarum sibi non
adeo conscia est, vt eas possit a se inuicem dignoscere. Certum est, si anima nonnisi distinctas aut
claras rerum ideas haberet, eo, quem BÆLIVS dixit,
vel simili modo altera ex altera nasceretur, sic vt
& nobis liceret eam affinitatis proportionem &
consecutionis rationem explicare. Verum *alia res
est*,

185) LEIBNITIVS in ep ad REMONDVM 13. febr. 1715.
De tels *sauts* (loquitur de absolutis) ne *sont* pas seulement *defendus* dans les mouvemens, mais encore
dans tout ordre des choses, ou verités. Vid. recueil
T. II. pag. 186.

est, vbi *de obscuris* sermo fuerit ; perceptionum
enim obscurarum nemo sibi conscius esse potest,
per ea, quæ Chr. Wolfivs docet in metaphysicis,
§. 729. - - - 735. Neque adeo illarum differentias conuenientiasque, atque sic consecutionis
modum licet exponere. *Generalis* tamen expositio
non deficit : cum enim anima nobis dicatur substantia vniuersi repræsentatiua pro situ corporis
nostri in vniuerso, inde consequitur, plurimas res,
quæ debilem e longinquo impressionem aut relationem habent ad corpus nostrum, eadem ratione
in animo repræsentari; quodsi res eædem propin-
quiores aut extantiores factæ maiorem ad corpus
relationem habeant, etiam sensibilior earum repræsentatio erit, eodem ordine ex prioribus enata, quo
& impressio rerum in corpus successiue aucta est:
quodsi illa tandem præ ceteris fortior sit, vt eam
a confusa multitudine obscurarum liceat discerne-
re, tum demum clara, vel omnino distincta fiet,
sic vt illius ideæ quoque conscii simus. *Exemplum hoc esto*, dum nostra attente legis, circumuo-
lant & vespæ & muscæ : tu Bælianas obiectiones
meditaris, & momento dolorem sentis, vespæ acu-
leo manui tuæ fortius impresso, vt videtur, genitum. *Quæ connexio* Bælianarum meditationum, &
doloris memorati? *Scilicet hæc*, dum Bæliana meditaris distincte, atque adeo eius rei conscius es :
alarum vespæ susurrus illabitur in aures tuas, verum minus fortiter, vt adeo, dum aliis animum
rebus attendis, eius perceptionis obscuræ tibi conscius non sis. Sin punctio accedat, dolor, vt ar-.

bitraris, momento, & quod dici solet, *ex abrupto*
mentem occupat. *Nequaquam* vero! Sed prout
ex volatu, & ambientium corporum, vespæque,
& tuo statu, consequebatur ipsius approximatio, &
in corpore per aculeum solutio continui, effectus
adeo tui corporis ratione, ante reliquos considera-
rabilior: ita ex perceptionibus, quantumuis obscuris, antecedanei illius status consecuta est perceptio quoque consequentis, respectu tui corporis
sensibilioris, adeoque sic enata est ordine & conuenienter illa sensatio *. Dic *eadem* omnia *de*
CÆSARE *lactente:* cessabit etiam hic, nisi fallor,
omnis difficultas: aliæ enim perceptiones fuerunt,
ex quibus dolor enatus est, quam illæ voluptatis
ex lactatu matris. Ceterum *neque* id est *omnino ab-*
sonum, ex antecedanea voluptate dolorem consequi, secundum illud SOCRATIS apud PLATONEM: *ex-*
trema gaudii luctus occupat (186).

§. 158.

* Plura in hanc rem alibi a me dicta sunt. Postquam
   enim clarissimus Vitembergensium philosophus, dn.
   HOLLMANNVS in suis de harm. præstab. dissertationibus
   aliqua aduersus hunc locum dubia mouit, respondi
   in dilucidationibus meis philosophicis, applicate
   quidem, sed breuiter. Eorum aliqua vir eruditus
   probauit, & desiderauit aliqua in epistola ad me data, & publicis excusa typis: cui meam deinde responsionem accommodaui in litteris Petropoli datis;
   quas cum sua epicrisi me non inuito typis denuo ex-
   scribi vir clar. curauit. Putem, ibi dicta esse, quæ
   sufficere in hac caussa possint.
186) LEIBNITIVS in replique aux reflex. de Mr. BAYLE.
   T. II. du rec. pag. 407. „Au reste, comme So-

§. 158. „Poſſent iſta concipi aliquatenus, ſi ſupponeres, *animam* humanam non *eſſe ſpiritum*, ſed *legionem ſpirituum*, quorum ſingulis ſint ſuæ functiones, incipientes eæ, atque finem iterum conſequentes, iſto exacte tempore, quo id corporis ſtatus requireret. Ita dici poſſet, eſſe aliquid, quod ſpirituum iſtorum operationes dato tempore excitaret, atque denuo ſopiret, ſimile cuidam pro noſtri corporis mutationibus accommodato apparatui rotarum, elaterum, fermentorumue. Iſta vero ratione non vna & ſimplex *foret* ſubſtantia, ſed *ens per aggregationem*, cumulus ſubſtantiarum, qualem in rebus materialibus deprehendimus. Vnam hic ſubſtantiam anquirimus, quæ modo voluptatem, mox dolorem &c. producat: non plures, quarum altera voluptatem excitet, alia dolorem, deſperationem alia, & ſic porro. *Annotationes*, quas *hactenus* legis, habebis *loco ampliſicationis* earum, quarum examine Leibnitivs me honorauit. Nunc reſponſa eius conſiderabimus „.

§ 159. *Optime* vero id Bælivs *recuſat*, ſi animam facias ens per aggregationem: ita enim interitus & diſperſionis capax fieret. Sed non opus eſt pro diuerſitate effectuum explicanda, vt ſubſtantia-

---

crate a remarqué dans le *Phedon* de Platon, parlant d' un homme qui ſe *gratte*, ſouvent du plaiſir à la douleur il n'y a qu'un pas, *extrema gaudii luctus occupat*. De ſorte, qu'il ne ſe faut point étonner de ce paſſage: il ſemble quelque fois, que le *plaiſir* n' eſt, qu'un *compoſe de petites perceptions*, dont *chacune* ſeroit une douleur, ſi elle étoit grande.

ſtantiarum multitudinem aſſeramus: *ſufficit in vna*
ſubſtantia modificationum, limitationum, deter-
minationum, graduum, repræſentationum *multi-*
tudo, & *varietas* rerum repræſentatarum. Singulæ enim perceptiones ſua conferunt ad nouas, &
prioribus ſuccedaneas. Siue illæ diſtinctæ ſint, ſiue confuſæ ſaltim, ſiue claræ ſint, ſiue obſcuræ tantum; *eo ſaltim diſcrimine*, quod priorum, atque
adeo conſecutionis inde pendentis conſcii ſimus,
poſteriorum, atque euolutionis earundem conſcii
non ſimus.

§. 160. ,,Aſſerit, *legem variationum*, quam
ſequatur ſubſtantia animata, *ita* eſſe *comparatam*,
vt eius ope ipſo illo momento, quo fit ſolutio
continui in corpore, ex voluptate transferatur ad
dolorem; quoniam in eo conſiſtat lex ſubſtantiæ
indiuiſibilis in creaturis animatis, vt repræſentet
non ſolum id, quod in corpore accidit eo modo,
quo id experimur, verum omnes quoque vniuerſi mutationes, ea ratione & relatione, quam habeant ad mutationes noſtri corporis. Continetur his
verbis apta *expoſitio eius*, *quo* tanquam *fundamento*
id ſyſtema nititur; eſt hæc illius analyſis, atque ad
id intelligendum clauis: eſt vero ſimul & *ſcopus*,
quo collineare debent obiectiones eorum, qui
hypotheſin hancce nouam habent pro impoſſibili ,, .

§. 161. ,,*Lex*, quæ hic allegatur, *præſupponit*
aliquod *DEI decretum*, eoque oſtendit, in quo
conueniat huic ſyſtemati cum altero cauſſarum
occaſionalium. *Conſentit vtrumque* in eo capite,
quod leges (17.) ſint, ſecundum quas anima re-
præſen-

præsentet id, quod in corpore accidit, eoque modo, quem experti nouimus. Qua vero ratione legum istarum executio obtineatur, in eo *discrepant*
illa duo systemata. *Cartesiani* faciunt DEVM decreti sui executorem: LEIBNITII mens est, animam
ipsam exsequi leges istas. Iam vero, quantumcunque infinitæ sint diuina scientia & potentia, non
potest ille tamen *mediante*(18.) *machina*, alicubi
deficiente, id perficere, quod partis huius deficien-
tis concursum postulat. Necessum enim foret, vt
defectum istum *suppleret*; atque adeo ipse effectum præstaret, non machina. *Anima* vero (19.)
deesse media & instrumenta, quibus ad legem ante
dictam executioni mandandam opus est, com-
monstrabimus, atque in eum finem sequens exemplum allegabimus „.

§. 162. *Generaliter* (17.) quidem vtrumque
leges supponit: differunt tamen eo, quod hic consideretur vt insita; Cartesianis vt lata. Non dicam nunc de aliis quoque differentiis: hanc
vnam clarius eloquar. Lex illa, quam sequuntur
animæ, LEIBNITIO non est decretum solum diuinum,
res ipsas tantum extrinsecus denominans; sed est
decreti effectus & apotelesma, res intrinsece efficiens. Non enim ordinem solum machinæ DE-
VS suo decreto præscribit, sed simul & structuram ei talem largitur, & vim imprimit, quarum
ope effectus debiti consequantur. Hoc primum
discrimen est, ex quo deinceps illud exsurgit, quod
BÆLIVS agnouit. (18.) *Recte* ista, neque aduersa-
mur. Pugnat enim, illa machinæ subsidio fieri;
quæ

quæ partem poſtularent in machina deſideratam:
vt, ſi dentes deſint, & rotæ tamen curſus idem
ſupponeretur, qui dentibus obtineri ſolet, dicendum eſſet, occaſione rotæ non dentatæ, adeoque
effectui præſtando non accommodæ, fieri motum
ab artifice, qualem dentes determinarent. (19.) Atqui vero *allegauimus media* iſta, repræſentationum
multitudinem, gradus, varietatem &c. Sed audiamus *ſimile Bælianum.*

§. 163. „ Concipiamus animi gratia (20.) *crea-*
„*turam* animatam, a DEO conditam, & *cantui de-*
„*ſtinatam.* Dubium non eſt, quin iugiter cantatu-
ra ſit; quodſi autem DEVS certos illi nomos muſi-
cos (une certaine tablature) deſtinet, abſolute id
neceſſarium eſt, vt eoſdem *vel* ante oculos conſti-
tuat, *vel* memoriæ illius imprimat, *vel* eam muſculorum texturam atque connexionem faciat, quæ per
ipſas motus leges conſtanter & exacte determinatos
illos ordine ſuo ſonos producat. Neque intelligo
eiuſmodi creaturam muſicam, ſi nihil horum ſup-
poſueris, ſequi poſſe notas ſibi præſcriptas. *Appli-*
cemus nunc typum iſtum ad animam humanam. Vult
LEIBNITIVS, illam a DEO accepiſſe potentiam non
ſolum excitandi in ſe ideas, ſed & ordinem in iis
ſeruandi eum, qui mutationibus corporis ſeſe con-
ſequentibus congruat. Hic idearum ordo reſpon-
det nomo, quem ſuppoſuimus, animali muſico præ-
ſcriptum eſſe. Nonne hic neceſſum eſt, vt anima,
quo ſingulis momentis modificationes ſuas pro iſto
idearum nomo determinare poſſit, ordinem notarum intelligat, (21.) atque ad eundem attendat?

M   Sed

Sed experientia cognouimus, illam esse istius rei penitus ignaram. Saltim vbi illa deest notitia, oportet in ipsa contineri ordinem quendam (22.) instrumentorum, quorum singula sint istarum idearum caussæ efficientes necessariæ. Nonne illa sic disponi oporteret, vt exacte alterum post alterum agat, idque pro harmonia inter animæ ideas, & motus corporis, præstituta? Atqui id est longe certissimum, substantiam immaterialem, simplicem, & indiuisibilem non esse compositam isto instrumentorum, dicta prius lege dispositorum, apparatu. „Fieri igitur non potest, vt anima humana „istam legem exequatur. „

§. 164. Placet vero & hic *ingeniosa* BÆLII *comparatio* : sed *neruus* argumenti *idem* est, quem vidimus in antecedentibus. Sequamur *notas* LEIBNITII, quæ hic ampliores sunt, quam responsiones alteræ & anteriores, quas sæpe citata collectio exhibet. (20.) Non opus est, vt id *fingas*, quod harmonia nostra ipso facto continet. Huiusmodi *musicum ens* est anima cantoris cuiuscunque : agit aspectus notarum musicarum in corpus quidem, atque adeo hactenus aliquid confert : quid autem anima? Externum nihil est, quod in eam agat: igitur, dum & illa canit, *canit*, vt sic dicam, *memoriter*, vel quasi memoriter hactenus, vt determinationis ratio efficiens sit in ipsa. *Quomodo id fiat,* quæris? Accipe sequentia. Concedes, opinor, eas notas, melos exprimentes nostrum, latuisse in caussis suis, ante, quam fuerint ita inter se compositæ. Nunc si anima sit vniuersi repræsentatiua, etiam earundem

dem notarum repræsentatio fuit inclusa virtualiter in repræsentationibus earundem caussarum. Quemadmodum ergo in illis rebus materialibus sat caussæ fuit, vt ita inter se iungantur: ita & in repræsentationibus earum sat caussæ fuit, vt eodem ipso tempore sic iunctæ repræsententur. (21.) Non vero id distincte anima percipit, dum illæ perceptiones, tot aliis perceptionibus obscuris, obscuræ & ipsæ intermixtæ sunt; donec illæ euoluantur, quod quoniam ordine fit, simili cum illo, quo & in corporibus phænomena sibi succedunt, hinc eodem tempore fieri oportet. Itaque *nihil* hic *officit, quod anima* eius rei *conscia non sit*, quando argumentis nouimus esse in anima nostra, & fieri ab eadem plurima, quæ experientia sola, sola obseruatione, conscientia sola adesse non cognouimus. Ita si musicam de sonis harmonicis & disharmonicis theoriam recipias, memineris consonare aut dissonare sonos, prout eorum vibrationes & percussiones frequentius conueniant & sæpius, vel rarius tantum: id cum anima percipiat atque distinguat, necesse est, occultam illi arithmeticam inesse, qua vibrationes conuenientes insensibiliter numeret. Sed quotusquisque est, qui asserere ausit, istius celerrimæ annumerationis se sibi conscium esse posse, quantumcunque etiam rebus suis attenderit? (22.) Negamus autem, si cognitio & conscientia desit animæ istarum rerum, *necessarium* fore *instrumentorum* multiformem *apparatum:* sufficiunt isti rei perceptiones obscuræ, innumeræ profecto, & ordinatim sese euoluentes suis legibus. Fieri igitur potest, vt

id

id omne præstet anima humana, quod hic suppo-
suimus.

§. 165. „Sumit LEIBNITIVS, (23.) animam non
„distincte cognoscere sensationes futuras, sed con-
„fuse saltim percipere, in vnaquaque vero substantia esse *quædam vestigia* & eorum, quæ ipsi accide-
runt, & eorum, quæ accident : infinitam vero
istam sensationum multitudinem impedire, quo minus euolute distingui possint.   Verum, quod me-
„dium concipiendi *vestigia* (24.) *in* substantiis indi-
„uisibilibus, simplicibus & *immaterialibus*. „

§. 166. Imo (23.) vero *non sumit* id saltim LEIB-
NITIVS : sed *alterum* experientia edoctus asserit,
alterum argumentis.   Sensationes *futuras* ne clare
quidem percipimus, multo minus distincte : percipimus autem non confuse quidem, quod claras rerum repræsentationes postulat in philosophia Leibnitiana, sed obscure saltim, vti plerasque etiam
præsentes : esse autem eiusmodi perceptiones in anima probant multa.   Quis dubitat, vbi colorem
percipio, percipere me figuras, motus, situs partium &c. sed obscure profecto, quoniam illas dignoscere non possum.   Numerum vibrationum
percipimus in sono, sed obscure : & quæ sunt eiusmodi infinita.   (24.) Præteritorum autem & futurorum *vestigia, immaterialia* scilicet, *relationibus*
scilicet & *respectibus* repræsentationum mutuis constantia, hactenus animæ tribuimus, quatenus, qui
omnem eius statum præsentem pernouerit, præteritum hinc intelligere posset & futurum ; ibi si discur-
siua cognitio foret, inferendo ab effectibus ad caus-

sas, hic a caussis pergendo ad effectus. Et quis est, qui *memoriam* possit animæ nostræ asserere, *sine huiusmodi vestigiis præteritorum?* Quis *prouidentiam* eius asseuerare *sine indiciis futurorum?* Atque hic velim conferri, quæ WOLFIVS docet de vtraque illa facultate reminiscendi præteritorum & prospiciendi in futurum §. 809.

§. 167. *Excipit* vero ipse sibi BÆLIVS sequentia LEIBNITII: ,, præsens status cuiusque animæ est na-
,,turalis consecutio antecedentis. - - - - Quantumuis
,,igitur *simplex* sit anima, semper tamen ideam ha-
bet *pluribus* sensationibus simul constantem, quod nostro fini perinde subseruit, atque si machina foret, diuersis contexta partibus. Vnaquæque enim antecedens perceptio influit in sequentem, secundum legem quandam ordinis, quæ non minus in perceptionibus obtinet, quam in motibus. - - - Quoniam sensationes, quæ sunt eodem tempore in anima, infinitam minutiorum atque indiscernibilium cogitationum, ordine & successione demum euoluendarum, multitudinem complectuntur: inde mira non erit infinita varietas eorum, quæ successiue hinc resultare atque euolui possunt. Consequuntur ista omnia ex natura animæ repræsentatiua, qua non solum illa exprimuntur, quæ fiunt & futura sunt in corpore, sed propter exactam omnium in vniuerso rerum inter se connexionem, etiam *suo modo* ista omnia, quæ in aliis futura sunt corporibus. ,,

§. 168. Habes *verba* LEIBNITII a BÆLIO allegata & suis obiectionibus inserta, quibus hoc vult LEIB-

NITIVS:

NITIVS: *primo*, in diftinctis animæ ideis comprehendi plur ma; id experiuntur, quicunque fuas
ideas refoluunt (187) atque ad fimplicia reducere
principia moliuntur: *fecundo*, maiorem effe adhuc
multitudinem fensationum, non diftincte cognitarum; id intelligent illi, qui alteri poft alterum
fensui attendunt, atque recogitant v. g. quot fint
obiecta, vnico oculi obtutu confpecta &c. *Tertio*
maximam effe copiam perceptionum obfcurarum,
quarum nobis confcii non fimus; id norunt illi,
qui v. g. microfcopiorum ope in minutiffimis, te-
lefcopiorum opera in remotiffimis, plurima clare
fentiunt, quæ & antea perceperunt, dum rebus attenderent, fed obfcure faltim, fine confcientia (188).
Quoniam vero ifta *omnia* conftanter obuerfentur
animæ,

187) Quomodo *refolui ideæ* debeant, & poffint, logici eft
exponere; fupponendum hoc loco. *Specimina rei vi-*
deas in logica *Wolfiana* de viribus intellectus C. I. §.
18. & locis ibi allegatis, in editione quidem tertia A.
1722.

188) Idem eleganter in *Nevvtoniana* colorum theoria deprehendes, qua conftat, colores iridis effe primitiuos,
a radiis inter fefe heterogeneis productos, ita quidem,
vt fui compofitione vel mixtos colores, vel lumen producant, prout illi inter fefe commixti fuerint, vel aliqui
vel omnes. Et quis eft tamen, qui colores illos in lumine feorfim videat & diftincte, antequam ope pri-
fmatis trigoni vitrei, vel alia ratione, feparati fuerint?
Quis in *albo pariete* diftinguit obuerfa illi obiecta, dum
conclaue illuftratum eft diuerfis partibus? Difcerni-
mus illa tamen, cum obfcuratum eft; non fane, quod
nunc demum in illo fpecies rerum externarum depin-
gmneipiant, fed quod feorfim fingulæ pingantur, ra-

animæ, quatenus illa est vniuersi suo modo, (hoc
est, pro situ alicuius corporis organici in vniuerso,)
repræsentatiua; *atque singula* ad mutationes, ab interno substantiæ simplicis principio pendentes, sua
ratione, pro legibus monadum, aliquid conferant:
inde satis esse vestigiorum pro præteritis atque futuris, inter sese comparandis, satis caussæ pro diuersitate perceptionum obtinenda, satis etiam rationis
pro seruando ordine.

§. 169. Vnicum addo, quid sit illud: *pro situ
corporis organici in vniuerso*, quibus ego vocibus
Leibnitianum, *suo modo*, explicui. Scilicet id facile omnes deprehendimus, non repræsentari nobis,
dum cogitamus, res ipsas omni modo, neque pro
illa ratione vel respectu, quem habent ad res alias
præcise & immediate, v. g. ad corpus equi vel bo-
uis: verum repræsentari illas ab anima quacunque,
prout illæ respiciunt certa quædam corporis cuiusdam organa, quæ sensoria vocantur, & fortiorem
a corporibus externis impressionem recipiunt ob
texturæ suæ rationem, aut maiorem cum illis connexionem dicunt. Itaque dum anima repræsentat
M 4 statum

diis aliunde illapsis, imaginem non interturbantibus.
Vidimus igitur sane radios eosdem a pariete reflexos
(siue obscuratum conclaue fuerit, siue illustratum vndique,) mixtos autem alienis non distinximus, eoque
nec figuram imaginis, nec colores discreuimus, obscuras rerum perceptiones nacti tantum, non claras
neque distinctas. *Similia* vero *de omnibus* facile *sensi-
bus* tuis deprehendes, quodsi animum isti considera-
tioni aduertere volueris. Mihi viam in vno indicasse
suffecerit.

statum corporis vnumquemque successiue, exhibet illum modificatum pro relatione corporum ambientium, eorumque determinationibus, quæ & ipsæ denuo pendent a relationibus, quas habent ad corpora sibi circumposita: *eaque re efficitur*, vt, quoniam sic tandem omnia mutuo cohærent, & mutuo sese determinant, vt, inquam, anima nostra, dum corpus repræsentat suum, eo ipso repræsentet vniuersum mundi statum, sed suo modo, hoc est, quatenus inde pendent determinationes rerum in nostro corpore. Atqui vero illa connexio est vehementer mediata, valde remota, admodum debilis in corporibus plerisque, siue minutioribus, siue remotioribus. Igitur & perceptiones illi respondentes erunt admodum tenues, imbecillæ, debiles, inter se implicitæ, verbo, obscuræ; veræ tamen, atque in consequentes perceptionum status non minus influentes, quam ipsæ illæ rerum determinationes mutuo concurrunt ad statum vniuersi consequentem. Ista prolixius, etiam hoc loco, exposui, quoniam in eo videtur acquiescere velle BÆLIVS. Ita enim ille.

§. 170. ,, *Non multa* habeo, quæ opponam di-,, ctis: id saltim addo, hanc LEIBNITII hypothesin, si *satis euoluta* atque explicata præstetur, verum esse medium tollendis e medio difficultatibus. LEIBNITIVS pro summi sui ingenii perspicacia omnem obiectionis comprehensionem atque vim complexus, fontem detexit, qui tollendis inconuenientiis medium præbere possit. Persuasum habeo, ipsum id, quod maxime difforme esse potest in ipsius systemate,

mate, in optimam formam redacturum, & de natura spirituum excellentia producturum esse. Nemo
est, qui vel felicius vel tutius versari & progredi
possit in mundo intelligibili, atque regno veritatum. Spemque concipio, omnes impossibilitates,
phantasiæ meæ inerrantes, ipsius declaratione dissi-
patum, & difficultates solide solutum iri, tum
meas, tum illas quoque, quas R. P. Franc. Lamivs
tr. II. de la connoissance de soy - même, opposuit.
Eaque spes fecit, vt sine verborum pompa dicere
potuerim, *systema eius tanquam præstantem philosophiæ accessionem esse considerandum.* „

§. 171. Ego vero tum ex hoc paragrapho, tum
ex eo quoque, quod nulla obiectionum supplementa deprehenderim in *recentissima* dictionarii editione, colligo, Bælivm Leibnitianis responsionibus
non parum tribuisse, atque non sine caussa facilem
videri Leibnitio, ad obiectiones suas dimittendas;
de quo tamen cum nemine velim contendere. Vidimus autem hucusque Bælivm Leibnitii antagoni-
stam: nunc ecce & *apologetam*; ita enim concludit
hunc articulum.

§. 172. „ Eam vero difficultatem non vrgebis,
quod, cum in sententia Cartesianorum *vnica lex*
omnibus coniunctionibus spirituum cum corporibus suis sufficiat, Leibnitiana hypothesis id postulet, vt Deus *vnicuique spiritui propriam* imprimat;
ex quo videtur consequi, primitiuam cuiusque con-
stitutionem ab altero specifice diuersam fuisse. Nunquam sunt duo quicunque homines, qui, non dicam integro mense, sed ne quidem duobus succes-

M 5   siue

siue momentis, easdem plane ideas habeant. Vis
igitur cogitandi in vnoquoque differet regula spe-
ciali, & natura sua. Nonne & *Thomistæ* concedunt, in natura angelica esse tot species, quot sint
indiuidua? ,,

§. 173. Atqui neque hoc necessum est: manet
etiam in Leibnitiano systemate *lex spirituum vna* atque eadem, *generalis*; sed diuersimode determinata in singulis: eodem modo, quo & corporum
leges sunt eædem, sed in singulis diuersimode agentes. Non itaque a nobis requiritur, *vt specifice*
(189) inter se *differant animæ* humanæ: sufficit, vt
numerice, hoc est, determinationibus huiusmodi,
quales essentiam rei in se non ingrediuntur. Ceterum id verum est, nunquam dari in vniuerso res
duas perfecte similes, quod & LEIBNITIVS monuit
aliquoties, præcipue in epistolis ad cel. CLARKIVM,
& WOLFIVS a priori deduxit in metaphysica §. 586.
587. Ita vero arbitror, extricauimus nos *laqueis
Bælianis*, & quæ tanto ingenio difficilia, vel & im-
possibilia videbantur, nonnihil explicuimus.

§. 174.

189) Constat esse philosophos, quibus absurdum non est,
homines differre *specie*. Tabulam an fabulam prædi-
camentalem vulgarem scio hominem facere speciem
specialissimam. Verum illa ineptiis quibusdam aliis au-
ctoritatem sibi omnem detraxit. Vid. I. P. de CROVSAZ
systeme des reflexions P. I. S. III. C. V. T. I. p. 956.
957. & P. II. c. VIII. T. III. p. 1107. edit. A. 1720.
Liticula est inanis & *ridicula*, non definitis vocibus :
definitis distincte terminis est breuissima, *&* inter intelligentes, opinor, *nulla*. Idem dixero de *angelis
Thomistarum*; saluis dissentientium honoribus.

§. 174. Succedat BÆLIO R. P. *dn.* FRANCISCVS LAMY, (190) Benedictinus, Cartesiana secutus placita, qui plura huic systemati opposuit argumenta, quorum tamen *alia* sunt Leibnitiano & reliquis *communia, aliqua* vero etiam *propria.* Non contigit mihi ita esse felici, vt libelli istius copiam nancisci potuerim: vidi *Leibnitianas* (191) saltim *responsiones.* Itaque neque verba hic eius exhibere possum, quæ præterea & prolixiora forent, neque id mihi tanquam studiose factum imputari velim, si quam eius *exceptionem* argumentis principalibus *intercurrentem* silentio præterierim. Dabo tamen operam, vt, quæ is argumenta tangit suis difficultatibus, illa, quantum nostri instituti ratio tulerit, explanata præstem.

§. 175. *Primo* autem contendit hoc systema cum altero caussarum occasionalium. ,, Si duæ illæ ,,substantiæ conspirantes etiam hic factæ sunt altera ,,pro altera : non *multum* hæc hypothesis differt ,,ab hypothesi occasionalium. ,, Atqui *differunt* 1. *ipsis legibus, earumque fundamento. Cartesiani* indifferentes volunt atque omnino arbitrarias : neque aliam huic quæstioni: *quare* ad hunc motum hæc sensatio consequatur ? responsionem habent, præter vnicum atque omnino indifferens DEI beneplacitum. Negat id LEIBNITIVS, qui substantias illas ita conuenire tradit, vt altera alteram repræsentet,

190) De la connoissance de soy-même tr. II. p. 225.- 343.

191) In journ. des sçav. 1709. Suppl. du juin edit. Batau. T. II. p. 593. -- 603.

fentet, hoc eft, vt perceptiones motui coëxistentes refpondeánt etiam, & *conueniant* rebus ipfis.
Itaque alter a *voluntate* illas *vnice* deriuat: alter &
fapientiæ aliquam *in electione* partem fuiffe propugnat.

§. 176. Si *difcrimen* illud *parui pendas*, refpon-
de Bælio (192) quærenti, *quare* DEVS potius ita
legem iftam determinauerit, vt vulnera corporis dolorem excitarent in anima, cum potuiffet fic inflectere, vt nihil excitarent, nifi ideam remedii, vi-
uidumque, fed iucundum, id applicandi appetitum? Cur non effecit, vt dum corpus aliud in
hominem irruit, quod nunc mortem infert, potius
excitet ideam declinandi corpus aut partem eius, ne
feriat lapis, globus &c.? Leibnitio quidem refponfiones non defunt. Repræfentatio, nifi conueniat
repræfentato, *iufta* non eft, aut exacta: fi vulnus,
corpori inimicum, animæ gratam atque amicam
debuiffet ideam excitare, neutrum alteri refpondis-
fet. Sin omnino velis, vt folutio continui, vt
vulnus in anima repræfentatum aliquid boni atque
grati fit, fac prius, vt corpori aliquam perfectionem afferat, qualis foret, fi per eam folutionem
aliqua difficultate agendi liberaretur, cuiufmodi eft,
cum adftrictæ funibus manus foluuntur &c. Atqui
hoc fecus eft in *noftro* corpore.

§. 177. Differunt igitur ifta, quæ diximus §. 175.
Diffe-

192) Conf. hic Leibnitivm in theodicæa §. 354.-357.&
Bælivm ibidem allegatum, reponfe aux queftions
d'un provincial. Ch. 84. 166. T. 2.

Differunt autem 2. *legum istarum executione. Car-*
tesiani actiuum nihil, virtutis nihil admittunt in
creaturis (193). DEVM faciunt vnicum omnis
actionis, motus, perceptionis & sensationis auctorem. LEIBNITIVS DEO principium transscribit &
originem omnis actionis, quatenus ille vim rebus
actiuam sua voluntate & potentia impressit : rebus
autem ipsis tribuit actiones ab ista virtute communicata prodeuntes. Itaque *principium* omnium
actionum *Cartesianis* est *externum rebus & super-*
naturale : LEIBNITIO est *internum & naturale :*
quemadmodum in *systemate influxus* est *externum*
naturale (194).

§. 178. *Quanta autem* hæc differentia sit, ex eo
colligas, quod Cartesiani, ipseque etiam LAMIVS
tanto ardore pugnent contra vim rebus inditam &
communicatam: ex aduerso LEIBNITIVS tantopere aduersetur perpetuis illis miraculis, quæ occasionales
caussæ rebus naturalibus explicandis admouent, de
quo supra.

§. 179.

193) Nisi quod actiones animæ immanentes eidem subii-
ciant; magis, vt videtur, propter difficultates quasdam
ita facilius declinabiles, quam propter distinctam a
priori differentiam; de quo tamen hoc loco amplius
disserere non licet.
194) Nescio, an pace lectoris ex ista observatione *prærog*-
gatiuam sententiæ *Leibnitianæ* aliquam asserere liceat.
Vti enim naturale principium in actionibus creaturarum ordinariis, specialiter explicandis, videtur conuenientius esse supernaturali : ita internum præstare
externo videtur ; saltim iis casibus, vbi diuersa rerum
genera, spiritus & corpora, inuicem conferuntur.

§. 179. Differunt 3. *legum istarum ordine* &
perseuerantia. Diximus antea *turbari* (195) leges
naturæ etiam in systemate occasionali: siue enim
DEVS ad volitionem animæ aliquid corporibus in-
trudat noui motus, siue ipsa id efficiat sua virtute
anima, hactenus perinde est.   Atqui in Leibnitiano systemate *manent* omnia in corporibus suo ordine, in spiritibus suo, nulla alterius per alterum
turbatione facta; adeoque conseruantur sartæ tectæ-
que vtriusque leges.   Vt de aliis *non dicam*, v. g.
quod caussarum occasionalium quidam patroni, ipse
LAMIVS, Leibnitianam hypothesin modo impossibilem, modo indignam DEO &c. crediderint, adeoque satis profecto discriminis aut admiserint aut
obtruserint.

§. 180. Interim non diffitemur, *conuenire* etiam
vtrique systemati in non paucis: *quod* anima &
corpus non agant in se mutuo; *quod* connexio rerum illarum diuersissimarum pendeat ab ordine diuinitus statuto; *quod* actiones animæ immanentes
habeant principium in anima internum &c. Imo *addam* & hoc *cum* LEIBNITIO (196): transitum a systemate

195) *Ordinarie* nimirum, vel turbari saltim posse; idque
ex voluntate *creaturarum*. Moneo id, *ne existimes*, in systemate Leibnitiano asseri immutabilitatem absolutam,
cui neque *miraculis* derogare *DEVS* aut velit, aut possit. Diximus id in antecedentibus sane: sed repeti eam
protestationem, repetitæ aliorum siue quæstiones,
siue imputationes postulant.

196) V. recueil T. II. p. 157. 158. vbi LEIBNITIVS in epistola ad REMONDVM. „Je ne trouve pas, que les sentimens
du R. P. MALEBRANCHE soient trop eloignés des miens.

mate occafionali ad harmoniam præftabilitam non
effe difficilem; neque id ægre laturum fuiffe virum
maximum, ſi ſyſtema cauſſarum occaſionalium volueris in harmoniam iſtam transformare.

§. 181. „*Secundo* autem loco exiſtimat vir do-
„ctiſſimus, *animam* noſtro ſyſtemate *non effe libe-*
„*ram:* videturque libertatem etiam extendere velle
„ad ſenſationes promiſcue; fert enim ægre, dici,
„quod non dependeat ab anima, vt ſenſationes,
„quæ placeant, in ſe poſſit producere(197).„Repetam

Le *paſſage* de cauſſes occaſionelles à l’harmonie preétablie, ne paroit pas fort difficile. Un certain *M.* Pa-
rent, qui eſt de l’academie royale des ſciences, & qui a
voulu me refuter par-ci par-la, veut faire croire, que je
n’ai rien ajouté à la doctrine des cauſſes occaſionelles.
Mais il ne paroit point avoir conſideré, que ſelon moy
les loix des corps ne ſont point derangées, ni par Dieu,
ni par l’ame. Le R. P. Francois Lami, Benedictin
a auſſi voulu me refuter dans ſon livre de la con-
noiſſance de ſoi-même. Il ne m’avoit point entendu,
comme il falloit, & je crois, que ma reponſe aura été
miſe dans un des journaux de Paris.„ In iſtis vero
responſionibus, quas & antea allegauimus, ita inter
cetera Leibnitivs: „en tout cas, ſi quelqu’un veut
prendre le ſyſteme des occaſionelles d’une maniere,
qui le transforme au mien, je n’en ſerai point faché.„
Vid. p. 595. loco ante allegato in journ. des ſçav.

197) Ita enim in journ. des ſçav. l. c. Leibnitivs: „la ſe-
conde difficulté conſiſte dans une autre queſtion, ſavoir: ſi l’ame eſt *libre* dans la production de *ſes ſenti-*
mens: ou ſi elle ne l’eſt pas? --„ Et poſt pauca: „ſi j’ai
dit, (comme il allegue) qu’il ne depend point de l’ame,
de ſe donner des ſentimens, qui lui plaiſent, n’ai-je
pas eu raiſon?„ Nimirum hoc nemo vnquam aſſeruit,

tam initio, quæ Leibnitivs repofuit, deinceps addam
nonnulla in *eorum* gratiam, quibus id *dubium* videtur *formidabile*. Liberæ funt actiones animæ volun-
tariæ,

fenfationes effe fub imperio animæ, intellige directe
& immediate, vt producere gratas ex arbitrio queat :
etfi mediantibus quibufdam actionibus imperatis, &
fenfationi præfuppofitis, ab omni animæ imperio im-
munes non fint. Nefcio tamen, annon forte *iudicia*
intellexerit Lamivs, non *fenfationes :* conftat vero
etiam, quid de illis communiter, magno inter philofophos confenfu, tradatur. [Dico inter philofophos :
quod enim recentiores quidam, & præcipue theologi,
fcopo vt opinor non malo, de imperio voluntatis in
intellectum commentati, ad fententias transferre libertatem conati funt, quafi fcil. ab arbitrio voluntatis
penderet affenfus & diffenfus erga veritates, in genere, vel in fpecie gratas atque ingratas animo; id obfcure quidem dicitur, fed nihil tamen difficultatis habet.
Habet voluntas influxum, & fi vis imperium in intellectum, ficut habet in fenfus; mediatum & indire-
ctum. Poteft fe mens applicare rerum meditationi,
poteft ab illa abftrahere; poteft inquirere argumenta
pro affirmatione, quam veram optat, & tranfire filen-
tio negantia. Sed vt intellectæ demonftrationi ex voluntatis arbitrio affenfum neget, non magis in pote-
ftate habet, quam efficere, vt dulce fapiat abfynthi-
um. Dicam plura: poffumus obturare aures, vt nec
tormenti fragorem proximi audiamus. Similia de intellectu patior vt dicas. Sed vt illum directo imme-
diatoque voluntatis arbitrio ita fubiicias, vt cogentis
& attentis argumentis omnibus, etiam euidentibus, ex
arbitrio pendeat voluntatis, an vera illa effe intellectus iudicet, id nemo fecum habitans, & rerum animi fui curiofus vnquam admittet. Quid eft, argumenta cognofcere euidentia? quid confentire veritati
propofitionis?]

tariæ, quarum diſtinctas ideas habet, & quæ pendent a ratione : perceptiones confuſæ, corpori at-
temperatæ, ſiue *ſenſationes,* oriuntur ex antecedentibus confuſis, etſi anima eas diſtincte non velit,
aut præuideat. Quis autem eſt, qui & iſtas vnquam
liberas dixerit ?

§. 182. „Atqui ſtatus præſens cuiusque ſub-
„ſtantiæ eſt *conſequens naturale* antecedentis. Con-
„ſequens naturale eſt conſequens neceſſarium. „
Nequaquam vero ! *Naturale* eſt, quod naturæ rerum conuenit : *neceſſarium* eſt eſſentiale, neque
immutari poteſt. Folia naturaliter erumpunt ex
arboribus : ſed cadunt tamen. Naturale eſt, vt
ſcelerati peccent : neceſſarium non eſt. Naturale eſt
habitui virtutis, bona opera perſicere : an igitur
libera non ſunt ?

§. 183. „Influunt tamen antecedaneæ percepti-
„ones in conſequentes ſuas *ſecundum legem ordinis,*
„quæ in perceptionibus eſt, vt in moribus. „ Ita
eſt : ſed num lex ordinis iugulat libertatem ?
Nonne Deus eam legem conſtanter ſequitur ? Perceptiones confuſæ reguntur, vt leges motuum (198),
quos repræſentant : motus corporum explicantur
per cauſſas efficientes ; ſed in diſtinctis animæ perceptionibus, vbi libertas eſt, accedunt & cauſſæ finales. Interim in vtraque ſerie ordo eſt. „Je ſuis
un peu ſurpris, *ita hic finit vir illuſtris,* de ne ren-

N

contrer

---

198) Vt leges motuum, quatenus *ordinem* dicunt : in
ceteris non parum differentiæ conſpicitur, ſæpius in-
dicatæ.

contrer que des obiections, qui n'en ont tout au
plus, que l'apparence. „

§. 184. Ne mireris, LEIBNITIVM isti obiectioni
fere *indignari*. Exiſtimauit enim, hanc eſſe prærogatiuam ſuæ ſententiæ, quod nulla alia libertatem
hominis adeo extollat, atque hæc. Ita ille: (199)
„nec ſolum id non præiudicat libertati, ſed etiam
maxime fauet. Præterea cum iuxta hoc ſyſtema,
quicquid in anima confit, ab ipſa ſola pendeat, &
ſtatus ſequens nonniſi ab ipſa & ſtatu eius præſente
oriatur, ſequitur hinc, tantam eius eſſe independentiam, vt maior eſſe non poſſit. „ Idem etiam
tenent *Triuultini* librorum critici cenſores, *Ieſuitæ,*
quos ita loquentes exhibet nuperus theodicææ interpres (200): ſed horum, (quæ minus probamus)
in numero ingenioſum harmoniæ præſtitutæ ſyſtema minime profecto reponimus : etſi enim
illi ſyſtemati per omnia non aſſentiamur, at *certe,*
id *libertati* humanæ *valde fauere*, nobis eſt perſua-
ſiſſimum. „

§. 185.

199) V.theod. §.62.63. Add. & journ. des ſçav. 1695.
4. juill. p.419. Vbi de ſuo ſyſtemate : il s'y trouve
ce *grand avantage,*qu'au lieu de dire,que nous *ne ſommes libres qu'en apparence*, & d'une maniere ſuffi-
ſante à la pratique, comme *pluſieurs* perſonnes ont
cru, il faut dire plûtôt, que nous *ne ſommes entrai-
nés qu'en apparence,* & que *dans la rigueur* des expres-
ſions metaphyſiques nous ſommes dans une parfaite
independence à l'égard de l'influence de toutes les autres creatures.

200) In *monito,* quod ſuæ *verſioni* præmiſit. p.*3. & *4.
de quibus vide infra §.192.

§. 185. Explicemus *primo* veritatem rei, *deinde* obuiemus quoque obiectionibus. Illud *agens* rationale *liberum est, in quo* deprehendimus cognitionem actionis suæ, in sese contingentis; *quod* ipsum, cum essentialiter & naturæ suæ necessitate ad alterutrum oppositorum determinatum non sit, ab externo etiam principio determinante immune est; *&* sese ipsum pro argumentis suadentibus, & appetitum sua bonitate (201) inclinantibus quidem, non vero necessitantibus, determinat ad agendum, vel non agendum, agendum hoc vel illud. Nimirum, *quatenus actio* in seipsa contingens; *motiua* actionis inclinantia quidem, sed non tamen necessitantia; & *agens ipsum* essentialiter ad alterutrum oppositorum determinatum non est: *eatenus liberum* erit *a necessitate,* quam dicimus, *intrinseca. Quatenus principium* determinationis agenti est intrinsecum: *eatenus* est liberum a necessitate, quam vocamus *extrinseca,* & coactione. *Quatenus cognita* est actio; & a *finalibus* caussis mouendo, inclinandoque agenti persuasa: *eatenus* neque *mechanica* est, neque nude *spontanea;* quales siue in machinis, trudendo actis, ab efficientibus caussis, non pellectis, suadendo, a finalibus; siue in animalibus brutis, cognitione intellectuali simul, atque fina-

N 2   lium

201) *Distincte,* vel *confuse,* vel & *obscure* cognita. Neque enim conscii semper sumus omnium argumentorum; quod in solis obtinet distinctis, & claris conceptibus: in obscuris, etsi mouentibus, & ad communem effectum concurrentibus, non item. Caussas pete ex natura *conscientiæ* huius distinctius explicanda.

lium cauſſarum conſideratione deſtitutis, deprehendimus. Iam, ſi placet, *num ille liber eſt*, qui inter
plura abſolute contingentia, adeoque poſſibilia,
poteſtatem in ſe habet eligendi & agendi id, quod
maxime probat, quod maxime ipſi placet, quod
optimum putat, quod maxime voluntatem allicit,
& *inclinat* ?

§. 186. Iterum dico *inclinat*: non, *neceſſitat*,
vt enim certum ſit in *philoſophia* LEIBNITII, voluntatem conſtanter & certiſſime ſelecturam eſſe illam
partem, in quam inclinatur fortiſſime; vel, exqui-
ſitius loquendo (202), in quam propendet maxime:
nullam tamen ex eo *neceſſitatem* conſequi exiſtimo,
certi-

---

202) Non diffiteor, *pleraſque* de anima & ſpiritibus *locutiones* receptas eſſe rebus quidem ipſis parum, ſed in-
ſinuandis tacite erroribus exquiſite accommodas. Sic
dum *inclinari* voluntatem *a motiuis* dicimus, locutione a corporibus transſumta, animam quaſi *bilancem*
concipimus, ab accedentibus aliunde ponderibus, a ſe
diſtinctis, inclinatam eo, vbi preſſionis momentum
fortius eſt. Atqui non ſunt *externa* animæ motiua,
ſunt diſpoſitiones ipſius animæ, ſunt ipſius animæ
perceptiones, atque in diſtincta cognitione intellectus
iudicia: ita vt *æquipolleant locutiones, ſiue* diças, motiua in hanc vel illam partem conſideratis omnibus
fortiora eſſe, aut fortius vrgentia voluntatem, *ſiue*,
animam hominis mage diſpoſitam eſſe ad eligendam
hanc vel illam partem, magis illam propendere, con-
niti impenſius ad hanc vel illam ſenſationem producendam, quam aliam. Vide, ſi placet, amœbæa
LEIBNITII atque SAM. CLARKII, maxime in principiis
ep. v. & reſp. v. & in annotat. clariſſ. viri LVD. PHIL.
THVMMIGII ad vltimam CLARKII epiſtolam, §. ſtatim
1. edit. german. p. 243. ſeq

certitudinem sequi facilis admitto, & vrgeo (203).
Scilicet, *motiua* voluntatem pellentia *nunquam
tanta sunt*, vt positis illis *impossibile* sit, actionem
non consequi; non sunt igitur necessitantia : *ea tamen* est animæ natura, *vt nisi* alia in diuersam partem
argumenta prioribus opponantur, fortius mentem

N 3

per-

203) Amabo te, lector beneuole, si animum attendas ad
distinctionem; peruulgatam profecto, sed vereor, vt satis explicatam communiter. *Negamus* sane, & optimo
id quidem iure, *necessitatem* actionum futurarum; negamus indeterminationem quoque futurorum contingentium. *Illud* argumentis *moralibus*; hoc ducti *metaphysicis*, præcipue illis, quod, nisi determinata sit fu-
turitio rerum, præscientia subsistere diuina non possit.
Iam, si placet, attende *determinationi futurorum*, quid
illa sit? Vnde pendeat? Quid a necessitate differat?
Quid ab indeterminatione actus? Quomodo fundare
præscientiam possit? Et cum libertate agentium conspirare? Et quænam futurorum determinatio id possit? Quæ non possit? Quæ sit obiectiua rerum certi-
tudo? Quod infallibilis & determinatæ Dei præscientiæ, in rebus ipsis, fundamentum? Et quæ sunt similia,
de quibus hoc loco pluribus agere non conuenit. Obiter tamen moneo, num forte existimes, POIRETVM cum
Socinianis negare præscientiam peccati; quoniam in
absoluta, quam tuetur, voluntatis liberæ indeterminatione & indifferentia fundamentum præscientiæ
nullum obseruauerit? Conf.in theod. LEIBNITII §.369.
eidemque contende dicta §.364. *Vtraque* per te ipsum,
ni graue sit, examina. [Tum vero & nostra expende,
quæ diximus in dilucidationibus philosophicis de
DEO, anima & mundo, S. I. C. 4. integro, vbi de
futurorum determinatione plura inuenies determinate dicta, quam passim alibi leguntur.]

percellentia, *certiſſime* hanc actionem ſuſceptura ſit
ſuo arbitrio.   Ita intelligo verba Leibnitii in theod.
§. 371. „Iam vero cauſſæ omnes internæ externæ-
que ſimul ſumtæ faciunt, vt anima certo, ſed non
neceſſario ſe determinet : non enim contradictionem implicaret, eam ſeſe aliter determinare, cum
voluntas inclinari poſſit, non neceſſitari.,,

§. 187. Abſtinui a voce *indifferentiæ,* nimium
ambigua ; cuius aliquem ſensum negamus, retine-
mus alium.   *Audi,* ſi placet, Leibnitivm : „ſtat
itaque libertas contingentiæ, inquit in theod. §. 46.
vel etiam quodammodo indifferentiæ, ſi per indifferentiam intelligatur, nihil eſſe, quod ad alterutram partem nos neceſſitet, ſed non datur indifferentia æquilibrii, i. e. talis, in qua omnia vtrinque
perfecte ſint æqualia, nec maior ſit alterutram in
partem inclinatio.,,   Quibus omnino verbis conſentiunt, quæ ſuo olim præſidio dignatus eſt cel.
Ienenſium theologus, Io. Franc. Bvddevs, in ea
quidem diſſertatione, quæ in Leibnitianas de origine mali ſententias ex inſtituto conſcripta eſt; capite enim III. §. XV. p. 90. ita lego.,, Equidem,
quod dicitur libertatem voluntatis non id importa-
re, ac ſi ad vnum eadem ratione ac ad alterum in-
clinaretur, imo contradictionem hoc inuoluere *,
cum *ſemper* ratio adſit, *cur* vnum *præ* alio eliga-
mus,

---

* Equidem hic plura conceduntur Leibnitio, quam is
   vnquam vel ſomniando poſtulauit. Non enim dixit,
   contradictionem id inuoluere, vt animus ad vnum eadem ratione ac ad alterum inclinatus ſit.   Hoc dixit,
   nullum *in natura* caſum *dari,* vbi hoc obtineat. Ce-

mus, *bene* se habet. „   Et gemina prioribus sunt
verba Rintelensis quoque theologi, FRID. GVIL. BIER-
LINGII, qui in dissertatione de origine mali p. 10.
aduersus indifferentiam *Kingianam* inquit: „istius-
modi libertas indifferentiæ est res imaginariâ, &,
dum homo eligit, voluntas inclinatur, *aut* per affectus, *aut* per rationes, quæ non semper æque
sensibiliter percipiuntur, sed tamen *semper* adsunt.
vid. annot. illustr. theod. auctoris ad librum de
origine mali. „   Sic ille *.

N 4   §. 188.

tera nihil in illo contradictionis est, si quis supponat,
animæ quasi in centro circuli positæ optionem dari,
vtrum velit semicirculum eligere ? Hoc dicimus,
quod eo in casu animus ad vnum eadem ratione ac ad
alterum inclinatus foret; quodque adeo nullum electionis exclusiuæ momentum adesset, neque consequeretur talis electio.

Sic & alii, aduersus KINGIVM, cui tribuitur, quod
ad libertatem requirat, vt per argumenta mouentia,
etsi cognita & attenta, voluntas tamen in æquilibrio
relinquatur.   Nostri communiter sic dicunt, inclinari voluntatem ab argumentis mouentibus, vt in alteram magis, in alteram minus propendeat partem,
sed tamen sua deinceps potestate seligere nunc illam
partem, nunc hanc quoque pro suo lubitu.   Equidem, si sententia excutiatur profundius, in momento rei non multum hic discriminis versabitur : atque
id, si placet distincte ipsam rem, non verba solum
attendere, non difficile erit agnoscere.   Motiua voluntatem allicientia seu obiectiue spectantur, seu
subiectiue. Obiectiue nemo, neque KINGIVS, vir sapiens, dixerit, rei merita semper esse in æquilibrio,
neque si omnia colligas, neque si illa sola spectes,
quæ cognoscuntur. Subiectiue spectantur vel vt re-

§. 188. *Prolixa* sane *digressio* foret, si enumerare vellem omnia, quæ ad naturam libertatis explanandam

præsentantur in intellectu, & iudicantur mereri approbationem in voluntate, vel vt agunt in ipsam voluntatem, efficientia appetitum vel fugam eius : illo sensu neque KINGIVS æquilibrium libertati præuium postulabit. Verum hoc sensu, quo non obstantibus argumentis e. g. in affirmatiuam maioribus mens negatiuam apprehendit, credo in re ipsa fere idem fore, siue indifferentiam statuas æquilibrii siue exercitii. Quid enim? *Ibi* dicitur, non obstantibus meritis caussæ maioribus ad appetendum, etiam cognitis, voluntatem æque ad vnum ac ad alterum se posse determinare, esse illam maioritatem voluntati extrinsecam, consistere in solo intellectu, voluntatem esse adhuc æquilibratam, & ire, quo eat, ex intrinseca sui determinatione. *Hic* vero dicitur : esse in intellectu maioritatem pro vna parte, hanc maioritatem afficere voluntatem ipsam, eamque ad alteram præ altera partem inclinare : sed ipsam tamen ex suo quodam iure, etsi propendeat fortius in dextram, sine noua accedente caussa ire ad sinistram.

Fateor, me non comprehendere, quid hic magnopere lucremur. Posset videri, per sententiam, quæ motiua considerat vt voluntati extrinseca, & in æquilibrio illam relinquentia, excludi posthac consilia, suasiones, præcepta &c. quoniam illis licet positis voluntas maneat in æquilibrio. Nego autem id consequi ex sententia : etsi enim motiua hæc voluntatem pro libertate sua physica relinquant in æquilibrio, posset ipsa se determinare ad amplectendam partem illam, quæ meritis potior esset, adeoque ex æquilibrio venire ad decisionem per duplex decretum, generale vnum, quod agere velit ex meritis caussæ, & alterum speciale, quod hoc agere; vbi inter vtrum-

nandam vtilia exiſtimo (204). Generaliter hoc dico: *tres* ſunt mihi ſententias de libertate humana *ex-*
aminandi viæ: prima, vt inueſtigem, num ea *omnia*
& ſola complectatur definitio, quæ per *experienti-*
am, circumſpecte inſtitutam, deprehendimus;
altera, num ea comprehendat, quæ *ſufficiant* con-
ſequentibus libertatis *moralibus,* præmiis, pœnis,
conſultationibus &c. fundandis atque tuendis;
tertia, num quid intercedat, *veritatibus* aliunde
cognitis, etiam theoreticis & generalibus, *aduer-*
ſum & repugnans? Neque deprecor id examen,
quodcunque eligas; puto ſententiam noſtram, dextre intellectam, & in vniuerſa compage ſpectatam,
N 5
ſuſti-

que decretum intercederet iudicium intellectus, ea fere methodo, qua ciuitatum conſtitutiones per duplex
pactum & intermedium decretum fieri concipiuntur.
Neque vero abſurdus hic proceſſus eſt, quin ipſa libertatis natura & vſus in eo conſiſtit, vt generaliter
animus ſit indifferens ad actionem hanc vel illam; vt
generaliter ſibi ſerio & ſæpe dicat, velle ſe illam ſubinde partem eligere, quæ optimis cauſſæ meritis
commendetur; vt merita examinet; vt vel dubiis illis
ſuſpendat, vel pro melioribus ſuſcipiat actionem.

204) Erit alio *fortaſſis* loco & tempore facultas nobis, edis-
ſerendi iſta prolixius: atque ex illis obligationum, im-
putationumque, & legum, præmiorum quoque & pœ-
narum conceptibus, quos & naturales & diſtinctos eſſe
arbitramur, lucem negotio aliquam commodandi. Cœ-
terum, ſi placet, expende dicta LEIBNITII theodic.
67. - §. 75. [Diximus prolixe omnia in dilucidationibus philoſophicis, ſæpe citatis, & A. 1725. excuſis,
quas proxime cum annotationibus quibuſdam noſtris
recudi continget.]

suſtinere ſingula. Morales quidem conſiderationes, medio hic loco collocatas, euoluere inpræſentiarum non licet: ſed ne contemtum interpreteris ſilentium, accipe hanc ſententiam. *Abſtineat a ſyſtemate Leibnitiano, quicunque noxium illud in practicis exiſtimat: malo, non poſſis tueri, & conciliare principia quædam theoretica, ſyſtematis fulcra; quam vt fundamenta morum luxes, & male feriatorum hominum licentiæ patrocineris**!

§. 189. *Obiectiones*, quibus *hoc loco* attendendum reor, breuiter has habe. Videtur inferre *neceſſitatem*, eoque extrudere rebus *contingentiam*, & mentibus exuere *libertatem*, quicunque ſtatum conſequentem ita ex antecedaneo deriuat, vt *nihil fiat ſine ratione* ſui antecedanea *ſufficienti*. *Præterea* in corporibus ferri omnia legibus mechanicis, eoque neces-

---

* Si ſuſpicionibus locum eruditi faciant, nihil tutum eſt. Credidi, me rem optime agere, quod, cum de rei veritate pluribus hic diſceptare non liceret, de momento ſententiarum tamen ita deciderem, vt appareret, me plus tribuere neceſſitatibus practicis, quam ſpeculationibus abſtractis. Eam vir eruditus cautelam ita interpretatus eſt, ac ſi ego cauſſæ diffiderem. Laudauit confeſſionem iſtam, ſed vertit ſimul contra ſententiam. Id vero ex hoc loco optime diiudicari poteſt, an ego de cauſſæ bonitate, aut de meæ mentis innocencia dubitauerim; an potius ad lectores minus bene inſtructos, vel minus bene affectos, verbo ad conſcientiam eorum erroneam, vel & ad palliandam abſtractis dogmatis animi malitiam pertineat, quod hic ſollicita cautione, & ſcopo plane optimo admonui.

necessariis : quodsi adeo & mutationum in anima
consecutiones oriantur similibus, & consentientibus regulis, eandem quoque in anima necessitatem
fore; *mechanismum* vtrinque eundem, libertati e
diametro aduersum &c.

§. 190. *Speciose* ista, *donec euoluantur* distincte
singula. Sed accipe summam rei. (1) *Necessaria*
illa actio *non est*, quæ ex statu antecedaneo *contin-
gente*, legibus etiam necessariis consequitur: est in
se ipsa contingens, ex contingenti oriunda; si necessariam dicere velis, est *hypothetica* tantum *necessitas, ex conditione* tamen antecedenti, sed *contin-
genter posita*. *Nulla* igitur propria *rebus & intrinseca* necessitas inferetur, etiamsi rationem illam sufficientem non solum, sed omnino necessitantem
Leibnitivs statueret, *quamdiu* sustinet, existentiam
huius mundi, & statum adeo primum, a quo ce-
teri consequuntur, esse contingentem; quod alium
atque alium condere diuina potentia mundum potuisset, nulla in ipsis rebus repugnantia obsisten-
te *. Sed neque necesse est, obseruationi illi insi-
stere ;

* Duas §o antecedenti obiectiones vides, quibus duas
hic responsiones oppono: de contingentia primam,
secundam de libertate. Falsus igitur est vir eruditus,
qui mihi publice imputauit, quod ad obiectionem de
libertate responderim, esse actiones non absolute
necessarias. Si hoc fecissem, fuissem vtique promeri-
tus, vt lectores crederent, pulmentum mihi pro cerebro esse. Sed non sum adeo bardus. Cur non at-
tenditur numero & discrimini obiectionum ? cur
omittuntur verba immediate hic sequentia ; quibus
dico non esse necessum, vt huic responsioni insistam?

stere; nam (2.) *falsum* est, rationem *sufficientem esse necessitantem,* aut leges successionum *certas* esse simul *necessarias.* Vt id intelligas, attende, ex Leibnitiana mente, & §. nostro 185. rationes, quæ sufficientes sunt ad mouendam voluntatem meam, dum aliæ fortiores ipsi non proponuntur, non tamen tantas esse, vt contradictionem inuoluat, positis illis non agere voluntatem : esse tales tamen, vt, positis illis, neque oppositis aliis æqualibus, vel fortioribus, certum sit, illas animo actionem persuasuras esse. Vnde (3.) *nec hypotheticam* quidem *necessitatem* hic locum habere aliquem, perspicies. Namque positis licet præsentibus motiuis omnibus, *necessarium* non est, vt anima illa sequatur; [saltem potest suspendere actionem, & denuo examinare præsentia caussæ merita, & anquirere plura, & eorum ope priorem nisum corri-

Cur mihi tanquam res **noua**, vel mihi saltim incognita, aut non attenta ingeritur, confundi sic necessitatem constitutionis primæ, & necessitatem consecutionis ? Cum ipso hoc loco & distinctis quidem numeris ego prior doceam, quid differat prima constitutio contingens, & consecutio subsequentium statuum contingens. Ostendat mihi vir doctus locum vel vnicum, qui *ante hanc meam* scriptionem distincte illud discrimen euoluerit, & in scripto quoque publico ad hanc caussam applicuerit. Itane ergo, quæ ipse ego prior distincte docui, verti in me ipsum quasi illa confundentem debent; & responsiones primo obiectionis membro datas detorquere ad secundum licet, vt circumspectissima scriptio ab lectoribus habeatur pro absurdissima ? Absit, vt ego aliis, aut ipsi viro doctissimo faciam similiter !

corrigere]; vt tamen, quoties decidit, fortiora sequatur, *naturale* est & conueniens. Recte LEIBNI-
TIVS in theodicée §. 53. ,,Quant à la liaison des
,,causes avec les effets, elle incline seulement l' a-
,,gent libre, sans le necessiter, ainsi qu'elle ne fait
,,pas méme une necessité hypothetique (205).,, Vt
igitur *antecedanea* sit conditio, ex qua animæ determinatio præsens consequitur, est *intrinseca* primo;
deinde

---

205)Sunt *aliqua* hoc loco addita prioribus,in quibus hærere possis, aut accusare fidem nostram,nisi illa decla-
rentur quoque. Ita enim lego : ,,si non en joignant
quelque chose de dehors,savoir cette maxime méme,
que l'inclination prévalente reüissit toujours.,, Atqui
adiungimus eam regulam : ergo hypothetica locum
habet necessitas! Hic vero *distinguas* velim *hypotheticam* alicuius *propositionis* necessitatem,quatenus con-
clusio est, & quatenus consideratur vt quæstio. Certum est, in bono syllogismo ex duabus præmissis, etsi
contingentibus,*conclusionem* sequi*necessario*;non vero
*necessariam.*Primum pertinet ad necessitatem *hypotheticam conclusionis,*quam LEIBNITIVS admittit verbis vltimis : secundum ad *hypotheticam quæstionis,* quam negat in prioribus. An illa *bona* sit *distinctio,* quære ex
hominibus *logicis :* & meditare illud ARISTOTELIS ana-
lyt. prior. L.I. c.XIV. ex distinctione Paciana. Ibi *philosophus :* ,,cum A. contingit omni B. & B. contingit
omni C. syllogismus erit *perfectus,* quo colligetur A.
contingere omni C.,, Perfectus autem syllogismus in-
sert conclusionem necessario; syllogismus ex contingentibus duobus infert contingentem, non vero necessariam : illa necessitas ad *formam* pertinet ; contingentia hæc ad *materiam.* Atque ita, nisi fallor,
consentit sibi LEIBNITIVS, neque tollit altera manu,
quod priori posuerat.

deinde est *inclinans* solum, non necessitans; tertio
est *moraliter* & suasiue *agens*, non pellens aut tru-
dens mechanice.

§. 191. Nimirum quod *secundo* ad *harmoniam*
attinet, qua *corpori* connectitur : ex antecedentibus memineris. (1.) Ipsas *leges mechanicas falso
necessarias* supponi a philosophis, siue incautis nonnihil, siue Spinositticis. Esse & illas *contingentes*,
neque ex essentia corporis, fonte necessario, pro-
fluas, *primus*, quod sciam, LEIBNITIVS monuit &
ostendit. (2.) Vt in corporibus *mechanismum*
recte vrgeas, *in anima* consentiente *nullus* est : est
tamen id, quod in mechanismo pulcrum est; ordo
nimirum consecutionis, formulam aliquam agendi
generalem, motibusque corporum harmonicam ex-
primens. Quam in rem elegans est locus LEIBNITII
in theod. §. 403. superius allegatus ad §. 152.
eidemque consentiens alius. Recueil. T. II. p. 406.
Mechanismus vero (3.) libertati *opponitur*, quatenus
cognitionem negat, & bruto more, actam ab *extrinseco* pellente, substantiam indicat; talem in anima
nullum vnquam admiserit LEIBNITIVS. Vt igitur
consentiant mechanismo corporum externo actiones animae, mechanicae ea caussa non sunt (206).
§. 192.

206) Non possum non *indolere* recepti in philosophia *defectus*, quo *vocabulis* iudicia alligamus ea conditione,
vt auditis vocibus iisdem, etsi *correctis*, & veneno per
sapientiores exutis, eandem constanter sententiam
pronunciemus. Fuerunt, qui *mechanicam* animae necessitatem imposuerunt ita, vt negarent esse spiritum,
cogitationes ex materiae motu & figuris deriuaturi,

§. 192. *Diximus* illa *strictim*, quod enarratio plenior sit instituti alterius. *Sufficiunt* tamen, vt intelligas, non male *Triuultinos* librorum criticos censores *Iesuitas*. Dum Iesuitas dico, liberi arbitrii defensores maximos dico. Ita illi loco ad §. 184. allegato inter alia: ,,si *quæcunque* de infallibili electione optimi toto lucubrationis suæ decursu disseruit, vnum in conspectum colligantur omnia, comperietur nihil dixisse, quod *theologos* libertatis arbitrii tuendæ *quantumuis* studiosos magnopere terrere

leges motuum ipsas, quibus istæ cogitationes a materia procedant, absolute necessarias rati, actionibus omnibus a principio externo, sed nobis ignoto, suspensis, sic, vt non mage mea sit actio, quod scribere velim, quam est lapidis, quod descendere nitatur, aut in barometro mercurii, quod aucta aëris grauitate, eleuari incipiat. Recte enim vero *cohorreas ad eiusmodi mechanismum*, & internecionem libertatis tuæ præuertas. Sed vero, expelle *vocabulo* illo, quæ *falsa* sunt, & ingratiis naturæ obtrusa, *necessitatem* brutam simul atque absolutam; deme principium pellens *externum*, cum de anima cogitaueris: assere spiritualitatem, & relinque agenti *cognitionem* facti, concede *potestatem* determinandi se ipsum; & adiunge id *vnum*, sequi eas determinationes *ordinem*, sic vt ex vna repræsentatione nascatur altera non minus ordinate, quam ex motu motus consequitur, etsi *diuerso* operandi modo vtrumque. Tum, si placet, *machinam* appella *spiritualem* id agens tuum; dic, eius mutationes *concordare* mutationibus corporum *mechanicis;* tuere, formulam *automati spiritualis*, in quo *eminenter* existat, quod in mechanismo elegans & pulcrum: nihil, opinor, illos tua locutione & sententia *offenderis*, qui ex sensu magis quam vocabulo pronunciant.

terrere debeat. Contendit ergo voluntatem *vni-uersim* ad alterutram partem *nunquam* deflectere, *sine* ratione mouente; - - - - at simul inculcat frequentissime, voluntatem *nulla vera* necessitate ad partem, quam amplectitur, adigi, posse affectui genioque suo resistere, posse eundem expellere, atque in oppositam partem diuertere, non rapi inclinationis suæ pondere, sed ei liberrime cedere.,, Verum ex diuerticulo in viam.

§. 193. Redeamus ad argumenta *Lamyana.* ,,*Tertium* hoc est: ,, id systema *non esse DEO di-* ,,*gnum & sapiens.* Si vino se quis ingurgitet, vt ,,spirituum animalium ordo interrumpatur, num id ,,verosimile est, eiusmodi extrauagationes non esse, ,,nisi naturales animæ consecutiones, & quod ea ,,re sequatur ipsa leges consecutionum a DEO sibi ,,latas? Quam id sapientiæ diuinæ honorificum fo- ret?,, *Miror,* hæc opponi a *Cartesiano.* Num il- lud magis verisimile est, & sapientia diuina di- gnum, vt & ille spirituum animalium turbam fa- ciat, & animæ extrauagationes producat? Num, in *systemate vulgato*, id magis conueniens diuinæ sapientiæ, vt animam influxui corporis subiiciat, quo fiat, vt nimio vini vsu turbatis spiritibus ani- malibus, aut medicamento, vel aliis occasionibus irritatis iisdem, deinde turbetur aut plane in furo- rem agatur anima? Nonne in nostro systemate an- tecedaneorum in corpore actuum repræsentationes confusæ sunt in anima quoque? Num igitur aliter fieri potest naturaliter, quam vt repræsentationes in illa tales consequantur ex iisdem, quales in

corpore

corpore motus confequuntur ex motibus antecedentibus ?

§. 194. *„An igitur ita fequitur leges a DEO*
„fibi latas„? Audi Leibnitivm: „natura animæ &
„corporis eſt corrupta. Itaque dum naturam ſuam
„anima ſequitur, non ſemper ſe diuinis legibus
accommodat: *corruptio* illa eſt *libertatis conſe-*
quens. Atqui hoc non magis ad noſtrum ſyſtema
pertinet, quam ad cetera quoque omnia. *Cauſſam*
mali hic non inquirimus. Num pro *Manichæis* pu-
gnabit Lamivs, quod confuſio diuinis inducta ope-
ribus ſapientiam ipſius dedeceat ? Nonne cum Av-
gvstino potius concedet, confuſionem adparen-
tem eſſe maiori ordine correctam„ ? Ita Leibnitivs
(207).

§. 195. *„Non ſunt* autem iſtæ harmoniæ leges
„ſapientes. Entia quæcunque tendunt ad ſui con-
O
„ſerua-

207) Supplem. du journ. des ſçavans. juin. 1709. p. 597.
598. Neſcio vero, num ambiguitas in voce *legis* deli-
teſcat. Non ſane accommodat ſe anima diuinis legibus, cum peccat; ſanctæ nimirum illæ ſunt, & a ſce-
leribus remotiſſimæ. Sed abutitur ea facultate, quam
a diuina voluntate accepit, examinandi motiua, &
determinandi ſe in eam partem, quæ fortius ipſam
afficit. Morem illum, in ſe ipſo intáminatum, ſeli-
gendi, quod fortius mouet, aliquando legem dicimus, quam ſequitur anima; non quomodo præceptum philoſophi legem vocant, ſed quo ſenſu ordinem quoque & conſuetudinem. Sequitur igitur ſuæ
naturæ conſuetudinem anima, dum cedit motiuis
(non melioribus ſane, ſed) fortius appetitum vrgen-
tibus: in eo diuinum transgreditur præceptum, quod
meliora prioribus non opponit, attenditque, & exa-
minatis obſequitur.

,,feruationem: atqui funt corpora, papilionum
,,v. g. quæ candelæ aut igni appropinquant, dum
,,comburantur: funt animæ, quæ fe præcipites
,,dant in moleftias. *Ridiculam* vero legem, quæ
,,faciat, vt anima bonam deferat cogitationem,
,,dum acu pungitur!,, Atqui hoc commune eft
omni fyftemati! Quid vero *ridiculum* in eo eft, pa-
pilionem, dum calefieri appetit, igni propiorem
factum, comburi? *Quid* in eo *mirum*, fi ad appetitus inordinatos, quos affequi non poffis, triftitia
confequatur? *Quid* in eo *minus fapiens* aut indignum DEO, quod corporis mutationibus animæ
repræfentationes refpondeant & congruant? Num
præftabilita harmonia plus perfectionis animæ largiri debet, quam ipfa DEI immediata actio in fyftemate tuo? Ceterum *alio loco* id exponendum eft,
vnde imperfectiones, & qua via in fyftema mun-
danum irrepferint?

§. 196. Quartum eft ,,*DEVM non poffe* facere
,,automatum, quod fine ratione præftet id, quod
,,homo facit cum ratione.,, Atque hic fufficit
LEIBNITIO, allegaffe *automatum* diuinum *artificio-
fius* eo, quod poftulat obiectio. Id, inquit, quod
foetum format, artificium eft, quod multo ea omnia
exfuperat, quæ hominum ratio perficit: neque illi
comparari poteft *poëma* elegantiffimum, neque *difcurfus* quantumuis iudiciofiffimum. Agnofco fane,
id fieri per diuinam *præformationem*: fed idem obtinet in harmonia quoque præftabilita.

§. 197. Nefcio quidem, num *fpecialia* hic LA-
MIVS alleget: funt autem illa, quæ hic maxime in
con-

considerationem venire poffunt, *præcipue duo : alterum*, quomodo in humani corporis machina repræfentari poffint *propofitiones generales*, quas anima format & cogitat; *alterum*, quomodo illa, nullo fuppofito animæ influxu, *fyllogifmos* loqui & propofitiones, fiue id, quod propofitionibus in corpore refpondet, inter fe coniungere queat? Ad quæftiones igitur iftas generalem LEIBNITIVS, (208) fed elegantem atque determinatam acutiffimus CHR. WOLFIVS refponfionem dedit, quam *compendio* expofitam dabo, ne quam tranfiiffe videar ex difficultatibus grauioribus, & publice motis.

§. 198. Scilicet, id *cognitum* fuppono, quicquid rerum in vniuerfo eft, id effe eiufmodi, vt in quibufdam conueniat, in quibufdam differat, atque adeo nonnulla fint eiufdem fpeciei, alia fint eiufdem generis. *Sumo* etiam, id aliunde (209) le-

O 2   ctoribus

208) V. repliq. aux reflex. de Mr. BAYLE. Recueil T. II. p. 399. ,,Le corps eft fait en forte, que l'ame ne prend jamais des refolutions, où les mouvemens du corps ne s'accordent; les *raifonnemens* mêmes les plus *abftraits* y trouvent leur jeu, par le moyen des caracteres, qui les representent à l'imagination. En un mot, tout fe fait dans le corps, à l'egard du detail des phenomenes, comme fi la mauvaife doctrine de ceux, qui croient, que l'ame eft materielle, fuivant EPICVRE & HOBBES, étoit veritable : ou comme fi l'homme même n'etoit que corps, ou qu'automate. &c.,, *Wolfianas* vero explicationes ordine expofitas v. metaphys. §. 832. - 843.

209) Ex metaphyfica nimirum Wolfiana, vel & ex *attentione* ad rem præfentem, quæ veritates illas abunde do-

ctoribus meis conftare, quod *phantafiæ* noftræ is
agendi modus fit, vt fi quas res in quibufdam ter-
tiis conuenire obferuauerimus, illa pofthac occafione alterius ideæ alteram quoque reproducat; id
quod in difcurfibus familiaribus manifeftum eft ex
tranfitu, quem facimus, a materia ad materiam.
Vbi hoc factum fuerit, *memoriæ* beneficio ideam
iftam veterem denuo agnofcimus.   *Tum* vero veterem atque nouam combinando, id, quo conueniunt, detegimus, atque fic *ideas generales* atque
vniuerfales formamus : conceptui vero ifti *generali*
vocem alligamus, cuius ope deinceps id, quod in
rebus fpecificum & generale eft, defignamus. Cognitio igitur *vniuerfalis* iuuatur, & propofitiones
abftractæ pendent a *vocibus*, vel *generaliter fignis*
iftis, quibus id, quod in rebus commune eft, a
proprio fecernimus.   Itaque mirum non eft, repræfentari illas poffe fuo quoque *modo* in corpore.
Sed progrediamur ad fpecialiora.

§. 199. Dum primo rem *præfentem percipimus*,
notum eft, in cerebro motum oriri: & continuari
illum ad membra, loquelæ organa, atque ibi nouum excitari motum.   Id origo vocum probat:
nifi enim ex rerum afpectu conatus nafceretur ad
producendum fonum, nunquam homines loqui in-
cepiffent (210); fed neque infantes inciperent hodieque.

cere poteft illarum rerum curiofos, quos non omnia
latent, quæ domi aguntur.

210) *Obiter* moneo, ne ex ifto argumento incauti *fer-*
monem naturalem inferant.   Falleretur, qui diceret:
quoniam ex afpectu rerum conatus ad producendum

dieque. Ille sonus auditus nouum in cerebro motum producit : vt adeo bini motus in cerebro coniungantur, alter ex sensu rerum ortus, alter ex sensu soni, seu vocis. Atque ita fit, vt alter in cerebro excitatus & alterum excitet : namque & hic nihil video incommodi, quare fieri non possit, vt duorum motuum semel combinatorum aut aliquid commune habentium, altero excitato excitetur alter quoque. *Istis vero præmissis*, omnia obtinuimus *in corpore*, quæ *necessaria* sunt cognitioni *generali, suo modo* repræsentandæ.

§. 200. *Excitatur* sensu rerum præsentium in corpore, & cerebro meo, *motus : habet* hic aliquid *commune* cum alio, qui olim excitatus fuit : itaque & *ille excitatur.* Iam in motu cerebri præsenti habes & id, quod *vtrique commune* est, & id, quod proprium : habes igitur & id, quod *ideæ generali respondet. Motus ille cerebri*, qui vtrique hic *communis* est, non minus *influit* suo modo *in organa* loquelæ, atque singuli hi motus rebus re-

O 3 spon-

sonum aliquis in homine cooritur ; ergo in omnibus idem oritur, ergo sonum omnes eundem edent ad conspectum rei eiusdem. Pendent illa sane ab infinita circumstantiarum in organis maxime auditui, & loquelæ aptatis, varietate. Neque facile plures iisdem rebus eosdem quoque sonos alligarent, nisi auditos antea ab aliis : non sunt igitur certi a natura soni rebus destinati, & hominibus, etiamsi attenderent, obseruabiles. Cetera de sermone philosophiam, id est, *grammaticam vniuersalem*, numeramus in *desideratis :* prima disciplinæ stamina vid. in metaphys. Wolfiana §. 291-315.

spondentes : itaque & ille coniungitur voci & *sono peculiari* atque adeo & nouo in cerebro motui. Ita oritur *vox* aliquid *commune significans*, ad quam producendam *toties* in corpore conatus est, *quoties* vel obiectorum præsentium vel phantasiæ opera motus ille producitur in cerebro : & quæ ipsa etiam, quoties audita motum, sono respondentem, cerebro imprimit, alterum illum motum, olim voci coniunctum, reproducit. *Id igitur est*, quod *in corpore* accidit, dum vel generales perceptiones eloquimur, vel propositiones generales audimus atque intelligimus.

§. 201. Existimo, non facile quemquam ista negaturum esse, *si attenderit* ad cognitionem suam generalem & abstractam : *vocibus* enim conceptis nos meditari quis nescit ? Imo esse etiam, dum meditamur, dum ego hic scribo, aliquem in organis loquelæ *conatum ad voces* istas edisserendas, id satis *distincte* in me *experior*. Ne vero quis existimet, fauere istam deductionem hominibus aliquando profanis, aliquando minus profunde philosophantibus, qui cogitantem in nobis substantiam vertunt in *automatum corporeum* : isti quidem rei deinceps adhibebimus remedia §. 220. Nunc ad syllogismos pergemus.

§. 202. *In syllogismis* post antecedentia res est facilior. Quicunque attendunt animæ suæ operationibus, illi deprehendunt, vbi *syllogismum* cogitare contingat; incipere se vt plurimum a *sensatione*, quæ *minorem* constituat syllogismi : ita
audio

audio nunc horam vndecimam.   Quin corpori
locus fit in hac propofitione repræfentanda, nemo
dubitauerit; campanæ enim fonitus ipfo nunc actu
aliquam in aure primum, deinde cerebro meo mutationem facit.   Ifta vero prior propofitio, per
legem *phantafiæ* §. 198. allegatam, aliam mihi ideam reuocat, priori olim coniunctam, atque adeo
cum illa nonnihil commune habentem, ideam
prandii.   Inde *maior* propofitio: hora vndecima
prandendum eft.   Sed neque hic quicquam eft,
quod non poffit repræfentari in corpore fine animæ
influxu: quis enim dubitet, motum iftum foni
cum motu prandii præparatorio fæpius coniunctum, etiam nunc poffe iftum excitare in cerebro, atque adeo nunc cum illo coniungi; quod
ipfum repræfentat *conclufionem:* ergo nunc prandendum eft.

§.203. Idemque dicas de *aliis* ratiocinationum
formis; fic in enthymemate eadem omnia adeffe,
hinc inferas, quoniam de veritate illius nunquam
certus es, nifi omnes illas propofitiones fibi coniungas: id vero hic difcrimen eft, quod altera
propofitio non adeo diftincte atque euolute atten-
datur, vt *faltus* videri poffit, qui reuera non
eft; faltim non *eo* tempore, *quo* primum eam
rem intelligimus.   De *elocutione* exiftimo nihil
hic amplius neceffarium effe, poftquam circa propofitiones generales monui, quod motus ille organorum loquelæ, fine animæ interueniente opera, deduci poffit a motu cerebri, propofitionibus

respondente. Ita autem, opinor, expediuimus, quæ sunt in corpore difficillima *.

§. 204. Vltimum cel. LAMII hoc est : non „posse tribui creaturis *vim agentem,* a diuina poten„tia distinctam. „Atqui nos contrarium obtinuimus in antecedentibus, atque in eo sequimur philosophos, si a Cartesianis discessero, communiter omnes. Addam saltim *tria* LEIBNITII verba: „ si nous agissons, nous avons la puissance d'agir. Si nous n'agissons pas, nous ne pechons pas non plus., „ Aut, si placet, redde rationem, quare illas anima cogitationes producere possit, quas immanentes vocamus, & non tamen habeat *potentiam agendi,* saltim *in se,* qualem LEIBNITIVS postulat. De altera consequentia consentiunt, nisi fallor, auctores; *ideo* quippe immanentes animæ actiones, volitionesque liberas relinquunt, vt peccati rationem inuenire possint in anima. Atque *ista* quidem *ad obiectiones* LAMII, earumque occasione dicta sufficiant !

§. 205. *Succedat* nunc, quem & superius audiuimus, R.P. TOVRNEMINIVS. Ille *duo* potissimum opponit LEIBNITIO atque Cartesianis; neque enim Leibnitiana impugnat, quatenus a Cartesianis distincta, etsi Cartesiana pluribus vrgeat. *Primo experientiam* putat testari influxum, testari actionem animæ, qualem ipse concedit. Verum de illo videas

---

* Conferri tamen possunt, quæ in *dilucidationibus* meis, occasione obiectionum *Hollmannianarum,* pluribus edisserui, & quæ postmodum inter nos eo de argumento ventilata sunt, in *epistolis amœbæis.*

videas diſputata ſuperius, primo *in genere*. §.27.
ſeq.   Deinde & *in ſpecie* aduerſus TOVRNEMI-
NIVM §. 45.

§. 206. *Alterum* eſt, quod ille, velut ex Leibnitiana mente, Carteſianis opponit, & deinceps
conuertit quoque in LEIBNITIVM : *harmoniam*
quamcunque *non efficere vnionem* realem atque
effectiuam. Deſtrui adeo noſtra quoque ſententia
vnionem animæ & corporis. Ego autem concedo
quidem, deſtrui *phyſicam* illam, influxu nixam :
ſed nego, deſtrui *metaphyſicam*, qua fit, vt ex
anima & corpore correſpondentibus fiat *vnum per*
ſe, vnum ſuppoſitum, vna perſona.   Audi, ſi placet, LEIBNITIVM (211) : „admitto nihilominus vnionem veram inter corpus & animam, quæ ex duobus illis faciat ſuppoſitum.   Sed vnio iſta metaphyſica eſt; vnio vero influxus phyſica eſſet. „ Atque iterum : „multi recentiores nullam inter animam & corpus communicationem phyſicam agno-
                    O 5   uerunt,

211) Locus *prior* eſt in diſcurſu de conf. rat.& fid. §.55.
    Alter in theod. §.59. edit. gall. & 58. latinæ. *Tertius*
    in epiſtola ad REMONDVM T. II. du recueil p. 330.
    Quibus omnino conferas cel. dn. CROVSAZ ſyſteme
    de logique P.III. c.II. p.1160. Nimirum inter exem-
    pla petitionis principii ſuo quodam iure collocat ſe-
    quentia : „ſi l'union de l'ame avec le corps ne conſi-
    ſte, que dans une ſimple concomitance des penſées &
    des mouvemens, c'eſt correſpondance plûtot, qu'u-
    nion. Or l'ame eſt veritablement unie au corps. Il
    faut donc y chercher quelque choſe de plus.   On
    ſuppoſe, dit il, ce qui eſt en queſtion, en *ſuppoſant*
    dans cette union, *plus* qu'on n'y apperçoit. „

uerunt, quamuis subsistat semper communicatio
metaphysica, qua sit, vt anima & corpus ponant
vnum suppositum, quod persona dicitur.　Et alibi:
,,sauve l'union metaphysique de l'ame & de son
corps, qui les fait composer vnum per se, un animal, un viuant*.

§. 207. Nimirum, vt harmonia respondentium exacte horologiorum non sufficiat ad vnionem
veram, aut ad vnitatem alicuius suppositi fundan-
dam; quod rectissime eruditi monuerunt: existimo tamen, id non officere nobis in hoc negotio,
quo non externam tantum in aliqua parte conspirationem tuemur, sed eam vtriusque rei harmoniam facimus, qua similiter in vtraque determinatum sit, quicquid in illis vnquam deprehendi aut
distingui possit.　Cum enim *indiuiduum* sit, quod
ex omni parte determinatum est: nescio, quid
praepediat, quo minus vnum illud indiuiduum

com-

* Obiter, & ad retundendas solum insultationes alio-
　rum monebo lectores nostros: qui de vnione me-
　taphysica tanquam de re tenui vel ridicula sermoci-
　nantur, eos nescire, quid reprehendant.　Impossibile
　est, vt vere physica relatio, aut vnio intercedat inter
　animam & corpus nostrum, nisi & anima sit corpus;
　το physicum non pertinet nisi ad corpora. Dic, quid sit
　physica?　Quicquid autem animae & corpori com-
　mune est, id eo ipso est metaphysicum: igitur &
　vnio, quae illis communis est, est metaphysica.　Me-
　taphysica scil. sola est, quae supra spiritus & corpora
　extenditur.　Scilicet ita fieri solet, vt, qui nos ri-
　dent, re profundius expensa se ipsos praestent risi-
　biles.

compositum dixero, vbi duarum rerum, quarum
altera ad alteram ordinata est, determinationes in
vniuersum omnes consentiant, sic vt in neutro possis quicquam deprehendere, cuius simile non obtineas in altero. Dabimus igitur sane, non omnem
harmoniam facere vnionem veram, aut arguere
vnitatem suppositi : illud tuebimur, harmoniam,
qualem diximus, plenariam sufficere vnitati indiuidui alicuius compositi. *Cetera* de vnione, quæ
præsentiam postulat localem, & *actionem* requirit
physicam, tua, si fieri potest, pace reseruabi-
mus, donec distinctos mage actionis illius & in
spiritibus præsentiæ conceptus vigere inter philosophos contigerit (212).

§. 208.

212) Addo *vnicum* tamen. Accepimus, esse philosophos,
quibus videatur, *vnius* eiusdemque *hominis animam*
posse esse Parisiis, dum Constantinopoli *corpus* existat.
Manifestum est, vnitatem eo casu omnem absolui
harmonia rerum : sed & *nostro* systemate id obtinere
diximus, neque *localem* aliquam animæ in corpore
adessentiam postulauimus. Igitur quæsitum est, num
in Leibnitiana quoque *sententia* eiusdem hominis *anima*
esse *alibi* locorum queat, & alibi *corpus* existere ?
Neque videntur illam declinare consequentiam posse
philosophi; nihil enim animæ natura immutatur, siue in hac, siue illa spatii parte existat; potest vtroque
loco consentire suis repræsentationibus cum corpore,
& organorum motibus. *Recte* id quidem consequitur,
si *spatium* tuearis *absolutum*, & a rebus ipsis distinctum,
receptaculum quasi aliquod in seipso indeterminatum,
& independenter a rebus existens : neque enim intelligo, quid eo casu impediat, quo minus altera hominis pars in eo spatio absoluto existat, cui Lutetias ine-

§. 208. PARENTII meditationes sigillatim pen-
sitare non licet, quod de illis mihi nihil innotuerit,
præter ista LEIBNITII, exhibita ad §. 120. Eandem
vero mentem suspicor fuisse & domino de MAI-
SEAVX,

xistere supponimus, altera in eo, quod Constanti-
poli repletum hodie admittimus.   Verum alia est rerum facies in philosophia LEIBNITII, quem constat
abnegare spatium absolutum, & a rebus locatis omnino distinctum; cum enim LEIBNITIO *spatium* nihil aliud
sit, quam *ordo coëxistentium*, atque adeo spatium neque a corporibus seiunctum detur, neque ordo coëxi-
stendi sine rebus coëxistentibus esse aut cogitari debeat: inde *translatæ* in *sermonem Leibnitianum* quæstioni hic sensus est: an eadem illa anima, cuius distinctæ & claræ repræsentationes sequuntur statum corporis organici vt Constantinopoli existentis, possit
eodem tempore & simul suis illis repræsentationibus
exhibere statum corporis, vt existentis Lutetiis? *Quatenus* enim supponitur anima & corpus *eiusdem* hominis, supponuntur inter se harmonica: *quatenus corpus*
Constantinopoli supponitur, ob harmoniam animæ
repræsentationes exhibebunt mutationes, quæ fiunt in
corpore, ab ambientibus Constantinopoli corporibus:
quatenus anima supponitur Lutetiæ, repræsentationes eius exhibebunt statum Lutetiarum; ita enim con-
suevimus iudicare. Eo sane loco dicimus existere animam nostram, cuius illa statum exprimit suis sensationibus; adeo quidem, vt in somnio, cum a sensatione
imaginationem non discernimus, eo quoque loco existere nobis videamur, quem phantasiæ lusus exprimit.
Leibnitiana igitur in vniverso suo complexu *sententia*
paradoxum illud philosophicum *non admittit*: ad-
mitteret fortassis recepto de spatiis conceptui co-
pulata. Verum hic locus *de spatio* commentarium non
capit.

SEAVX, ex responsione Leibnitiana (213) : imo &
aliis quibusdam viris doctis, ex recensione eiusdem
LEIBNITII (214). Verum illa exposuimus occasione
per LAMIVM facta §. 16. seqq.

§. 209. Accedamus ad ISAACVM NEWTONVM,
maximum illud Anglicæ gentis decus atque orna-
mentum. Illius hæc sunt de LEIBNITIO verba (215):
,,posset ostendi, harmoniam ipsius præstabilitam
,,esse *verum miraculum*, eandemque *contrariam*
,,*experientiæ* omnium hominum; cum vnumquod-
,,que indiuiduum habeat in se potentiam videndi
,,suis oculis, & mouendi corpus suum pro arbitrio.,,
Durum est profecto, aduersari NEWTONO, incom-
parabili viro, cuius in mathesin merita vniuersus
eruditorum orbis impense veneratur.   Vtinam
ille eandem rebus quoque *metaphysicis* operam im-
pendisset, idemque in his iudicium exercuisset;
credo, & in hisce *ipsi* atque LEIBNITIO, eadem aut
similia

---

213) Ita enim ille in epistola ad eundem 8. iul. 1711.
    scripta. ,,Au reste, vous avés raison, Monsieur, de
    ,,m'attribuer dans ce fragment, *un reste de Cartesia-*
    ,,*nisme*. Car j'avoüe, d'approuver une partie de la do-
    ,,ctrine des Cartesiens.   Mais mon sentiment sur le
    ,,commerce de l'ame & du corps a des fondemens
    ,,reçus generalement, avant la naissance du Cartesia-
    ,,nisme.,,   Vide recueil. T. II. p. 387.

214) Vid. eadem collectio T. II. p. 416. ,,*Quelques autres*
    ,,ont dit, qu'ils entendoient ainsi l'hypothese des cau-
    ,,ses occasionelles, & ne la distinguoient point de la
    mienne; dont je suis *bien aise*.,,

215) Vid. epistola NEWTONI ad reuerendissimum abba-
    ,,tem CONTIVM, edita in collect. sæpe citata. T. II. p. 18.

similia vt proferrent, per vtriusque sagacitatem
contigisset.

§. 210. Interim, dum id optare magis licet,
philosophiæ bono, quam in tanto viri maximi
senio sperare, nihil, opinor, in eius merita pec-
cabitur, si honorem præfati ad argumenta, præsertim inter indignationes * nata, breuiter respondea-
mus.   Harmoniam præstabilitam nunc esse *mira-*
culum, sensu vocis Leibnitiano (216), negamus;
esse effectum aut corollarium miraculi antiqui (217)
naturale, concedimus.   Scilicet in vniuersa rerum
natura

---

* Velim huic monito scriptores attendant omnes & serio.
  Nihil est, quod magnos cetera viros adeo facile fallat, atque indignatio, & affectatio exponendi aduersariorum dicta vel risui vel contemtui lectorum.   Per
  nebulam vident, quicquid indignabundi vident.   Faciant sibi mutuo eam iustitiam eruditi, vt credant,
  neutros insanire, neutros asserere, quæ sint aperte
  ridicula, aut a sensu remota communi.   Inquirant in
  sententias aduersariorum, donec plausibiles appare-
  ant, atque sic intellectas examinent quieti, & refel-
  lant soliciti.   Si vel Newtonvm fallere affectus potuit;
  quem tandem putabitis ab errore securum fore, si affectus audiat; in totum, aut in partem; in decisio-
  ne, aut examine ?

216) Leibnitivs ep. ad abbatem eundem : l. c. p. 55.
  „ J'appelle miracle tout evenement, qui ne peut étre
  arrivé, que par la puissance du createur, sa raison
  n'étant pas dans la nature de creatures.„

217) Vid. Leibnit. ep. V. ad Clarkivm §. 89. „L'harmo-
  „nie ou correspondance entre l'ame & le corps, n'est
  „pas un miracle perpetuel, mais l'effet ou la suite d'un
  „miracle primigene, fait dans la creation des choses.

natura non est satis caussæ, quæ efficiat, vt res istæ
diuersissimæ inter se conspirent : itaque si de *prima*
illarum consonantia quæras, non minus hæc a diuina vnice potentia pendet, quam ipsa in vniuersum natura. Sin illas semel a DEO concordes factas atque legibus suis pergentes, contempleris;
omnes *consecutiui* status ex prioribus nascuntur naturaliter, hoc est, secundum illum ordinem, quem
DEVS rebus conuenientem iudicauit præ aliis, atque vi rebus initio insita exequitur.

§. 211. Quare id recte dicatur, quod *homo
videat suis oculis*, consequitur ex §. 206. 207. Hoc
enim, quod de supposito, de persona enunciatur,
necessario consequitur ex vnione illa metaphysica,
quæ suppositum, quæ personam, quæ vnum aliquod per se efficit. Physicam autem vnionem,
itemque motum ab anima effectiue pendentem, ab
experientia concludi posse non video. Et doleo
sane, aut me prorsus caligare, aut similes vel
NEWTONO viros posse falli in consequentiis, qua-
libus quotidie vti oportet in omni philosophia.
Quid enim, aut vnde cognoscimus communiter,
nisi per experientiam ? Existimo vero, NEWTONVM,
si voluisset eandem hisce rebus perspicaciam applicare, quam & potuit, & aliis adhibuit, facile
istam obiectionem fuisse neglecturum, & daturum
excellentia in hoc etiam negotio.

§.212.

„Il est vray, que c'est une merveille perpetuelle, com-
„me sont beaucoup de choses naturelles. „ Vid. rec.
T. I. p. 131.

§. 212. SAMVELEM CLARKIVM, magnum eruditione, dignitate, fama & meritis virum, tanto nunc lubentius loquentem faciemus, quanto ille
plus operæ posuit in defendendis philosophiæ
Newtonianæ capitibus, & quanto illa fuit illu-
strior concertatio, quam sub oculis *SERENISSI-*
MÆ WALLIÆ PRINCIPIS, GVILIELMINÆ
CHARLOTTÆ depugnarunt *ipse* & LEIBNITIVS
(218). Ita autem ille: (219.) ,,si anima non age-
,,ret in corpus, corpus autem simplici materiæ
,,motu mechanico, se nihilominus conformaret
,,voluntati animæ, in infinita motuum spontaneo-
,,rum varietate, id *miraculum* foret *perpetuum.*,,

Equi-

218) Scripserat LEIBNITIVS nonnulla A. 1715. nou. ad
serenissimam Walliæ principem, quibus philosophiæ *Nevvtonianæ* & *Lockianæ* quædam capita tange-
bantur, comunicata deinceps a *serenissima principe*
cum SAM. CLARKIO, theol. Doct. & ecclesiæ ad D. Iaco-
bum rectore, in aula Britannica viro gratioso, qui *re-*
sponsionem illi litterarum excerpto opposuit; *continua-*
tis deinde mutuis vtriusque magni viri ad eandem
seren. principem exceptionibus & responsionibus,
dum LEIBNITIVS A. 1716. negotio imoreretur, post cuius fata libellus, *Anglice* & *Gallice* editus, haud ita pridem & *Germanice* versus est ab HENR. KOEHLERO, & *Gal-*
lice denuo impressus nuperrime in citata sæpius collectione DEMASÆI. Germanicam editionem commendat
præfatio eruditissimi CHRISTIANI WOLFII, & *responsio*
clar. viri, LVD. PHIL. THVMMIGII ad quintam CLARKII
epistolam facta pro LEIBNITIO, nec parum dilaudata in
actis erud. A. 1720. dec. p. 544. seqq.

219) Vid. in citat. epistolis, ep. IV. CLARKII, §. 31. 32.
in recueil T. I. p. 75.

Equidem *sensu Clarkiano* non datur miraculum perpetuum: vocat enim id miraculum, quod insoli-
tum est & extraordinarium, nequaquam id, quod
constans & ordinarium deprehendimus. Nolim
tamen id viro doctissimo responderi; loquitur
enim sine dubio aduersus LEIBNITIVM ex *definitione*
Leibnitiana. Responsionem igitur sume ex §. 210.
Non est hoc *miraculum perpetuum,* sed est *perpetua*
consecutio illius *miraculi,* quo natura rerum a DEO
constituta est; modo creationem velis (220) miraculum dicere. Si id, quod ex miraculo *consequi-*
tur, velis miraculum dicere; hoc sensu nihil naturale erit. Ex primitiuo enim illo creationis miraculo consequuntur omnia: sed, vbi consequuntur *pro rerum* creatarum *natura*, ita, vt ex
hisce possit ratio effectus dari; tum *naturales* vocare istos effectus in *vsu* est.

§. 213. ,,Harmonia praestabilita est vox solum,
,, & *terminus technicus,* neque vsui esse potest ad
,, explicandam caussam effectus adeo miraculosi. ,,
Haereo hic de mente oppositionis. Neque enim
crediderо, CLARKIVM id sibi de LEIBNITIO persuadere,
quod hic pro caussa effectus vocem vendere velit:
neque illud a me impetrare possum, vt *Clarkio*
tribuam, istum hoc reiicere, vt nouae effectus ex-
plicationi noua vox, nouusque terminus technicus

P im-

----

220) Impropria enim locutio est, quia miraculum prae-
supponit naturam: conuenit creationi tamen in eo
cum miraculis, quod sola & immediata DEI operatione confiant, nulla intercurrente caussa secunda.

imponatur.   Fortasse hoc voluit: (221) nullum
esse determinatum istius termini sensûm, neque
respondere huic voci rem, quæ effectui aut phænomeno præsenti explicando sufficiat.   Id vbi voluerit, prouoco ad §. 90. & seqq.

§. 214. „Supponere, quod in motu corporis
„spontaneo, anima non det nouum materiæ mc-
„tum, nouamue impressionem, & quod omnes
„motus spontanei producantur impulsione mecha-
„nica materiæ; est reducere omnia ad *fatum & ne-*
„*cessitatem.* „   Siquidem leges illæ mechanicæ
sint absolute & geometrice necessariæ, quod veterum nonnulli supposuerunt, alii diserte docuerunt:
concedo, fatum sequi in illis motibus, sequi necessitatem.   Sin illæ sint, quod aliquoties diximus, absolute loquendo contingentes, si sapienter
electæ inter plures possibiles, si adeo fundatæ, non
in necessitate quadam bruta, & rebus aut materiæ
intrinseca, sed in electione entis summe intelligentis, pro sua libertate, & sapientia, ex pluribus aliis mage hasce seligentis, quam alias: tum
cessat

---

221) Imo *fortassis hoc voluit.* Solenne est, vt *philosophis*
quibusdam *Anglis,*corporum phænomena specialia ex
attractionibus corporum omnium mutuis explicare
instituentibus, alii inculcent, *vocem dari,* aut *quali-*
tatem scholasticam allegari, non reddi caussas phænomenorum naturales.   Quo id iure fiat, non disputo.
Quid si nostros *talione* quodam repercutere in mentem cel. CLARKIO venisset? Tum vero redderem illi,
quæ rectissime *ex* NEVVTONO *ipse* circa grauitatem monet atque attractionem: *phænomenon* hac voce appellari a LEIBNITIO, *caussas* aliundé peti.

ceſſat fatum omne, *euaneſcit* omnis motuum *ne-*
ceſſitas, proprie & abſolute dicta, & ſola CLARKIO
pro neceſſitate habita. v. rec. T. I. p. 154.

§. 215. Alter & prolixior viri doctiſſimi hic
,,locus eſt (222): ,,illud rationi magis aduerſatur,
,,nolle admittere grauitationem vel attractio-
,,nem - - - - - & poſtulare ſimul, vt nos admittamus hypotheſin *adeo alienam*, atque illa eſt de
harmonia præſtabilita, ſecundum quam anima &
corpus hominis *non plus influxus* habent alterum in
,,alterum, *quam duo horologia* æqualiter bene mota,
,,quantumcunque ſint a ſe mutuo diſſita, & licet
,,nulla ſit inter eadem actio reciproca.,, Non id
ægre fero, quod hypotheſin adeo *alienam* vocat
hanc noſtram: intelligit id ſine dubio, a *ſenſibus*,
& iudiciis primis, qualia ferre ſolemus ex ſenſuum
teſtimonio, re nondum mature penſitata. Sin &
a *ratione alienam* putet, in eo diſſenſum noſtrum
haud grauate feret. Comparationem cum *horolo-*
giis de *influxu* concedimus: cetera credimus, *hic*
plus eſſe mutuæ relationis, deſtinationis, atque
vnionis metaphyſicæ; anima enim & corpus faciunt vnum *per ſe*, rem viuam, animal, ſuppoſitum, perſonam, quod non dicimus de horologiis,
quantumuis bene conſpirantibus.

§. 216. ,,Equidem auctor dicit, DEVM præ-
uidentem inclinationes animæ cuiusque, ab initio
ſic formaſſe vniuerſi machinam, vt ſimplicis

P 2   mecha-

---

222) In reſponſ. V. ad LEIBNIT. ad §. 110. - 116. T. I.
    du recueil. p. 191. ſeq.

mechanismi legibus corpora humana conuenientes motus recipiant, tanquam illius magnæ machinæ partes.   Verum *an id est possibile*, vt eiusmodi motus, & tantum variati, atque sunt motus humani corporis, producantur puro mechanismo, etsi volúntas & spiritus non agant in corpora? ,, Puto id esse *omnino* possibile; sed DEO.   Volitiones istæ sunt limitatæ & *finitæ gradibus & numero*, suntque a DEO *præuisæ:* quidni possint motus, illis respondentes (223), artificiosa machinæ structura obtineri ab eo, qui vtrumque pernouit, & cuius potentiæ atque sapientiæ fines non sunt? Variant sane mirum in modum appetitus: sed variant non minus organa nostri corporis, atque corpora, quibus cingimur, & quæ agunt in nostra organa.   Cedemus tamen, si quam vir doctissimus nostræ hypotheseos *repugnantiam* demonstrauerit.

§. 217. ,,An id est *credibile*, quod, si quis homo decernat, atque adeo integro mense præsciat, quid sit hoc die, hac hora acturus? An id, inquam, est credibile, quod corpus, virtute puri mechanismi, ab initio creationis in mundo corporeo producti, exactissime istis spiritus humani decretis sese accommodaturum sit tempore destinato?,, Non diffiteor, terrere quæstiones huiusmodi: sed an *impossibilitatem* simul euincunt? Ego autem non dubito, quemadmodum in præsenti mundi repræsentatione satis caussæ fuit, vt id desiderium

---

223) Dum *non repugnent* mutuo; *quales* neque voluntatis & spirituum opera præstari posse, facilis, opinor, admiseris.

derium vel decretum in anima inde enatum sit;
atque in consequenti satis argumentorum, vt pri-
stinum decretum iterum in mentem redierit: ita
in praesenti mundi facie satis rationis esse, vt producantur in corpore motus decreto illi respondentes (224); atque in consequenti satis caussae, vt prior
motus redeat, atque nouum deinceps, sed priori
succenturiatum, & consentaneum producat.

§. 218. ,, Secundum hanc hypothesin, omnes
philosophicae ratiocinationes, phænomenis & experientia fundatæ, *fiunt inutiles.*,, Atqui hoc liberalius illatum videtur. *Ratiocinationes factis nixæ*,
v. g. radiorum luminis natura heterogenea, experimentis conclusa Nevvtonianis, atque infinita huiusmodi, constanter subsistunt. Quodsi autem in
iudicio plus dicas, quam est in *facto*, id & inutile
est, & noxium. Vtinam illa penitus aboleri possent.
(225) Ego *gratias* CARTESIO *& Cartesianis* habeo,

P 3

---

224) Dico: motus *decreto* respondentes; non, executio-
nem decreti. Namque & *huic* in *mente* propositioni,
quod *propediem suscipienda sit actio, suus* in *corpore* motus respondet: alius illi, cum iam iam eo connititur
anima, vt sensationem illam in sese producat, tum
enim in corpore respondet motus quoque, quo *executio* perficitur decreti, non *destinatio* tantum, & a
certo tempore suspensio.

225) Atque vtinam doctiss. CLARKIVS vbique *æqualem* rebus attentionem adhibere dignatus esset! Ita recte
idem differit similia nostris, quando ad COLLINSII
argumentum aliquod ita respondet in animaduersionibus. ,, De ce, qu'un homme fait *toujours* ce,
,, qu'il juge raisonnable, il ne s'ensuit pas, que l'
,, experience prouve, qu'il y a de la *necessité*, qu'il

beo, atque omnibus illis, qui docent, experientiam ponderare circumspectius. Si quis eam *inutilem* reddit, facessat ille ex circo philosophorum! Sed audiamus.

§. 219. ,, Quodsi enim vera est harmonia praestabilita, homo *nec videt*, nec audit, nec sentit quicquam, neque mouet corpus suum: *imaginatur* sibi *tantum*, se videre, audire, sentire & mouere corpus suum. ,, Si *cum idealistis* rem haberet Clarkivs, negarent illi, quod experientiae contrarium sit, si dicas, *videri* id saltim nobis, quod sentiamus, quod moueamus corpora: sed bene est, quod nos *ipsa quaestione* nostra *vtrumque* admittamus, & videri id nobis, & *fieri* illud quoque. Illud non intelligo, quomodo id harmoniae praestabilitae aduersetur, vt dicam, *videre hominem*, audire, & sentire, & mouere corpus suum. Ad *sensum* pertinet in *corpore* motus, in *anima* perceptio: vtrumque habet *homo* in harmonia praestabilita; namque etiam hic est *compositum* quid ex anima & corpore: itaque sentit homo *. Eodemque

,, le fasse. *La concomitance* ici *n'est* nullement une ,, preuve; qu'il y a *une liaison physique*. ,, Vid. recueil T. I. p. 382. Verum, quid aliud est, quod nostra dicit, aut supponit sententia, quam, quod *etiam hic* concomitantia rerum non sit *physicae* connexionis indicium. [Ita scil. pressa in sinistro latere veritas erumpit e dextro. Cur duplici pondere & mensura vtimur, atque nunc ex concomitantia nexum ipsi arguimus physicum, nunc sequi illum negamus?]
* Sed *anima* non sentit, non videt, non audit. Est hoc

que modo dicendum est, *hominem mouere* corpus
suum: sed, *animam* mouere corpus, propriissime
non dicimus; at neque id experientiam postulare
ostenderis.

§. 220. ,,Et, si homines persuasi essent, quod
corpus ipsorum nihil sit praeter machinam, &
quod omnes eius motus, qui voluntarii videntur, producantur legibus necessariis mechanismi
materialis, sine omni influxu vel operatione animae in corpus: *facile inferrent*, hanc machinam
esse integrum hominem, atque animam harmonicam in systemate harmoniae praestabilitae nu-
dum esse figmentum atque vanum phantasma.,,
Isti quidem *rei cautum est* alibi sufficienter. Animam enim in homine immaterialem atque spiritualem ex *conscientia*, ex *modo* repraesentationis mundi, qui sit ab anima, &c. cum CARTESIO, LEIBNITIO
& CHR. WOLFIO satis manifeste defendimus, vt ab
ista hominum praecipitatione nihil metuamus: quod
enim sit in corpore, quodque ipsi supra plenius de
corpore ostendimus, satis adhuc a perceptione, re-
flexione, conscientia & modo repraesentationis animae distare, facile deprehenditur ab intelligenti-
bus (226). Neque tamen indignamur isti *cautela*

P 4 *Clar-*

apotelesma hominis, suppositi totius, personae com-
positae ex animo & corpore; in quo vtraque pars agit,
quod suum est; motu quidem in corpore, sed perceptione in animo. Vbi alterutrum deest, sensus
non est.

226) Conferas tamen, si placet, CHR. WOLF. in metaphysica, qui distincte rem omnem explicuit §. 738. sqq.

Clarkianæ, quoniam illi maius periculum est a discipulis metaphysicæ *Lockianæ*, qua dubium relinquitur, *num* fieri non possit, saltim diuina accedente opera, vt materia possit *cogitare?*

§. 221. „Porro: quam *difficultatem* euitamus hypothesi adeo singulari? Nullam scilicet, præter eam, quod concipi non possit, quomodo substantia immaterialis agat in materiam?„ Euitamus illam sane: sed non tamen negamus, posse spiritum agere in corpora. Quare hæsitemus de anima, *aliam* supra caussam allegauimus, *quam generaliter* naturam spiritus. Quales autem, & quantas de cetero difficultates ea hypothesi declinemus, id legas licet in §. 126. &c.

§. 222. „Deinde an *difficilius est concipere*, quod substantia immaterialis agat in materiam, quam concipere, quod materia in materiam?„ Ita videtur sane! Concedes tu quidem, corpus posse concipi pellere aliud, percutere, contingere, adeoque impetum a reactione limitatum imprimere, potest vis impressa alicuius corporis concipi a concursu aliorum varie modificata, determinata, directa: de substantia immateriali nihil simile possum concipere. Cetera notum est, quid Leibnitivs de *communicatione motus* corporum censuerit.

§. 223. „Annon *eadem facilitas* est concipiendi, *quod* certæ materiæ portiones possint esse obligatæ, (ita Gallus interpres: „peuvent étre obligées;

It emque illustr. Leibnitivm in principiis philosophiæ §. 17. & passim alibi.

gées; Germanicus: *veranlaſſet*; Anglicanum vero
Clarkii discursum videre non licuit) vt sequantur
motus, & inclinationes animæ, sine impressione
corporea; *quam, quod* certæ materiæ portiones
obligatæ sint ad sequendos motus suos reciprocos,
vi vnionis aut *adhæsionis* suarum partium, quam
nullo mechanismo explicare licet: aut quod radii
luminis reflectantur regulariter a *superficie*, quam
nunquam contingunt? Cuius quidem rei plura ipsis
oculis experimenta exhibuit in *optica* sua Isaacvs
Nevvtonvs. „

§. 224. Ego vero *non concipio*, quomodo corpus sequi possit inclinationes animæ *sine impressione*
in corpus facta, aut sine organis in corpore aptatis, quorum ope, mechanica consecutione, motus
succedant. *Præstaret* vero *rem laude dignissimam*,
qui res huiusmodi faceret intelligibiles, si fieri tales possint. Num *adhæsio* particularum in corporibus nullo possit mechanismo explicari, id fortasse
liberalius dictum est in re *nondum* deducta ad liquidum. Neque puto, impossibilitatem deducen-
di ex rationibus mechanicis firmitatem, vnionem &
adhæsionem corporum siue demonstratam, siue de-
monstratu facilem esse in posterum. Sin historice
dictum est, de nostris artibus, quatenus hucusque
id sufficienter & exquisite nemo præstitum dedit:
omnino id fatendum puto. Illud autem *de actio-*
ne in distans, per Nevvtonvm (227) philosophiæ
P 5   resti-

---

227) In *optica* sua p. 392. 474. 526. 534. 565. edit.
Gallicæ Amstelodamensis A. 1720.

234 SECTIO VI. DE OBIECTIONIBVS CLARKIANIS.

reftituta, LEIBNITIO hactenus opponi non poteft,
qui fuum in ea re diffenfum (228) antea teftatus
fuit.   Neque illa fine omni exceptione experimenta putem, fi ifti rei inhærere liceat (229).

§. 225. Atque ifta quidem breuiter dicta fun-
to ad argumenta magni in Anglia theologi atque
philofophi, quæ tanto fpecialius hic edifferere placuit, quod nuperus LEIBNITII defenfor, vir clar.
LVDOV. PHIL. THVMMIGIVS generali ad *Wolfianas* metaphyficæ inftitutiones prouocatione hic acquiéue-
rit, atque *alias* potius Clarkianæ refponfionis partes examinauerit.   Cetera non miror, maximis
illis atque illuftribus viris, LEIBNITIO hinc, atque
illinc NEWTONO & CLARKIO conuenire in *theorematis* metaphyficis non potuiffe; diffident enim in
principiis.

§. 226. Idemque accidit eidem LEIBNITIO, quando *animaduerfiones* fecit *in theoriam medicam veram*, iifdemque fuam de harmonia præftabilita
fententiam immifcuit.   Videas enim, viros doctiſ-
fimos, LEIBNITIVM atque STAHLIVM tantopere in
principiis difcordare, vt aliquoties vterque fatea-
tur,

228) Difcours fur la conformité de la raifon & de la
foi §. 19.
229) *Inflexionem* fane *luminis* a FRANC. MARIA GRI-
MALDO obferuatam primo, deinde amplius ab illuftr.
NEWTONO confirmatam, & *pluribus* hodie philofophis, nuperrime etiam CHR. WOLFIO in exper. phys.
T. II. p. 487. feqq. probatam, non negauero: neque tamen, eo facto demonstratam corporum *in di-
ſtans* actionem, aut attractionem mutuam, conceſ-
fero.

tur, se non intelligere, *quid* alter *velit?* vt sæpenumero vterque *miretur*, qui fiat, vt hæc talia alter eloquatur? Ego quidem videor mihi intelligere
Leibnitiana: de *Stahlianis* idem non dixero asseuerate; nihil ægre laturus, si quis, Stahlianæ philosophiæ innutritus, contrariam meæ declarationem
publicauerit; gratias etiam habiturus, vbi illam de
motu theoriam tradiderit explicite.

§. 227. LEIBNITIVS quidem in animaduersionibus suis nro. 26. ait: ,,ad quæstionem, quidnam
sub actionum vitalium organicarum administratio-
ne tribuendum sit animæ, *ex meo* harmoniæ præstabilitæ *systemate* respondebitur, *tribuenda* ei *omnia,* si corporis obsequium ex consensu spectes:
tribuendum vero *nihil,* si quid reluctanti impera-
retur. Miraculi quoddam genus foret, si anima
in corpore aliquid efficeret *præter* eius naturam.
Vnius hoc DEI proprium est, aliquid rebus indu-
cere posse, præter earum leges.,,

§. 228. Ad ista vir doctissimus in enodationi-
bus suis p. 115.,, Quantum ex iis, quæ hic
afferuntur, hariolari possum, puto *harmoniam
præstabilitam* nihil aliud esse, nisi *naturam* illo
sensu acceptam, quo de lege quasi positiua diuina
accipi solet, *secundum quam omnia fiant, vti fiunt.*,,
In consequentibus hinc infert, considerationem illius *nullam* patere *nisi a posteriori:* magnum vero
esse postulatum & nullam excusationem admittens,
veram harmoniam a posteriori ad priora formare
velle &c. *Iterumque* rem ita concipit, quasi aut
hoc diceret LEIBNITIVS, aut hoc saltim intenderet,
esse

esse harmoniam inter agens & patiens, quatenus agens agat *secundum receptiuitatem* patientis.

§. 229. Equidem non est hæc *mens* LEIBNITII in verbis allegatis, quod anima efficienter agere possit in corpore, quæ non excedant receptiuitatem corporis, cetera autem non possit: quem viro doctissimo *conceptum ex eo subnatum* esse suspicor, quod LEIBNITIVS contrarium suæ decisionis miraculum dixerit, atque id DEO soli adscripserit. In philosophia enim *Stahliana*, cum anima possit agere in corpus, sed proportionaliter, vt ille vult, dispositioni corporis atque functionibus eius: verbo, secundum receptiuitatem eiusdem naturalem; hinc illi id vnum est miraculum DEO proprium, si vltra receptiuitatem corporis naturalem aliquid fiat. Sed meminisse poterat, in philosophia *Leibnitiana* rem secus habere, [nec admitti, quod anima physico influxu corpus moueat].

§. 230. Verba itaque Leibnitiana hoc dicunt, animæ *omnes* corporis actiones vitales organicas posse tribui, si respectum saltim illum metaphysicum attendas, qui ad mutuas & harmonicas corporis & animæ determinationes pertineat, quatenus corporis mechanismus, ita, non aliter, a DEO dispositus est, vt animæ suis motibus consentiat. *Nihil* posse tribui, si influxum physicum, si realem actionem intelligas, cuius principium actiuum & productiuum non ante fuerit in ipso corpore. Quid vtrumque hoc sibi velit, puto manifestum esse ex antecedentibus.

§. 231.

§. 231. *Vnde* autem *harmoniam* istam *intelliga-mus*, non difficile est ostendere: harmoniam mo-tuum voluntariorum cum perceptionibus distinctis, affectuum corporeorum cum confusis, *experientia* cognoscimus: quis enim est, qui non in se de-prehendat, moueri brachium, cum id cogitat, æstuare sanguinem, cum irascitur? Ceterorum in corpore motuum cum perceptionibus animæ ob-scuris harmoniam colligimus *ratione.* Sed non repetam ista denuo: vide, si placet §. 94. 95. & passim.

§. 232. *Pergit* porro *vir* doctissimus: ,,cum autem *liberum* agens etiam *possit*, si non perfice-re, tamen *audere*, quod fieri *non possit:* & hoc maxime familiare sit *humanæ* animæ, ita vti ho-die est - - - - - - vbi hic manet *harmonia* illa *præ-stabilita* vnice a *posteriori ad prius?* An ergo illa, quæ fiunt cum summa contentione (licet effectu non potiantur) *non fiunt, non existunt, non vere sunt?* Aut est aliquid, imo plurimum, quod sit & fiat, nihil obstante *vlla harmonia præstabilita,* sed *extra ipsam; ab* alio plane *principio & secundum* plane aliud, & quonam referendum? An ad po-sitiuam *disharmoniam, etiam præstabilitam?* Cer-te enim & hoc, aut *ab* alio principio, aut *secundum* aliud principium, *contrariæ harmoniæ* fieri necesse est. ,,

§. 233. Posses mirari, quid vir doctus im-pugnet, nisi ex ante dictis constaret, *ipsum sic in-telligere* LEIBNITIVM, quasi a posteriori voluisset concludere, tantam esse inter animam & corpus
harmo-

harmoniam, vt in actione animæ in corpus *illa*
nunquam agat, neque agere moliatur vltra recepti-
uitatem corporis. Isti sane sententiæ opponi possunt conatus eiusmodi, qui intentum finem atque
effectum non consequuntur. Verum illa non dicimus: neque adeo nobis ista possunt obiici.

§. 234. Si tamen forte quæsieris, quomodo in
conatibus eiusmodi, quos vocamus (230), *irritis,*
inter se anima & corpus consentiant? Breuiter ita
habe: in corpore v. g. BESNIERII, BERNONI, & aliorum est impetus volandi, resistunt autem isti co-
natui nisus corporum ambientium contrarii, eoque
fit, quoad hunc effectum viribus adhibitis maiorem, irritus: in anima est nisus ad repræsentationem siue sensationem istam volatus; resistunt autem isti appetitui repræsentationes contrariæ, respondentes isti corporum ambientium nisui contrario: itaque fit, vt appetitus ille ad nouam hanc
repræsentationem careat hoc suo effectu. Ita vides, quomodo & *in hoc casu* maneat animæ &
corporis *harmonia*. Memineris vero, me, dum
repræ-

230) Dico: *vocamus*. Proprie enim, & *philosophice*
loquendo, nullus *conatus irritus* est: quoniam vnicuique caussæ actioni respondet effectus æquipollens viribus ad eum præstandum adhibitis, etsi vires aliquando minores esse possint, quam vt resi-
stentiæ omni superandæ sufficiant, & destinatum a
te effectum (sed viribus maiorem) obtinere possint;
quo sensu *communiter* conatus irritos vocamus, qui
insufficientes sunt effectui, cui destinantur, obti-
nendo, etsi effectum sibi æquipollentem semper
obtineant. Verum de illo nolim hic anxie disserere.

repræsentationes dico, aut perceptiones nisus contrarii in corporibus ambientibus, *non* loqui *de* perceptionibus *distinctis*, *neque de claris*, quarum poſſumus eſſe conſcii: ſed de obſcuris, quarum etſi conſcii non ſimus, exiſtentiam in anima ſuperius adſtruximus, & facile pluribus oſtendere poſſemus.

§. 235. Neque nunc erit difficilis reſponſio ad *quæſtiones viri celeb.* ,, Velim tamen, inquit, vt monſtretur, *annon anima* multa *poſſit*, imo *ſoleat tentare, machinari, moliri, contendere*, maxime omnium autem velle, & ſperare, *vltra receptiuitatem corporis* & rerum corporearum? An *auſus hi,* appetitus, tentamina etiam organica, *nihil ſint;* licet *effectu inania ſint? Vnde hoc habeat corpus, vt animæ multum*, imo *plurimum* etiam pro *talibus* auſibus *obſequatur*, citra vllam realem *proportionem* ad propoſitos *impoſſibiles fines?* An etiam *hoc obſequium* corporis ab *harmonia* aliqua *præſtabilita iniunctum* & inditum ſit, vt *fruſtra* obſequatur? ,,

§. 236. Supponunt etiam hæc interpretationem priorem: ſed *reſpondeamus* tamen ex *vero ſyſtemate.* Velle animam multa, quæ fieri non poſſint, compertum eſt. Auſus & appetitus iſti, ſunt aliquid in anima: ſunt etiam aliquid in corpore, quatenus & in illo conatus quidam illis reſpondent; non conſentirent alioquin anima & corpus. *Non carent* tamen *omni effectu:* etſi enim non conſequantur effectum omnem intentum; eatenus tamen in ſubſequentes animæ & corporis determinationes coinfluunt, quatenus aliquoties diximus,

statum

statum vtriusque consequentem determinari ex antecedente: *vnde hoc habeat corpus*, vt & in illo sit
aliquis conatus, etsi ille perfici non possit, facile
determinabitur. Habet eum conatum *ex illis* in
mundo corporeo caussis, ex quarum repraesentatione in anima enata est illa voluntas, spes aut appetitus. Denique is in corpore conatus neque, vt
diximus, omnino est frustraneus, etsi respectu huius praecise intenti finis sit insufficiens; neque id
corpori *magis incongruum* est, esse in illo impetus,
quibus resistitur, quam animae, vt appetat ista,
quae non possit assequi. *Nihil* igitur in *hisce quae-
stionibus* soluendis requiritur, quod harmoniae praestabilitae, rectius intellectae, aduersetur.

§. 237. *Alter viri celeberrimi locus*, quem fateor *mihi* adhuc *obscuriorem* visum fuisse, continetur in responsione eius ad exceptionem LEIBNITII
quartam p. 143. 144. de quo, vt faciliorem illum
lectori exhibeam, ita mihi videtur, *opponi* hic
harmoniae praestabilitae, siue legibus naturae *duo*
potissimum; excludi istis *ortum* rerum omnium a
prima quadam *caussa*, & directionem atque *prouidentiam* diuinam. Audiamus verba illius. ,, Quod
harmoniam illam *praestabilitam* attinet, quibus
vocabulis, seu mero sono variante dom. auctor
nominat illud, quod alii siue diserte vocabulis,
siue discrete sensu locutionum, *leges naturae* voca-
uerunt, aut supposuerunt; secundum quas, cum
omnia, & quidem *immutabiliter* & perpetuo fieri
& impetrari dn. auctor cum asseclis harum opinio-
num credi velit, quid aliud expectare potest, quam

vt

vt in infinitum procurrenti atque nullum finem habenti, *numero* corporum; & pariter infinito, nullum finem habenti *numero*, actiuarum incorporea-
rum motricium facultatum, feu entelechiarum,
etiam refpondere poffit *infinitas* ortus, feu nullus
terminus *praeftabiliendae* fuae *harmoniae*, vnde *ince-
perint*. Quemadmodum infra, in exceptione vige-
fima prima, etiam edicitur, quod entelechiae illae
etiam *nunquam ceffaturae fint*, aut abolitum iri, credi debeant. Ex quibus omnibus implicationibus,
nunquam certe vllatenus, nedum fortius, mens
humana, vera aliqua fcientia pertingere poterit ad
apodictice ftabiliendum *prima cauffae* actum, pro
ortu harum rerum *vndique* infinitarum. „

§. 238. Velim autem hic notes (1), harmoniam praeftabilitam *non effe idem* cum legibus naturae; *leges* vero *naturae effe medium* id, quo DEVS
harmoniam illam obtineat. (2.) Fieri omnia fecundum leges naturae *non immutabiliter*; namque
& *ipfae* funt DEO *mutabiles*. Sin hoc faltim velis,
omnia, quae a natura fiant, fieri fecundum illas leges, id adeo certum eft, vt oppofitum inuoluat
contradictionem. (3.) Opponere hic virum do-
ctiffimum *non foli* LEIBNITIO, fed *omnibus philofophis non Epicureis*, hoc eft, qui leges naturae ftatu-
ant, quibus mundum DEVS regat: quicunque enim
cafus negant, illi *leges* naturae tenent. (4.) Si
quis eorum ftatuat *leges immutabiles* atque necefsa-
rias, tranfigat ille cum viro celeberrimo. A Leibnitiana philofophia id adeo alienum eft, vt potius
ille primus fuerit, qui veram legum illarum origi-

Q

nem

nem detexerit, non consistere in necessitate aliqua
bruta & immutabili, verum in electione entis summe intelligentis libera & sapienti? Neque consequi illas ex eo, quod geometricum est in corpore,
sed pendere a principio altiori (231).

§.239. Quod ad rem ipsam attinet, obserues
(5.), dum LEIBNITIVS *infinita numero corpora* in vniuerso admittit, id eo valere, quod in resolutione
& diuisione corporum non liceat deuenire ad vltima, adeoque mundus complectatur corpora infinite multa. Infinitatem ortus vero (6.) eo sensu,
quod *præstabiliendæ* suæ harmoniæ, *nullus* vnquam
terminus fuerit, is nunquam dixit. Pertinet hæc
quæstio

---

231) *Quoties* id iam inculcauimus? Confer tamen, si placet, elegantem locum, quem, nescio, num ante
allegauerim? Est epistola LEIBNITII in hanc rem scripta
in journal des scavans 1691. 18. juin p. 386. seqq.
Eam sic finit p. 390. & 391. vir illustris : ,, cette
,,*consideration* me paroit *importante*, non seulement
,,pour connoitre la nature de la substance étendue,
,,mais aussi pour ne pas mépriser dans la physique
les principes superieurs, & immateriels, au prejudice de la pieté. Car, quoique je suis persuadé, que
tout se fait *mécaniquement* dans la nature corporelle,
je ne laisse pas de croire aussi, que *les principes* mêmes
de la mécanique, c'est à dire, les premieres *loix du*
mouvement, ont une origine plus sublime, que celle,
que les pures mathematiques peuvent fournir. Et
je m'imagine, que si cela étoit plus connû, ou mieux
consideré, bien des *personnes de pieté* n'auroient pas
si mauvaise opinion de la philosophie *corpusculaire*,
,,& les philosophes modernes joindroient mieux la
,,connoissance de la nature à celle de son auteur. ,,

quæstio ad *æternitatem* mundi, (sic ipse vir clar.
p. 143.) de qua ille longe diuersum loquitur in
epistolis ad CLARKIVM. Audi virum in ep. V. §.
56. ,,Absolute loquendo potest concipi, vniuersum cœpisse prius, quam reuera cœpit ,, : et
paulo post : ,,sed an id rationi & sapientiæ diuinæ
conueniens, alia quæstio foret &c. ,,. Idemque
(7.) dicit ibidem de *fine*, posse concipi prius terminatum, si quid fini eius demere volueris, non autem esse rationabilem eam imminutionem.

§. 240. Itaque (8.) satis patet, quam id *ortui*
rerum & dependentiæ a prima caussa *non repugnet*,
quod de infinito rerum, etiam præsentium, numero LEIBNITIVS edixit. Quomodo autem (9.) ipsa
hæc *harmonia præstabilita*, omnibus illis, qui eandem tuentur, fortissimam *primæ caussæ, Deique de-*
monstrationem exhibeat, id deinceps succincte docebo sectione dissertationis septima seq.

§. 241. Alterum cel. STAHLII argumentum hoc
est: ,, si vero quidquam minimo minus esse potest, eadem illa mensura, nempe in nihilum nulla, ex his tricis, admittere, nedum eruere poterit, *primæ illius caussæ* adhuc *perpetuum influxum*,
adeoque verum *prouidentiæ* supremæ indesinentem
concursum, gubernationem atque *directionem*; præsertim si *harmonia illa præstabilita*, non aliquid
simplicissime metaphysicum, abstractum, sit habendum; sed aliquid reale, *modum & mensuram actiui-*
tatis illius *motoria* entelechialis, in ordinem *inuio-*
labilem cogens, aut intra illum *coercens* . ,,

Q 2

§. 242. Nescio vero ego, quid *hic* in mentem
venerit *viro clarissimo*, aut quomodo id ex nostris
consequi sententiis vel videri possit. (1.) Harmonia præstabilita est aliquid *metaphysicum* : sed obtinetur *legibus naturæ*, quæ sunt aliquid reale. (2.)
Realia omnia pendent a DEO, idque in fieri, esse,
& conseruari. LEIBNITIVS in theod. §. 377.
,,Iam supra statuimus diuinum concursum in eo
consistere, quod ipse nobis assidue largiatur, *quicquid* in nobis & actibus nostris est *reale*, quatenus id perfectionem aliquam inuoluit. ,, Habes
concursum. (3.) Audi & *prouidentiam* & gubernationem & directionem. Idem in ep. II. ad CLAR-
KIVM §. 8. 9. ,,Non dixi, mundum corporeum esse machinam aut automatum, quod sine DEI *in-
terpositione* progrediatur, ego vrgeo satis, quod
creaturæ illius *continuo influxu* opus habeant. Ea
sententia non excludit *prouidentiam* aut *gubernationem* DEI, ex aduerso illam perficit. Vera DEI
prouidentia requirit *perfectam prouisionem;* sed vlterius requirit, non solum vt perfecte *præuiderit*,
sed vt etiam omnibus *prouiderit*, mediis conuenientibus præordinatis. ,, Atque ea res (4.) est
adeo manifesta, vt vir doctissimus SAM. CLARKIVS,
post acceptas illas responsiones obiectione sua cesse-
rit (232), quantumuis cetera aduersatus fuerit opi-
nioni-

232) Ita enim ille resp. II. §. 11. p. 26. ,,Quand on dit,
que Dieu conserve les choses; s'il on veut dire par
là, qu'il agit actuellement sur elles, & qu'il les
gouverne en conservant & en continuant leurs étres,
leurs forces, leurs arrangemens; & leurs mouve-

onibus Leibnitianis. Si plura in eam rem & expli-
catiora postules, potes (5.) Wolfianas metaphysicæ
institutiones consulere §. 1054. seq. Illud obiter
addo, (6.) ordinem in fine paragraphi *inuiolabi-*
lem dici, scilicet *naturæ :* non DEO. Conf. §. 238,
in antecedentibus.

§. 243. Dixi autem ista prolixius, quoniam
LEIBNITIVS in suis exceptionibus ad priorem locum
tria solum verba reddidit, posteriorem vero in re-
plicationibus non vidit, editum demum A. 1720.
Ita enim ille in exceptionibus p. 221. „ Quid sit
harmonia præstabilita, nunc demum ex iis credo
intelligetur, quæ dicta sunt ad num. 21. Itaque
quæ hic contra disseruntur, *scopum non feriunt.* „
Fefellit autem spes illa virum illustrem : ita enim
cel. STAHLIVS subiicit. „ Quid aliud sit harmonia
præstabilita, quam quod ego recte & ordine con-
ieci; vnde quæso intelligere potuissem, ex omnibus aut singulis, quæ exceptione 21. dicta sunt,
ne quidem *nomine* huius harmoniæ *serio* repetito:
tantum abest, vt scopum sibi propositum ferire
potuissem. „

Q 3

§. 244.

mens; c'est précisement ce que je soutiens„. Cui
confer resp. LEIBNITII III. §. 16. p. 37. „Je n'ai jamais donné sujet de douter, que la conservation de
Dieu est un préservation, & continuation actuelle
des étres, pouvoirs, ordres, dispositions & motions,
& je crois peut-être l'avoir mieux expliqué, que
beaucoup d'autres. „ Neque posthac plura vel opposuit, vel desiderauit in hoc negotio CLARKIVS, etsi
nondum statione decesserit, & duas adhuc responso-
rias LEIBNITIO opposuerit.

§. 244. Atqui & *nomen* eſt eodem, quo ſemper, ſenſu, in dicta exceptione 21. art. 2. & *ex-*
plicatio harmoniæ præſtabilitæ pleniſſima continetur art. 1-7. pag. 175. ſeqq Patebit id, ſi cum
noſtra hac exercitatione velis locum componere.
Verum iſta de *Stahlianis* ſufficiant, dicta *ſaluis*,
quos cetera viri in rem medicam merita poſtulant,
honoribus!

§. 245. *Supereſt*, vt *ſpicilegii loco* ſubiiciam,
quæ interdum ex me quæri memini, aut ſyſtemati
huic obuerti. Sunt illa huiusmodi: ,, ſi animæ
cogitationes a corpore non pendent, ſed ſuo ordine & legibus pro animæ natura mutuo conſequuntur: *cur illa non pergunt* corpore vtcunque affecto? Cur *cerebro* læſo turbantur? Cur in *turbinem*
acti, neſciunt, quid agant? An iſte corporis in
gyrum & turbinans motus cogitationum animæ
conſecutionem turbare poteſt? Aut quid hic rei agi-
tur? Cur *cerebrum* mage ſequuntur animæ repræſentationes, quam aliam quamcunque corporis partem? Si ex animæ fundo omnia, cui bono *inſtitu-*
tiones, libri, collegia, auditoria? Expectemus ſe-
curi, otioſi, &, ſi placet, dormientes, dum illæ
ſe ideæ euoluant, quas magiſtri aliis inſtillant, aut
librorum lectio ingenerat? Si ordine ſibi perceptiones ſuccedunt, vnde ſubitaneæ immutationes hominum, & *morum epocha?* vt, quæ hactenus virtutem ſequitur anima, mox tota vitiis abripiatur?
& quæ ſunt plura huiusmodi. ,,

§. 246. *Non pergunt* ideæ corpore aliter affecto,
quoniam animæ prior ſtatus, tanquam corpori
harmo-

harmonicus atque vniuersi repræsentatiuus non
minus in se habuit repræsentationem illius caussæ, qua corpus aliter affectum est, quam prior
corporum status eam caussam fuit complexus. Itaque ex repræsentatione ista priori non potest nasci
alia repræsentatio, quam qualis conuenit statui corporis posteriori, qui nascitur a priori. Vides, *vnde*
sit *perceptionum turba,* ab antecedanea perceptione
eius, quod motuum turbas produxit.

§. 247. *In turbinem acti* nesciunt, quid agant?
Dico caussam : in turbinem si corpus agatur tuum, variantur impressiones corporum in organa
sensus tua mirifice, sic vt, breuissimo tempore,
& veluti momento, plurima, sed minus fortiter,
in illa agant.   Iam anima ex nostris institutionibus repræsentat vniuersum pro situ sui corporis in
eo, itaque momento quasi temporis, plurimas,
sed debiliores, & minus a se inuicem secernendas
rerum plurimarum repræsentationes, atque idearum successiones, hoc est, perceptiones obscuras
habet, paucissimis intermixtis clarioribus & distin-
ctioribus.   Itaque nescit fere, quid ipsa agat,
dum sensim iterum sibi fiat conscia; ad conscientiam enim requiri temporis aliquem tractum maiorem minoremue, pro circumstantiarum, aut in-
geniorum ratione, discas ex metaphysica CHRIST.
WOLFII §. 736.

§. 248. Cur *cerebrum* sequatur *magis* animæ
perceptio, quam partes alias? facilis est ratio. Repræsentat anima vniuersum pro situ corporis *orga-*

Q 4   *nici*

nici, hoc eſt, ſenſuum organis præditi (233). Atqui ſenſuum organa confluunt in cerebro; hoc
enim eſt quaſi receptaculum, & ſcaturigo motuum
omnium, quatenus ab obiectis impreſſorum atque
in corpus diffundendorum. Hoc mediante motus
ex aure vel oculis in pedem tranſit aut manum meam; vt *communiter* docemus. Igitur, cum cerebri ſint præcipuæ in motu partes: id præcipue ſequi oportet motuum perceptiones.

§ 249. Illa autem ſuppoſitio de ideis *ex animæ
fundo* prodituris iiſdem, *ſiue media* ſcientiarum *ad-
hibeas*, *ſiue negligas*, *de moribus iiſdem*, *ſiue leges*
ſint poſitæ, ſiue non ſint: *contradictionem* inuoluit:

233) Elegans in eam rem obſeruatio eſt IAC. BERNOVLLII
in epiſtola ad auctorem diarii Pariſini, du journal des
ſçavans 1685. 19. nou. p. 499. Vbi, recenſita methodo cœcos docendi mathematica, de *cæca* quadam *virgine Geneuenſi*, ipſo magiſtro litteras exararo
docta, memorat, eam nonniſi talia ſomniaſſe, qualia in-
terdiu agitauerat; imagines rerum, quippe non viſa-
rum, nullas vnquam concepiſſe. ,,Demandant quelque fois à cette *fille*, ſi elle ne *reſvoit* point en dormant, comme nous, & s'ils ne luy paroiſſoient point
d'images ou de phantoſmes: elle luy reſpondoit,
qu'elle ne ſavoit ce que c'étoit que ces ſortes d'images; mais que quelque fois en dormant, il luy ſembloit, qu'elle manioit les objets, de même qu'elle
faiſoit en veillant. ,, Adeo ſequitur anima ſtatum
corporis, eidemque conſentit, vt neque in ſomno
ideas producat, quales conſtitutioni organorum naturali aduerſentur. Eadem dixeris de illis, qui *inter
vrſos* educati rudes rerum pæne omnium, & ſtupidi
fuerunt immaniter.

uit; ideoque mirum non est, absurda consequi.
Dum enim animae ideas dicimus respondere situi
corporis in vniuerso : si diuersos corporum situs
suppono, suppono & diuersas inter se animas, illis
respondentes; aut, si hoc malis, diuersos eiusdem
subiecti status. Itaque inferri non potest : si ideae
scientiarum euoluuntur in me, dum frequens ad-
sum docentibus; si mores mei sunt compositi,
dum leges intelligo in eam rem latas esse : ergo si
ego absim, si leges desint (*hoc est*, si alia sit prioris
loco anima, siue eiusdem animae status a priori di-
uersus) eaedem hae ideae, iidem appetitus consequuntur ex suis antecedentibus. Scilicet, si *data* differunt; differunt & *quaesita* : si *antecedentia* discrepant; discrepant & inde *consequentia* (234).

§. 250. *Epochas* vero hominum, in alia omnia
a prioribus abeuntium, ordini rerum, quatenus

Q 5   ille

---

234) Nesciunt igitur sane, quid vellicent, quicunque ex
    natura animae, quatenus mundi pro *situ corporis* re-
    praesentatiua dicitur, hiante omnino consequentia in-
    ferunt, animam, *sibi Parisiis* attendentem, dignoscere,
    & tanquam in *speculo* aduertere, quae in Vaticano *Ro-*
    mae, Constantinopoli in gynecaeo fiant ? Quis illa *serio*
    opponere queat rerum peritis ? Quis velit ? Nimirum,
    ex pumice aquam postulas ! Ex repraesentatione status
    rerum Parisiensium, vt talium, clara & distincta, hoc
    est, ex statu animae Lutetiae existentis, immediate de-
    duci vis repraesentationem rerum Romanarum claram
    vel distinctam, non transeundo per repraesentationes
    intermedias, sed *per saltum,* eundemque absolutum,
    non corpori magis quam animae contrarium, & na-
    turae omnino vniuersae inimicum.

ille confecutionem *generaliter* moderatur, aduersas
non esse, facile concipias, si memineris, regulam,
ordinem, formulam generalem, vbi aliqua immutata supponitur circumstantia (235), producere di-
uersissima: eadem terra venenatas & salubres successiue herbas alit & producit, eodem nutritionis
ordine generali mediante. Tantumque abest, vt
eiusmodi mutationes obsint ordini, aut vicissim;
vt potius & in absolute necessariis, in *geometricis*
v. g. lineis idem obtineat, quod norunt illi, quos
geometria recentior docuit examinare ramos atque
ductus curuarum, quæ *puncta flexus contrarii* habent, & *puncta regressus* : nihilominus *æquationi-
bus* subiectæ *regularibus* & *generalibus*.

§. 251. Denique *illud* prioribus dubium, tam
hono-

235) Possent multa in hunc locum congeri de *effectibus
minutiarum* prægrandibus. Vide, si placet, LEIBNITIVM
in theodic. §. 100. 101. WOLFIVM in metaph. §. 508.
Et cogita mutationes rerum ab vnica quadam *scintillu-
la*, pyrio puluere illata, pendentes; examina mutationes ab exiguo *folioli* strepitu factas in homine meticu-
loso, noctem in silua transigente; & quæ sunt plura
eius generis vbique obuia. Similia de *subitaneis* rerum mutationibus in natura occurrunt: vt enim omnia
ordine fiant, mutationes aliquando extantiores breui
tempore accidunt; ita idem fluuius, dum per aliquot
milliaria vix aliquot pedes lapsu confecisse, per libel-
landi artem deprehenditur, vbi ad cataractas deuen-
tum est, casu suo aliquot centenos potest conficere
breuissimo temporis & loci spatio, facturus *saltum*, etsi
non absolutum; neque enim ab extremo ad extremum
deuenit nisi per media eundo, eundo tamen quam ce-
lerrime. v. LEIBNITIVM in recȝeil T. II. p. 186. 187.

honoris, quam speciosæ *difficultatis* caussa, pro coronide dictorum adiungimus. Influxum animæ & corporis physicum abnegauimus ideo, quod *proportionem* postulet inter agens & patiens; proportionem vero inter *res* heterogeneas, & *attributa* rerum heterogenea, spiritum & corpus, cogitationem & motum, non admittat eorundem incomparabilitas. Admonuit *vir eruditissimus,* eandem quoque *necessariam* esse & præsupponi in *concordia: quæ* enim *harmonia,* qui consensus est inter mutationes animi & corporis humani, si comparare illa & illorum attributa non liceat, *si nulla* motuum & perceptionum *proportio* obtinet? *Agnosco* sane, namque id superius vrgeo, proportionem *inter* perceptiones *&* motus *nullam* esse; nisi enim id fecero, consequitur, motum aliquoties repetitum, auctum aut imminutum fieri perceptionem posse. *Non* autem existimo, *necessariam* illam *harmoniæ* nostræ, *etsi* necessaria sit *influxui.* Nimirum in harmonia *vnumquodque suas* sibi res habet, determinationes statuum præsentium ex *domestico* efficienti principio scaturiunt, non ex alieno: *sufficit* igitur *similitudini,* si mutationes *animæ* eandem *inter sese* proportionem habeant, quam mutationes *corporis inter sese* obseruant. Quodsi enim *perceptio* ad *perceptionem* se habeat, vt *motus* ad *motum;* si *motus* ad *motum,* vt *appetitus* ad *appetitum: consentiunt* vtique mutationes vtriusque substantiæ *in suis* perceptionum & motuum, appetituum & molitionum *successionibus.* Facio hic, quod *geometræ* solent, cum v. g. *in motu* corporum æquabili *spatium* exprimunt, *facto celeritatis*

tatis & *temporis:* neque, opinor, *harmoniam* ne-
gaueris inter spatium motu æquali decursum, &
factum ex celeritate in tempus. *An igitur tempori spatium* comparamus ? res omnino heterogeneas ? Non sane. Nouimus hoc velle geo-
metras ; cum duo corpora ferantur æquabili motu, *spatium vnius* esse ad *spatium alterius* in ratione composita directa *celeritatis* & *temporis vnius*
ad celeritatem & tempus alterius. Igitur aut fallor
ego, aut *ad harmoniam sufficit*, successiones repræsentationum inter se, & motuum inter se compa-
ratas, seruare eandem vtrobique rationem. *Consentiunt* illæ meo iudicio, si ad motum corpori
inimicum ingrata menti perceptio, ad amicum vero
& *vtilem grata* oriatur : ad *duplum* prioris *du-
pla* (236), & sic deinceps. Quodsi idem applicare
ad influxum liceat, cedam vniuersa heterogenei-
tatis

236) Erunt fortassis, quibus non sufficit, ad duplum sequi duplam, sed qui *absoluta* æstimatione *primum* gradum *primo* æquipollentem & proportionalem postu-
lent. Nihil impedio, si possis : *absolutas* ego *quantitates* nullas concipio ; quascunque autem concipio,
mensuris intelligo, id est, rebus eiusdem generis aliis,
ad mensurandam quantitatem applicabilibus. v. si placet, §. 41. p. 42. not. 57. Neque id *sapientiæ* aduersum
foret, aliqua initio determinare pro arbitrio, cetera
deinde legibus & ordine stato deducere e simplicibus
libere assumtis : ea quidem methodo, quam in *arte cha-
racteristica* vsurpant intelligentes, vt *simplicia* quidem
exprimant simplicibus, & arbitrarie electis, verum ita
commode tamen, atque adeo sapienter determinatis
characteribus, vt *compositorum* characteres idonei

tatis obiectione. Alia vero in illo quidem casu comparatio est.

§. 252. Atque ita *tandem exegimus institutum* nostrum, quatenus illud *ad* soluendas celeberrimorum virorum *obiectiones* pertinet. Non dubito *esse plures*, hinc inde obuias, & interspersas aliis scriptionum argumentis; *fore* etiam *plures* *, postquam

possint e simplicibus compingi; non enim illud statim indifferens est, quod arbitrarium dicimus.

---

* Non me fefellit suspicio. Vidimus tot plaustra obiectionum, vt de nullo argumento maiora. Sed nolo actum agere. Quod hic asserui, verum est. Solui omnes possunt, si distincte thesin concipias nostram. Si quis dubitet, dicat specifice, determinate, & distincte, quam obiectionem aut nondum solutam, aut solutu difficilem putet; dicat publice, aut priuatim; sed dicat sine ambagibus, sine promiscua plurimarum rerum confusione & coaceruatione; dicat ita, vt certo ad meam res notitiam perueniat: dicam ego, vbi iam responsum sit, vel, quid responderi possit, & debeat? Dicam vero modeste, dicam distincte, dicam breuiter, dicam semel, bis aut ter, dicam de vno tantum argumento, donec id finitum sit, non de duobus, tribus aut pluribus. Vbi nihil proficias, tempori parcendum est. Neque capiunt omnes omnia: neque possunt omnes omnia exponere. Aliquando lectorum culpa assensus deficit: aliquando scriptorum. Conicas Apollonii sectiones nemo intelligat, nisi post Euclidis στοιχεῖα. Sed & post Euclidem facilius la Hirium legas, quam Apollonium, patriarcham licet conicorum, qui suporsunt, omnium.

postquam id systematis ex aliquo tempore incipit
inualescere: confido autem, *nouas* fieri difficultates *paucas* posse ; *plerasque* aut diserte solutas esse,
aut *occupatas* saltim ; *ceteras* ex vniuersa sententiarum compage *solubiles* spero.   Et *malo* sane
alioquin, *caueri* obiectionum *effectus* in lectorum
auditorumue animis ,   distincta sententiarum ex-
positione, & demonstratione, cum fieri potest,
dilucida & plena : *quam* teri tempus, onerari
memoriam, affectari polyhistoriam, & suffocari
distinctos rerum conceptus, per quæsitas obiectionum plurimarum , atque obiter solutarum *conden-*
sationes.   Subtilissimas quidem limitando resolui-
mus communiter: limitatione ostendimus, sequi
aliud ,   quam nos tueamur ; aut sumi aliud,
quam concedamus :   igitur determinata sententiæ
& *distincta cognitio*, cum attenderis negotio, *suf-*
ficiet.   Sed vero hanc viam sequamur *alias : pri-*
mam placuit commentationem accommodare ingenio multitudinis; ita factum est, vt rem eandem ,   non sane volentes ,   sæpenumero diuersis
enunciare locis , & quæ minus necessaria videbantur nobis , diducere coacti simus.   Finiamus
aliquando sermonem , & , quæ super-
sunt , pauca *pressius* per-
sequamur.

SECTIO

SECTIO SEPTIMA,

DE

CONSECTARIIS HVIVS SYSTE-MATIS VTILITATIBVS.

§. 253.

Dum consectarias *ex systemate nostro vtilitates* aduoco, *non sane generaliter* enumerabo, quæ sint *vnionis* inter animam & corpus mutuæ *commoda* simul & *incommoda*. Accedant cel. LAMIVM, si qui eius rei curiosi fuerint. De illo enim accepimus (237), enumerare virum doctissimum inter *incommoda* animi, ex vnione pendula, quod spiritus, pretiosissimarum veritatum contemplationi aptatus, transferre attentionem cogatur ad terrena, corpori quidem sustentando necessaria, itemque quod doloribus & erroribus, a sensatione rerum fluentibus, fiat obnoxius: *commoda* istum ex aduerso illa enarrare, quod mediante sermone societatum capax hominum animus colere artes & scientias possit, satisfacere sua patientia diuinæ etiam iustitiæ, & mereri præmia, diuinitus promissa. „ Vt enim *de ipsis*, quæ allegantur,

---

237) V. journ. des sçavans 1694. 13. sept. p. 707. ex eiusdem tract. II. de la connoissance de soi-même, ou l'on examine l'homme selon son être *naturel.*

gantur, commodis siue incommodis hic *nihil dicam*: *non* sunt illa nostro *propria* systemati; sed *neque vim* aut *lucem* ex harmonia præstituta *maiorem* acquirunt. Dicamus *eorum aliqua, quæ* in nostro hoc vnionis systemate *illustriora* sunt: de DEO alterum, alterum de *anima humana.*

§. 254. In vtroque *vsum* ostensurus, *necessitatem* non assero. Neque igitur hoc ago, vt *oblique* illos pungam, qui dissident suis sententiis. Scio, *alios* quoque (238) ex illa animi & corporis vnione scalas ad diuinitatem applicuisse, & eleuato, vt philosophos decet, animo, mirandi illius artificii scaturiginem in DEO quæsiuisse. Neque detraho argumentis virorum: illud, nisi graue sit, attende, *num eadem* idearum & perfectionum *fœcunditate* id in omnibus fiat? Et num *nostra aliquid* singulare habeat, & *illustrius*? Cetera memineris, ipsos etiam huius sententiæ artifices, LEIBNITIVM atque WOLFIVM, *alias* de diuinitate demonstrationes dedisse, ex motu illum, istum ex consideratione mundi philosophica (239). Sed vide,

---

238) Præter R. P. LAMIVM, modo allegatum, l. c. p. 700. & p. 701. succurrit nunc exemplum dn. abbatis DANGEAU, in dialogis quatuor, de immortalitate animæ, existentia DEI, prouidentia, & religione, editis Lutetiæ Parisiorum, sine nomine suo, & recensitis BÆLIO in nouvelles de la republique des lettres 1684. T. II, p. 57. De *occasionalistis*, in vniuersum omnibus, notius id est, quam vt inculcari debeat.

239) *Argumentum* est vel ideo *venerabile, quod* sacri codicis

vide, *quid*, *admiſſa* illa, quam exponimus, *harmonia* olim *præſtituta*, legitime & neceſſario *conſequatur?*

§. 255. Nimirum *duas* in hoc ſyſtemate *ſubſtantias* agnoſcimus, alteram corpoream, ſpiritualem alteram; *diuerſiſſimas* adeo illas: *vtramque* autem in exiſtentia & mutationibus ſuis *contingentem*; adeoque & aliter poſſibilem: vtramque in ſe ipſa conſpicuam *varietate* mirifica; organis illam, & motibus, iſtam perceptionibus atque appetitibus: vtramque in tanta rerum & modorum varietate *conſpirantem* amiciſſime. *Conſenſus* igitur illius oportet *cauſſam* inueniri: dic vbi? *quam?* qualem? & quantam?

§. 256. Principio *non* eſt illa *in rebus*: ſunt enim contingentes; eoque eſſe poſſunt aliæ atque aliæ. In *neceſſariis* ſane, quorum oppoſitum in ſe ipſo inuoluit repugnantiam, eoque exiſtere non poteſt, ſatis eſt in rebus ipſis cauſſæ, quare hoc, non alio, exiſtant aut concipiantur modo; oppo-

R   ſitum

auctoritate approbatum eſt; *quod* rigorem demonſtrationis præ ceteris optime ſuſtinet; *quod* & attributis DEI cognoſcendis accommodum eſt; *quod* fœcundam corollariis, etiam practicis, DEI notitiam animo ingenerat. Vid. omnino *cogitationes rationales* de DEO, mundo & anima, cap. VI. integro. Collatis *cogitationibus ration. de hominum actionibus & moribus* P. III. c. I.–VI. De Leibnitio vid. præfat. artis combinatoriæ, quam iuuenis ediderat, recuſam Francofurti 1690.

situm enim a seipso excluditur ex regno veritatum
& rerum. *Secus* est *in contingentibus,* quæ neque
excluduntur ab existentia, neque ponuntur inter
existentia, per ipsam sui naturam; eoque caussam
sui extrinsecam postulant ponenda, posita supponunt atque arguunt(240).*Harmoniæ* igitur inter res
contingentes contingentis *caussam in rebus ipsis frustra* sane quæsieris.

§.257. Sed *neque in mundo* illam, *aut ea,*
quam nonnulli in subsidium vocant, *natura* depre-
henderis. Sunt ex nostro systemate plures in sese
mundi possibiles; est noster contingens (241); re-
gitur ipse legibus, vt sæpe dixi, contingentibus;
si vocabulo naturæ sensus est, dicit ordinem illum, quo sese omnes res corporeæ & spirituales,
vñaquæque suo more, mutuo excipiunt, ponunt,
tollunt,

240) Obiter moneo, post CHR. WOLFIVM, hac adhibita
distinctione *rectificari* argumenta quædam frequentius
adhibita, cum v. g. ex ordine effectuum quorundam
arguimus ad ordinantem caussam a rebus ipsis distinctam. Valent ista sane, cum ordo contingens
est: vbi necessarius supponitur, non item. Neque
adeo *plene* rem suam illi exequuntur, qui solo ordine
nituntur: *absoluent* vero, vbi contingentiam illius
simul adiunxerint.

241) Dabimus fortassis *alio loco,* quæ ad demonstrandam
mundi præsentis contingentiam pertinent. Nunc
illa indice digito ostendisse sufficiat. [Diximus,
quæ huc pertinent, distinctius & diffusius in dilucidationibus nostris philosophicis de DEO, anima,
& mundo. Conferantur sectiones de mundo, &
de existentia DEI.]

tollunt, antecedunt, aut producunt ; obtinetur
ille legibus, siue formulis motuum & appetituum,
illis physico - mechanicis, his ethico - logicis,
vtrisque non vnicis, sed ex pluribus possibilibus
diuina optione selectis.   Non est igitur in ipsa
per sese natura aut mundo satis caussæ, cur hæc
potius rerum facies, ordo, consensus & harmonia
obtineat.   Inferendi neruus est, qui modo fuerat,
antecedenti proxime paragrapho : quærenda igitur *extra mundum* harmoniæ *caussa* est, & *vltra
naturam* inuenienda est sublimior.

§. 258. Obtinuimus caussam harmoniæ *vltra
mundum*, & *extra contingentium seriem* existere ⁚
necessariam adeo in *existentia* sua, & in *operationibus*, quoniam optione contingentia determinauit, & ex indeterminata plurium possibilitate determinatam alicui existentiam dedit, *liberam. Num
eo facto diuini*, quale veneramur, Numinis existentiam asseruerimus, illico *intelliges, vbi* attenderis ad sequentia illius caussæ attributa, eademque
cum diuinis perfectionibus contuleris.

§. 259. Qui e diuersi generis possibilibus illa
nouit seligere, & in actum deducere, quæ mutationibus suis consentiant : eum oportet *intelligentem* esse. Si imensa rerum varietas consentiat : oportet *infinite* (242) *intelligentem* esse.   Si machinas

R 2   nouit

242) De *notione intellectus infiniti* ex consideratione rerum, pro respectu *temporis & spatii* variantium, &
variabilium, conf. elegantem dissertationem, quæ

nouit præparare futuris casibus, vt exquisite illis
respondeant: oportet *futurorum* esse *præscium*. Si
præparet: *prouidentem*. Si ordine illa obtineat,
& successione mediorum atque finium sibi sub-
ordinet: *sapientem*. *Potentem* vero, qui infinitas in corpore nostro atque vniuerso machinas
consentientes, animasque ista omnia, suo quas-
que & varianti modo, exprimentes vel repræsen-
tantes fecit.

§. 260. Habes igitur *auctoris harmoniæ nostræ existentiam* in se ipso *necessariam* : habes
eminentiam, & *ab vniuerso independentiam:* habes *dependentiam vniuersi ab ipso*: habes *intellectum* eius *infinitum*: habes *voluntatem libere* e
pluribus eligentem: habes *præscientiam futurorum:* habes *prouidentiam*: *sapientiam* habes: habes denique hic *potentiam* eius *infinitam*. *Satis*
id profecto *characterum* est, vt optimum maximum DEVM istis criteriis agnoscas, vniuersi con-
ditorem & arbitrum. *Neque* illi quidem *illatione*
quicquam liceat *obuertere**.

§. 261.

CHR. WOLFIO præside habita est Halæ Magdeb. *titulo*
speciminis physicæ ad theologiam naturalem applicatæ, quod sistit notionem intellectus diuini per
opera naturæ illustratam.

* Atqui obuertit vir doctus, argumentum hoc vniuersum pro DEI existentia nihil valere, imo illam ludibrio exponere. Verba sunt: „ argumenti forma
„ hæc est: si est harmonia inter animam & corpus

§. 261. Vides harmoniam *deducere ad* DE-VM non extorquendo solum existentiæ confessio-nem, sed *illustrando perfectiones* quoque. Non applaudo omnibus promiscue *& æqualiter* argu-mentis: amo illa, quæ *ideam* diuinitatis *minime sterilem* generant, sed talem, qualem hanc existi-mo, perfectionibus simul, atque eminentissimis vndique attributis prægnantem. Atque hic verto in rem meam, quæ superius opposuerunt eruditi,

R 3   BAELIVS,

„præstabilita, qualem systema Leibnitianum tradit,
„existit DEVS, huius vniuersi auctor. Quid si a-
„theus non solum dixerit, sed etiam demonstraue-
„rit, falsum esse antecedens? Nonne consequens,
„seu dogma de existentia DEI, eius ludibrio erit ex-
„positum?„ Verum hic tria sunt in promtu monita. Vnum, non esse hanc argumenti nostri *formam*: absit, vt ita laxe philosophemur. Differt argumentum, quale nos *explicitum* dedimus, ab illa *vaga*
enunciatione, qualem auctor sine vllo *medii termini*
indicio profert. Secundum, nos adhuc expectare
illos gigantes, qui difflare demonstrationibus suis,
demonstrationibus dico, harmoniam præstabilitam
valeant. Tertium, si falsa sit, & talis esse etiam
publice demonstretur, nihil inde detrimenti redun-
dare ad consequens. Cur facillima & vniuersalissi-
ma logices præcepta negligimus? Annon inculca-
mus tironibus logicis hanc regulam: esse in syllogismis hypotheticis *formæ vitium*, si quis inferat:
atqui prius non est; ergo nec posterius. Quis ita
argutantem ferat: si TITIVS est excellens ICtus,
medicus, aut mathematicus; est vtique vir doctus.
Sed TITIVS neque ICtus est, neque medicus, neque
mathematicus; ergo non est vir doctus?

BÆLIVS, LAMIVS, CLARKIVS, alii; quando tantam
harmoniæ præstituendæ sapientiam atque vim necessariam iudicarunt, vt neque diuina sufficiat
omnipotentia & scientia.   Nimirum, euicta,
quod fecimus, rei possibilitate, non probat sapientiam solum id systema, & potentiam, sed *plane*
extollit.   Quam autem ea sit *philosopho digna* hypothesis, qua diuinum in natura artificium, quantum fieri potest, maximam diuinitatis vltra finitum
omne admirationem venerationemque animo ingenerat : id notius esse debet philosophantibus,
quam vt inculcari denuo necessum sit.

    §. 262. Illud non adeo commune *argumen-*
tum est, quo LEIBNITIVM tamen aliquoties (243)
vsum esse vidimus, cum ex ipsa illa diuinorum at-
tributorum manifestatione existentiam sui systematis

---

243) *Exemplum* videas journ. des sçav. 1696. 18. nou.
    p. 709. 710. Vbi recensita breuiter sententia, nu-
    deque exposita, pergit : „après cela je ne crois pas,
    que j'aye besoin de rien prouver, si ce n'est qu'on
    veuille, que je prouve, que Dieu a tout ce qu'il
    faut pour se servir de cet artifice prevenant, dont
    nous voyons même des échantillons parmi les hom-
    mes, à mesure, qu'ils sont habiles gens.   Et, *sup-*
    posé qu'il le puisse; *on voit bien,* que c'est la plus
    belle voye, & la plus digne de lui.   Il est vray, que
    j'en ai encore *d'autres preuves,* mais elles sont plus
    profundes, & il n'est pas necessaire de les alleguer
    ici. „   Et antea in journ. des sçav. 1695. 4. juill.
    p.459. „Dés qu'on voit la possibilité de cette hypo-
    these des accords, on voit aussi qu'elle est la plus rai-

matis intulit vir illustris. Sufficit profecto,
possibilem harmoniam esse, & excellentius diuina
exprimere perfectionum in rebus vestigia, quam
oppositas illi sententias; sufficit inquam eo, vt
existere adeo illam omnes ii colligant, qui per-
fectissimas DEO operationes tribuunt, eoque inter possibilia plura inæqualiter perfecta optimum
ab illo seligi infallibiliter, defendunt.   Sed vero
difficile est *specificum* examen in *comparatione*
(244), vtrum e duobus sit sapientiæ honorificentius?
Generaliter id apertum puto, maiorem in nostro,
quam ceteris systematis, artem demonstrari.   Atque hoc sufficit, vt intelligas, *diuinam nostra* sententia *gloriam eminenter illustrari.*

§. 263. *Alterum*, quod allegari conuenit, systematis harmonici commodum, in *asserenda* aut
illustranda animæ humanæ a rebus externis *inde-
pendentia*, & consequente illam *immortalitate*, atque in actionibus suis spontaneitate perfecta consistit.   De *spontaneitate* locum exhibui §. 184.

R 4

Neque

sonnable & qu'elle dome une merveilleuse idée de
l'harmonie de l'univers, & de la perfection des ouvrages de Dieu.

244) Dico, specificum & in comparatione.   Sunt enim
casus, vbi *absoluta* disquisitio, an hoc vel illud sit sapientiæ conueniens? facilior est quam *comparatiua*,
vtrum sit conuenientius? Et comparatiua *generalis*,
sine dubio facilior est *specifica*; saltim iis casibus, vbi
circumstantias omnes pernosse & contendere non datur hominibus.

Neque illud in vulgato systemate dubium leue
puto, quod multi inimicum libertati opinantur,
ab externis adeo vehementer affici an rapi? rebus.
De *immortalitate* verba viri illustris pauca dabimus hoc loco.   Ita autem ille de harmonia
sua (245): „ce qui met encore dans un jour merveilleux l' immortalité de nôtre ame, & la *con-*
servation toujours *uniforme* de nôtre *individu*, par-
faitement bien reglée par sa propre nature, à
l'abri de tous les accidens de dehors, quelque
apparence qu'il y ait du contraire. Jamais système n'a mis nôtre elevation dans une plus grande
évidence.   *Tout esprit* étant comme un *monde*
àpart, suffisant à lui même, independant de
toute autre creature, envelopant l'infini, exprimant l'univers; id est *aussi durable*, aussi subsistant
& aussi absolu, *que l' univers* lui-même des creatures.   Ainsi on doit juger, qu'il y doit toujours
faire figure de la maniere *la plus propre* à contri-
buer *a la perfection* de la societé de tous les esprits,
qui fait leur union morale dans la cité de
Dieu.

§. 264. *Ista* quidem *facile* intelliguntur. Si
enim ex antecedentibus anima est substantia simplex, quæ, nisi annihilari, non possit; in quam
nulla corporum impressio est, nulla creaturarum
vera, realis, & transitiua actio; quæ solius DEI
operationibus subiecta, ceterum sibi habet res suas,
suis recta legibus, diuinitus menti insitis: tum
                                                    sane

sane *nibil* est, quod *interitum* minari possit; *nibil*,
quod *interturbare ideas* & *confundere*; *nibil*,quod
interrumpere illas, *ne* cum præsentibus *cobæreant*,
easdemque in animo reproducant; nihil adeo,
quod *præteritorum memoriam* & *personalitatis* statum interuertere valeat (246). Ex aduerso *vnifor-*
mem indiuidui *conseruationem* siue *suadet*, siue de-
monstrat, *dependentia* statuum consequentium ab
antecedentibus, coniuncta *consuetudini* naturæ,qua
augeri perfectionibus, non minui res naturæ,
aut ire in deterius videntur. Saltim *illud omne*
ab anima nostra *abest* quam longissime, quicquid
male feriata profanorum hominum ingenia eidem
affricare connisi sunt; neque enim dependet a ma-
R 5   teria,

246) Ne plura hoc loco, quam necessarium sit,cumula-
ri existimes, euolue cl. viri, Lvd. Phil. Thvmmigii,
reg. Boruss. societ. scient. sodalis, dissertationem
Halæ Magdeb. habitam 1721. d. 12. dec. tit. De-
monstratio immortalitatis animæ ex intima eius natura deducta; cuius sect. I. distinctam *immortalita-*
tis notionem exhibet, complexam 1. *perennitatem*
eius. 2. *perseuerantiam* in statu idearum *distincta-*
rum. 3. *memoriam præteritorum*, quam cum Leibnitio theod. §. 89. indiuidualitatem moralem, & cum
Chr. Wolfio metaph. §. 924. personalitatem vocat.
Eandem opinor Leibnitii mentem esse verbis modo
exhibitis, cum *vniformem indiuidui* conseruationem,
& *societatem* vrget *spirituum*; quorum, si placet, definitionem pete ex §. 896. institutionum metaphysi-
ces Wolfianarum. [Adde *dilucidationes nostras*
philosophicas, vbi hæc omnia distinctius, & plenius,
quam vel a Thvmmigio factum erat, eruimus.]

teria, aut in esse, aut fieri, aut operari; quod *ul-
timum* saltim in vulgato influxu systemate difficulter abnegaueris (247). *Vnice* igitur diuinæ *voluntati*, & *potentiæ* relinquitur, vt possit *ista*, & an
velit *illa* annihilare animam? *Sed* neque huius rei
suspicionem aut metum patitur philosophia verior.

§. 265. Sunt *alia* quoque, quibus *vsum* commendare liceat expositi hucusque systematis. Sic
idem, qui antea, LEIBNITIVS l. c. p. 461. ,,Ces
considerations quelques metaphysiques quelles pa-
roissent, on encore un merveilleux usage *dans la
physique*, pour établir les loix du mouvement,
comme nos *dynamiques* pourront faire connoitre.,,
Intelligo ista non de ipsa inter corpus atque animam

247) Est *vir eruditissimus*, qui Aristotelicum influxus
systema immortalitati aduersum pronuntiat: non
diuinabimus argumenta rei, quoniam consulto premere illa constituit. Illud obiter monebo, si qui
aduersus nostram sententiam allegare *definitionem* animæ *Wolfianam* instituant, &, quoniam anima sit
mundi pro situ corporis alicuius organici repræsentatiua, inferre nitantur, destructo hoc corpore nullam eius repræsentationem fore: impingere illos in
methodum; *meminisse* enim debuerant, ex philosophia Leibnitiana nunquam deesse spiritibus finitis
corpora, quorum respectu limitentur vniuersi repræsentationes. *Quo* eam sententiam *fonte* deriuet
vir illustris, id breuiter indicatum videas in theodic. §. 124. Quod enim in principiis philosophiæ
§. 79. itemque in journ. des sçav. 1695. p. 449.
& 450. memorat, argumentum esse paucissimi ad-
mittent.

mam harmonia : fed de antecedentibus eius, & principiis, quæ liberali manu præmiferat citato loco LEIBNITIVS. Illud inter *commoda ipfius fententiæ* refero, quod v. g. intelligi noftro fyftemate poffit, quid fit illud barbaricum : *effe animam in toto* corpore totam & totam impartibiliter in qualibet parte; quid fit illud, *effe in aliqua principaliter* parte, aut fede; & *quare capiti* eam prærogatiuam concedamus communiter. Sequuntur illa non difficulter, vbi *diftinctam* ex experientia tua notionem *præfentiæ* animi in corpore & mundo erueris, neque figmentis illam contaminaueris.

§. 266. Obiter illud moneo, *euitari* noftra fententia illos *vnionis* animæ & corporis *hiatus*, quos in vtraque altera fententia obuios fpecialiter enumerauit R. P. LAMIVS, vir doctiffimus (248). Exiftimat *fpiritum* effe *vnitum toti* corpori *paffiue*; quacunque enim corporis parte affecta patitur fpiritus : *non toti actiue*; non enim agit fuo imperio

aut

248) V. journ. des fçavans 1694. 13. fept. p. 701. 702. Vbi enumeratis ante fpeciebus vnionis inter animam & corpus, ita concluditur : „ainfi l'efprit eft uni paffivement à tout le corps; & le corps n'eft pas uni paffivement à tout l'efprit : „ & au contraire le corps eft uni activement à tout l'efprit; & l'efprit n'eft pas uni activement à tout le corps. De là il paroit, que le *corps agit plus fur l'efprit*, que l'efprit n'agit fur le corps; puisque le corps agit de lui même fur tout l'efprit, & que l'efprit n'agit, que par une partie de lui même, fur une partie du corps.„

aut operatione in omnes corporis partes ; ex aduerso, corpus esse *vnitum toti* spiritui *actiue* ; dum enim
in spiritum agit, in totum agit : *non toti passiue* ;
multæ enim sunt operationes spiritus, a quibus
nihil patitur corpus nostrum.   Fateor id incommodum videri ; saltim *relationem* in huiusmodi systematis *non tantam* esse, quantam in nostro deprehendimus, vbi omnia concordant omnibus ; corporis quoque potestatem videri maiorem esse in
spiritus, quam vice versa.   Verum de istis facile
transegero, si expedita cetera forent ; pro *curiosita-
te* enim ista potius, quam pro *necessitate* allegauimus.

§. 267. Possent plura eius generis corollaria
subiungi, si id animo constitutum esset. Sed *finiamus* aliquando ; ne omnem simul sapientiam effun-
dere velle videamur. *Patientiam, erudite lector,*
tuam, si ista omnia quietus expendisti, veneramur ; *auaritiam,* si plura etiamnum desideres, non
incusaturi ; habituri *gratias* quoque, si quos forte
errores negotio intercurrentes beneuole ex-
punxeris ; aut rectiora hæsitantem docueris.
               Iterum vale !

APPENDIX,

COMPLEXA DISSERTATIONEM

B. D. ELIÆ CAMERARII,

CVM NOTIS AVCTORIS;

ET

EPISTOLAM AVCTORIS

AD VIRVM CLAR.

IOANNEM CLERICVM,

PETROPOLI D. $\frac{19}{30}$. SEPT. MDCCXXVI.

EXARATAM.

VNIONIS

VNIONIS ANIMÆ
CVM CORPORE
SYSTEMATA TRIA,
HARMONIÆ PRÆSTABILITÆ,
INFLVXVS, ET ASSISTENTIÆ,
IN VNVM FVSA,

ANNO MDCCXXI. M. SEPT.

AB

ELIA CAMERARIO, Med.D.
ac Profeſſ. Publ. Ordin. Cons. &
Arch. Wirtemb.

CVM NOTIS AVCTORIS
EODEM TEMPORE SCRIPTIS.

I. N. D.

Ondum morti ſuccubuerat, qui morti exilium auſus eſt indicere illuſtris baro a LEIBNIZ, nondum exarſerat plenis in egregium virum flammis exterorum æmulatio, cum profundiſſimæ eius in philoſophiam vniuerſam meditationes omnem iam qua late patet orbis eruditi angu-

NOTÆ AVCTORIS.

Abſtineo manum ab iis omnibus, quæ non proxime contingunt ſummam rei, & quæ pluribus in rem præſentem difficultatibus inferendis locum facerent; ne prolixior diſcurſus tædio ſit, aut minus philoſophicæ diſquiſitionis ſuſpicionem moueat.

angulum peruasissent; diu tamen quasi sepultæ,
paucis quippe perspectæ ob acuminis præstantiam,
paucis deamatæ, cum ignoti cupido sit nulla. Factum quoque hinc, vt obiicerent exteri, pigrorum,
quæ per contemtum vocetur, philosophiam asse-
clas numerosos sua secundum principia nancisci,
operosiorem vero illam ac Leibnitianam, Newtonianæ oppositam, sectatores non nisi paucissimos
ostentare. Sed decedendum prius ex arena erat
heroi litterario, antequam caput extolleret ipsius
philosophia, moriendum fuit fertili grano, antequam fructum ferret vberiorem: incipit nunc emer-
gere tanti ingenii soboles, nouis sulta columinibus
ill. WOLFII, magno ingenio, iudicio maiore per-
ficientis Leibnitiana dogmata. Harmonia potissimum præstabilita, dudum cognita, nunc demum
publico speciosius inculcata vnionem animæ cum
corpore ingeniosa ratione explicat, excludens specie
sua blandiente ac nitore suo tum influxus vulgare
systema, tum & alterum illud caussarum occasionalium adeo suis adamatum excultumque amasiis ac
nutritiis, prodeuntibus e CARTESII schola, quæ an
felicior fuerit in exterminandis destruendisque veterum figmentis, an vero in fingendis incrustandisque
nouis non immerito dubitaueris: omnia hæc systemata suis premuntur difficultatibus, suosque patiuntur manes, optimum erit illud, quod minimis
vrgetur. Nos qui irenicam methodum excipi am-
babus vlnis seculo moderno conspicimus, eam nec
ab hoc negotio existimamus alienam.

Harmonia præstabilita habet omnino quo blan-
diatur,

diatur, quo alliciat animos inquieto ardore vltra
terminos inanes in rerum penetralia sese ingerentes,
stupendum enim Dei ac Domini nostri, cuius eui-
dentiam infallibili, omniumque oculos ac animos
feriente argumento adstruit, sapientiam, obtutum-
que prouidentiæ eius gratiosissimæ adeo reddit va-
stum in omni sua latitudine, vt deficiat misella
mens mortalium, dum ex immensa altitudine in hanc
sese immergit abyssum, omnes idearum cancellos
transscendentem. Hic sane magnifica sunt omnia
& nexibus admirandis colligata; hic consecutiones idearum animæ in anima, & vi mutationum
eius sui rationem: consecutiones motuum sui principium in corpore: vtræque suas sibi res habent,
sine physico alterius in alterum influxu: alteræ tamen alteris ex diuina præordinatione conspirant.
Vti perspicue nuper atque erudite inaugurali inter
nos disputatione expositum est. Ita vero elegans
hæc dissertatio: quemadmodum vero ex dictis
constat, spiritum sibi res suas habere, nihil a corpore turbatum, spontaneis plane idearum euolutionibus; corpus itidem suis regi legibus & agi motibus: ita iam pro intelligenda constanti vtriusque,
harmonia sciendum esse, leges ethico-logicas spirituum, & physico-mechanicas corporum hactenus sibi similes esse, quatenus earundem legum metaphysicarum generalium diuersæ, sed harmonicæ
determinationes sunt. Atque adeo, si primum
corporis atque animæ statum Deus conspirantem
fecerit, & vtrumque suis legibus permiserit, modo
cuique conuenienti; earundem ope perpetuam in-

ter

ter illa confenfum obtinere, vt & motus in corporibus, & motuum in anima repræfentationes fi-
militer fuccedant, illi per cauffas efficientes, hæ fecundum finales, illic trudendo, & impellendo
corpora, hic inclinando & alliciendo voluntatem.
Quanta compendia! Quam promta difficultatum
euanefcentia! Quanta lucis in tenebricofa adeo
femita abundantia!

Non equidem ignoramus, animam plerifque
hodie dici præfidem corporis motoremque perfpi-
cacifſimum, machinæ fuæ cognitione (1) adeo
plena imbutum, vt non modo regere eam qua partes fingulas fanam integramque, fed & reftaurare
labefactatam potenter, fcienterque valeat, morbos
auertat, genitos repellat, paucis, fluida, folidaque
perfpicaciter efficaciterque.curet ac dirigat; atque
adeo effe eandem cum ipfa toties medicis decantata natura. Fatendumque omnino eft hæc & dici
facile, & fpeciofe vrgeri, modo anima noſtra, adeo
fui corporis ignara, adeo omnium, quæ in eo ge-
runtur, infcia non effet; quotusquisque enim eft,
qui vel minimam, vel vifcerum, vel eorum, quæ in
corporis penetralibus fiunt, partem cognofceret, fi
nec ex aliorum relatione, nec animalium fectione,
S   aut

1) Obiter hic notari velim, ftatui a Stahlianis hifce
philofophis cognitionem, cuius anima fibi confcia
non eft. Igitur mihi vitio ab iifdem verti non poteft, afferi (non cognitionem, fed faltim qualemcunque) perceptionem obfcuram, cuius fibi confcia non eft, & cuius exempla funt in promtu. v.
§. 30. differt. inaug. Demus ifta mutuo!

aut lectione de rebus iis factus fuisset certior; iam
vero cogita innumeros neruorum surculos, tenerri-
masque eorum in communi sensorio radiculas; qui
in eas animales spiritus amandabit anima, quas
omnino non nouit? qui corriget enatas in sanguine
turbas, quas omnino ignorat? qui vitales pro sa-
lute ægri instituet motiones, quas penitus ignorat,
quid e re corporis sit, cuius supinæ ignorantiæ, ac
negligentiæ plurima indies exempla oculis obser-
uantur? Hic illico præsto est, suppetiasque fert
hæsitationi nostræ harmonia præstabilita, docetque
nos, ad ista anima non opus esse, ipsam sibi machinam sufficere, a Deo ea artificii præstantia for-
matam, vt motus ex motu catena haud interrupta
nascatur, respondeatque animæ cogitationibus, ac
corporis necessitatibus, in statu tum sano, tum æ-
gro, conspirantibus egregie machinis illis infinitis,
quibus constet corpus hoc nostrum. Anima simul
ita ab artifice diuino attemperata, vt nascentibus
semper ex myriadibus perceptionum ac cogitationum aliis nouis, seque euoluentibus continua serie,
omnia ita in animo ac corpore eueniant simultanee,
vt non possint non videri minus attentis niti influxu mutuo.

Quis non videt prærogatiuam huius systematis,
commodaque eius? at quis non & videt simul
difficultates haud leues? Præsens est grauidum
futuro, salua tamen, quod aiunt, libertate, salua
Dei sanctitate. At quæcunque grauida in natura dicimus, non nisi ad vnum restricta sunt ac
vnifor-

vniformem (2) partum, sibi similem; verum ista
nihil ad forum nostrum! id potius quæram: cum
harmonia tam exacta obtineat inter animam &
corpus, an dicendum sit, animam fuisse attemperatam (3) ad corporis fabricam, an vero hanc ad
animæ cogitationes afformatam? si dicas mutuam
esse vnius ad alterum accommodationem, vti chordæ harmonice tensæ sibi correspondeant mutuo,
nouæ sane enascuntur difficultates, si animam inter
            S 2   corpus-

2) Vniformis dicitur dupliciter: generice.sic volunta-
    tem cum BVDDEO & ceteris dicimus facultatem boni-
    formem; neque enim appetit nisi bonum, & qua ta-
    le: specifice, vt, cum dicimus ignem determinatum
    esse ad vniformem agendi modum, v. g. ad vren-
    dum, ita vt quocunque combustibili proposito non
    possit non vrere, pro extremo virium suarum, sine
    vlla electione inter plura combustibilia, si præsto
    sint &c. Quod grauidum est, parit naturaliter; non
    vero necessario; potest etiam non parere, licet non
    pro absoluto arbitrio, sed conuenientibus eo reme-
    diis adhibitis. Ita potest non sequi effectus, si alia
    prioribus argumenta voluntatem afficientia oppo-
    nas.v. LEIBNIT. theod. §. (nisi fallor) 64. Sed omit-
    tamus ista,

3) Neutrum alteri proprie loquendo attemperatum est,
    quasi in natura rei (corporis siue animæ) aliquid no-
    uiter & ab extrinseco principio constitutum esset, vt
    alteri consentiat, quo forte modo vna alteri chorda
    ad vnisonum reducenda attemperatur. Ex duobus
    vero possibilibus, mentali & corporali, quorum in-
    terior mutationum consecutio & consecutionis ordo
    conspirabant, in actum existentiæ deductis vnum
    Deus individuum fecit.

corpusque commercium fit nullum, fi anima etiam
abfente fierent omnes illi egregii concinnique motus digitorum in tractandis muficorum inftrumen-
torum chordis, pedum in faltationibus intricatiffi-
mis, & quod magis eft, fi fierent fine influxu (4)
animæ tot verfus felectiffimi, orationes Ciceronia-
næ, calculi vaftiffimi integrorum voluminum &c.
Et quæfo pinge tibi in animo tuo ac finge fenem
typothetam (5), per omnem vitæ longæuæ cursum,

4) Confueuimus maiora communiter machinæ trans-
scribere, quam funt poëmata ifta & orationes : plurimi fane philofophi formationem fœtus, non animæ
tribuunt, fed machinæ ; ex præformatione quidem
ifta, in femine inuoluta, euoluentis : atque eadem &
hic ratio eft illius euolutionis pro verfibus. Ita LEIB-
NITIVS ad LAMIVM. Machina, quæ calculum facit
integro voluini implendo parem, non mage Deo
impoffibilis videtur, quam LEIBNITIO illa fuit, quæ
operationes arithmeticæ omnes perficit ; neque ifti
rei aliud amplius addendum effet, nifi nouæ pro
continuatione proceffuum machinæ : iifdem enim
operationibus abfoluitur omnis calculus. Ceterum
huc refero, quæ WOLFIVS dilucide expofuit, de cognitione generali, ratiocinationibus &c. vt in corpore
expreffis : quæ & alibi perfecutus fum.

5) Videtur idem hic dicendum effe, quod de animali
mufico refpondit BÆLIO LEIBNITIVS : alibi prolixius a
me repetitum. Ceterum opinor typothetis, muficis
exercitationibus ex phantafia ludentibus (ita appel-
lant) vix perfuafum iri : attendere mentem digitis &
moderari motum, quem ex confuetudine corpori inducta fequi exiftimant. Idem de faltatoribus exiftimo. *Die Tanzmeifter fagen : der Fuſs muſs tanzen,*

sum, sine concursu animæ actiuo, reali, vi solo-
rum motuum ex machinæ indole ex se inuicem ema-
nantium, tot myriades millionum litterarum raptim
ex loculis suis, volitante manu, fugitiuo oculo,
arripientem, combinantemque in verba ac sensus
diuersissimos. Concipe, inquam, hæc si potes! vbi
simul structuram corporis nostri, ingentemque eius
ab aliis machinis differentiam satis accurate per-
penderis; dico: satis accurate (6)! neque enim
S 3 sufficit

nicht der Kopf: der Fuſs muſs die Tack hören, nicht die
Ohren. An illi animæ vi agunt, qui v. g. perhorre-
scunt ad bombardæ sonitum contra voluntatem suam? Puto autem, vtrobique easdem esse motuum
communicationes ex visu vel auditu in locomoti-
uam.

6) Vtinam satis accurate liceret, per philosophiam eorum, qui semper hic animam aduocant & anatomiæ
penitiora contemtius habent, quod miror accidisse
cl. STAHLIO in respons. ad LEIBNITIVM. Ceterum puto ista discerni posse: iudicare generaliter ex machi-
nularum stupenda multitudine, ordine & nexu, cognitis, quod non implicet diuersissimos, quales experimur, motus fieri mechanice; & explicare distinctius, specialius atque strictius, quænam istius mechanismi ratio, quæ partium connexio specifica &c.
sint? Illud non requirit tantam rerum notitiam,
quantam hoc præsupponit. Sed optarem, vt in
vniuerso hoc negotio æqualiter omnes ratiocinaren-
tur! Influxum animæ in corpus concedi sibi postulant Stahliani & communiter philosophi, etsi ne quidem generaliter intellectum: corporis mechanismum
& illius operationes negant, quoniam specifice nondum explicari potest. Differentiam corporis nostri
ab aliis machinis allegari lætabundus video: maxi-

sufficit obiter nosse structuram humani corporis, si
iudicare velis de rebus istis grauissimis. Cogita
autem simul, vt facilius in nostra transire castra
valeas, harmoniam duarum chordarum ad vnisonum tensarum, quarum vna pulsata altera quoque
edit sonum, en consonantiam & harmoniam! sed
non excludentem mutuum influxum (7), sine quo
non

ma hæc est, quod nostri corporis machina, hactenus
machina deprehensa sit in omnibus suis partibus,
quod in artificialibus cessat: hoc dico: quo partes
automati plures denuo sunt machinæ, variis partium
suarum combinationibus conspicuæ; eo plura & mage diuersa possunt automati ope effecta præstari. Sed
in natura, maxime organicis corporibus, hactenus
quidem organorum partes denuo sunt organicæ de-
prehensæ, atque sic porro sine fine.

7) Si hic finis est, posse harmoniam esse, vbi influxus
est: quis dissentiat? Sin illud, quod seq. §. dicitur,
& hic intenditur; harmoniam supponere & requirere influxum: videtur illud refelli exemplo horologiorum sine influxu mutuo consonantium; neque id
satis secure ex hoc exemplo putem colligi. Chordas
nunquam allegauerim ego: certum est hic influxum
esse, & mediante instrumenti tremore & aëris inter-
medii: aliis quoque casibus id necessarium esse pro
harmonia obtinenda nondum infero. Deinde vero
& risum tibi debeo: consonantia chordarum ne quidem proprie pendet ab influxu illo, sed a tensione
antecedanea simili aut proportionali: quod sonus
excitari possit, a tensione est, quod excitetur, ab influxu pendet, quod consonans, a tensione; quæ &
adiuuat vibrandi facilitatem & vibrationes modificat.
Idem fortassis de corpore & anima dixeris cum Ver-
driesio: igitur nihil quæro in ακριβολογιαις. Neque millum terebrare tanti facio!

non eueniret ille sonus correspondens, tremens enim chorda & alteram cogit tremere, per tremorem solidi vtriusque instrumenti, vnde non succedit experimentum instrumento vtroque lanæ molli imposito, per quam tremulus motus haud potest communicari, obseruante summo viro Francisco Tertio de Lanis. in magist. nat. & art.

Quid si igitur harmonia adeo non excludat influxum, vt eum potius & supponat & requirat? absit, vt perueniamus ad hypothesin Galli illius, quam legisse me memini in diario Triuultiensi, (Raziel de Vigier, ni fallat me memoria, is vocatur) statuentis, posse, salua vnione, animam esse Constantinopoli (8), corpus Parisiis, succedenti-

S 4 bus

8) Dixit Leibnitivs, quod huic simile videri posset: simile non est. Obiicienti Bælio, posito quod anima Cæsaris primo vitæ momento annihilata esset, corpus omnia perfecturum fuisse, vt fecit: iturum in senatum: locuturum eadem verba, &c. Respondit Leibnitivs: ita futurum fuisse supposito casu: perfectura omnia in anima, etsi corpus non esset; in corpore, etsi non esset anima. Id quale sit, ex ipso systemate intelligitur. Differentiam ab enunciato hic proposito, vt facilem obtineamus, reuoco in memoriam ex philosophia Leibnitiana, spatium nihil esse absolutum, sed esse ordinem rerum coëxistentium; igitur cum de præsentia rerum quæstio est, quæri ordinem, quo rebus coëxistit. Si anima sit Constantinopoli, hoc idem est, ac si dicas, animam ita existere in vniuerso, vt modificationes suæ repræsentationis vniuersi sequantur vel exhibeant corpus rebus vt Constantinopoli accidentibus coëxistens: quodsi iam supponas corpus vt Parisiorum factis co-

bus interim omnibus rite functionibus; nec crediderim suboluisse huic viro quidquam de harmonia
præstituta! Si spiritum statuas res sibi habere suas,
nihil a corpore turbatum; cur melancholicis eueniunt tot graues cogitationes ac turbatæ ob corporis
vitia? si dicas, cogitationes istas spontaneis ac præstitutis plane idearum euolutionibus esse adscriben-
das, respondentes motibus a Deo machinæ æque
inditis in serie caussarum efficientium, ac animæ in
finalium caussarum serie sint impressæ (9) istæ cogitationes; semper manebit hiatus (10), nisi se propius.

existens; tollunt se mutuo suppositiones in nostro
systemate; non est enim illa anima, quæ ad hoc
corpus pertinet, quoniam non conspirant.   Impossibile igitur est in nostro systemate (dico in systemate, vt & nostra de spatio sententia attendi debeat, &
harmonia relinqui corporis & animæ &c.) vt spiritus dicatur esse Constantinopoli, corpus Parisiis. Neque memini, vel LEIBNITIVM vel WOLFIVM ita loqui:
quodsi tamen id factum sit, intelligendum id est
κατ ανθρωπον in suppositione spatii absoluti, quod
nos non concedimus.   Quomodo autem superior
LEIBNITII sententia ab hisce differat, puto iam intelligi: quodsi enim alterum cesset, non implicat, alterum subsistere; sed implicat, consonare & dissonare, illud, quatenus vnius hominis partes, hoc,
quatenus Constantinopolin & Parisios identificantes.
Si obscure loquor, & festinatio facit & rei abstractio-
ris difficultas.

9) Conf. notam nostram 3) p. 275.

10) Non video ego hiatum, vbi vnusquisque effectus
    homogeneam sibi caussam habet, motus in motu, &
    in repræsentatione repræsentatio.   Videor autem

pius contingant quaſi iſtæ hominis partes, mutu-
umque alant commercium ; cur v. g. picam exci-
tant ſtupendam vermes (11)? quæ cogat ferramenta
S ſ
deglu-

mihi videre ſaltum, naturæ inimicum, ſi cauſſa in
corpore, præſtat effectum extra ſe, in ſpiritu, h. e.
ſi melancholicis eueniunt graues & turbatæ cogitationes ob corporis vitia.

11) In hoc ſyſtemate videtur prius euincendum eſſe,
quod excitent vermes. Mutuum commercium concedimus, ſed non per influxum realem. Si licet re-
ctori corporis prouido, perſpicaci, ſcientiſſimo &c.
animæ Stahlianæ, aberrare eo, vt cum dulcedine
noxia appetat : quid mirum, ſi læſa vndecunque
machina irregulares etiam motus producat ; ſi antecedaneæ inordinatiores animæ repræſentationes
ſuccedaneos habeant magis irregulares appetitus ?
Sublata cauſſa tolli effectum dicimus : tolle vermes,
tolluntur inordinati corporis motus. Sublatis, quæ
reſpondebant vermibus, animæ repræſentationibus,
tolluntur illi appetitus. Nihil hic difficilius videtur,
quam in ſententia communi ; neque enim ibi vermes
immediate appetitum efficiunt, ſed mediante ſui in
anima perceptione, quacunque demum. Vter autem ordo facilior : vermium motus motum ; repræſentatio illius appetitum huius excitat : aut ille,
vermium motus ſenſationem, ſenſatio appetitum,
appetitus motum producit. Si ex vermium in anima repræſentatione quiduis aliud ſequi debuit, quam
ferramenti appetitus : vnde ergo exortus eſt? & cur
aperte illa vermibus debita dicuntur ? Semper ego
ſic exiſtimo, facilius ex motu motum, ex perceptione
appetitum ſequi, quam ex motu perceptionem, &
ex appetitu motum. Vermibus aperte debita, &
efficienter quidem, vix dixero illa, quæ cum vermibus incipiunt & deſinunt, ſed in diuerſis rerum ge-

deglutire prægrandia cum vitæ periculo, & quidem cum dulcedine quadam appetitus, & spe simul
subsecuturæ mortis, quàm anhelabat melancholica
ex vermibus (cuius nunc subit memoria) vermibus
expulsis & a ferri & a mortis appetitu liberrima;
qui mutuam animæ corporisque actionem ac reactionem excludit, vix persuadebit aliis, ex sola euo-
lutione idearum, quarum vna sit nata ex alia tam
peruersa enata fuisse, vermibus aperte debita, quia
adeo non cohærent, adeo non implicantur ista
omnia, vt quiduis potius aliud sequi debuisset.
Et quis credat quæso, spiritum haud turbari (12) in
mirabilibus impressis fœtui næuis, infante v. g. intra

neribus, atque ita, vt quæ ratio, quis agendi modus, quæ effectuum consecutio sit, intelligi non possit. &c.   Sensu medico & qualis ad praxin requiritur, concedam ista vermibus deberi : philosophico
non item.   Optarem autem, vt & hoc intelligere liceret, qui fiat, vt medicamenta vermibus pellendis
adhiberi solita, directorem illum corporis moneant
ad eos expellendos ? An id mage sit cohærens, pur-
gantia non agere in corpus, nisi mediante illo ex medicamentis in mentem aberrantem & ex mente in
viam reducta in corpus transitu ? Sic medicamentis
vti erit appellare a pontifice male informato ad melius informandum ? Verum nolo hic sollicitare aliena,
sed tueri mea; ceterum esset isthæc materia suscepti-
bilis iocorum.

12) Imo vero turbari, alioquin cessaret harmonia. Sed
an a corpore ? & quidem effectiue ? vero & physico
influxu ? An ab antecedaneis earum rerum repræsentationibus, quæ in corpore motum efficiunt ? Vtinam
ad hoc attenderetur communiter : supponi nobis

tra vterum grauidæ capite truncato ex aſpectu de-
collationis, membris in vtero fractis ex crurifragii
con-

(contra noſtrum enim ſyſtema diſputantes, aut principia debent conuellere, aut in concluſionibus ſolli-
citandis iſta ſupponere) ſupponi, inquam, nobis, in
anima repræſentationem rerum extra nos omnium,
ſingularum ſuo modo; vt igitur ex iſtis rebus & earum reſpectu mutuo motus conſequitur, quidni ex
eius rei repræſentatione conſequatur repræſentatio
motus conſequentis? Deinceps aut ſpecifica & ex-
quiſita eius motuum in corpore euolutionis ratio po-
ſcitur? aut generalis? Exquiſitam dabimus, vbi ſtru-
cturam omnem non ſolum ſpecificam, qualis eſt in
omni grauida, ſed & indiuidualem eius fœminæ,
abſolutiſſima ratione cognitam dederint, qui talia requirunt, quibus niſi ea ſuppoſita reſponderi non
poteſt. Generaliter id longe eſt intelligibilius ex ve-
hementi ſenſuum externorum percuſſione, communi
neruorum receptaculo communicata, vehementem
denuo motum in ceteras corporis partes tranſiiſſe;
nullus enim hic hiatus eſt: quam duplici ſaltu ex
corpore in mentem & ex mente in corpus rediiſſe.
Certum hic eſt, dici oportere omnia ab aduerſariis,
quæ nos dicimus: ſed illos addere ſaltim duplicem
iſtum ſaltum de ſuo; &, ſi ſpiritus animales tollas,
tertium incomprehenſibile videtur adiungi; alibi enim
anima id percipit, & alibi operatur. Loquor tamen
hic ſubtimide; neque quicquam intelligo eius ſententiæ, quæ immediatas animæ in organis operationes
tuetur. Interim illo æquitatem demonſtrabo meam:
explicent illi vnicum eiuſmodi tranſitum, quemcunque volent, ex omnibus facillimum, & generaliter ſaltim, vt qualemcunque eius ideam animo concipere liceat, & cedam ego omni illa inexplicabilita-
tis & obſcuritatis obiectione. Id niſi fecerint, cedant

conspectu, annihilatæ manus in fœtu iam profecto
obuio facto homine, cui abscissa erat manus &c.
quænam huc sufficit euolutio motuum in corpore?
quænam tam valida esse potest impressio, quodnam
agens? quis carnifex vtero inclusus abscindit caput?
quid

obsecro illa sua oppositione, qua specificas & distin-
ctissimas, difficillimorum casuum explicationes postulant, defectumque earum sibi faciunt triumphi
materiam. Tum vero hic in subsidium vocari
possent Malebranchiana illius crurifragii explicatio,
& meletemata VERDRIESII, leuiter immutata. Atqui
istis omnibus non opus est in nostro systemate: quis
nescit fœtum in paruo præformatum esse, atque illi
conuenienter euolui; præformatum pro harmonia
omnium inter se rerum; itaque conuenienter illis, in
quos incidit, temporis articulis, & rerum circumstantiis. Anne, si ceteris philosophis licet ob gene-
rationis explicandæ difficultatem, cum recentioribus
pæne omnibus, ad præformationem staminum pri-
morum confugere, idem soli LEIBNITIO non licet in
simili, imo in eodem ipso casu, sumto saltim cum
suis accidentibus? Ita non opus habeo anima carni-
fice, quæ ipsa suo corpori, pæne dixissem sibi, caput eripiat, aut (si id animæ matris tribuere lubeat)
quæ infanti, nescio quo inuisibili gladio, caput in-
nocens abscindat? Nulla hic annihilatione manus infantis opus est, quod ego certus sum, ab anima neque matris, neque infantis proficisci posse. Sic opinor, ista ne quidem ferire sententiam nostram: multo minus ferire grauius, quam cetera, quibus carni-
ficina hic & annihilationes aut admittuntur, aut admitti videntur. Ceterum quis perfectum iam fœtum
indicauit: adultum ex tempore gestationis nouimus:
vnde perfectum? & tanta quidem certitudine, vt
fundamentum argumento præbeat. Sed pergamus.

quid eſt, quod partem valeat annihilare? Non igno-
ro eaſdem quæſtiones fieri poſſe aliis quoque ſyſte-
matibus, at ferire tamen grauius videntur (13) eam,
quæ animæ commercium cum corpore nullum relinquit.　　Et cur quæſo ex gaudio mortem (14),
　　　　　　　　　　　　　　　　　　　æque

13) Placet profecto, admitti, quod communes ſint illæ
difficultates ceteris quoque ſyſtematis. Sed vbi grauiores? optarem profecto, eſſet, qui menſuram in-
ueniret grauitatis difficultatum dimetiendæ, & qui
eius applicandi methodum doceret. Non eſt ea mihi
ſcientia, vt ſupplere eum defectum ſuſtineam.　Vnicus hic memorandus eſt caſus, idemque ſimpliciſſi-
mus, ſed non vniuerſalis, aut vbique applicabilis,
vbi ſc. oſtenderis, difficultatem, quæ ſententiam fe-
rit alteram, premere & alteram, modoque eodem, &
præterea quoque alio.　Illum hic tentabo: etſi cetera illam diſquiſitionem decretoriam eſſe non admit-
tam; neque enim hoc probo, quod minus difficultatum mihi cognitarum habet, illud tamen reiicio,
quod vnam aut plures habet, ſed inſuperabiles. Opponitur vero nobis inexplicabilitas quorundam
phænomenorum difficilium ſpecifica; ego vobis
generalem, omnium, etiam facilium: vter mage premitur? Opponuntur hiatus, cum in corpore ex motu
motus gigni dicitur; reddo hiatus & ſaltus ſemper
duplices, vnum ex corpore in mentem, alterum ex
mente in corpus: vter mage premitur? Atque ſic
in ceteris quoque, de quibus nihil addam ſpecialius.

14) Si anima in corpus agit, an tum eſt proportio inter
ſenſationem animi gratam & ſubitam machinæ mortem? Noſti vero eſſe in gaudio & corporis mutationem, eandemque vehementem: quid ſi ita vehe-
mens ille motus ſit alicubi in machina, vt partem
quandam principem capitaliter lædat: an hoc minus

æque ac ex triftitia, ac terrore fubito toties obfer-
uarunt medici, fi anima in corpus non agit ? Si
dicas, corpori id euenire, quod idealiter fimul
euoluatur in anima; quæ quæfo proportio eft inter
fenfationem animi gratam, & fubitam totius machinæ mortem ac motuum ceffationem; hæc fane
repræfentatio non eft eius, quod fit in anima, fed
rei potius prorfus contrariæ, illa enim eft grata
gaudii impreffio, hæc vitæ fubitanea deftructio.

Sifte tibi præfentem in animo allegatum alicubi Erasmo iuuenem (15), qui Gallicam ni fallor
linguam

apte dicitur, quam illud, quod anima machinam
deftruat ob fenfationem fibi a machina exhibitam
gratiffimam. Eueniant hoftibus meis iftæ gratitudi-
nis teftificationes domefticæ. Aut qua confequentia
ex grata gaudii impreffione ad deftruendi voluntatem
anima peruenit ? Vides aduerfam fententiam eodem
luto hærere: extrahamus noftram. Refpondeat So-
crates: extrema gaudii luctus occupat: *das fpürt
man im kratzen.* Puto recte Leibnitivm dixiffe, voluptatem videri congeriem minutularum fenfatio-
num, quarum fingulæ, vbi maiores forent, dolorem
excitarent. Poffet id exemplis doceri, fi opus effet,
ex omni tactu, præcipue exquifitioribus, guftu, odo-
ratu &c. Quid fi iftæ minutulæ fenfationes inopina-
to aut fingulari obiecto excitatæ nimium augefcant,
vt non dolorem modo, fed & mortem efficiant, ob
maiorem alicuius partis principis, cordis, cerebri
&c. læfionem ab ea vehementia oriundam ?

15) Siue puellam illam Reualienfem, Himpselii filiam
epilepticam, Ebraica, Gallica, Latina, Græca loquentem, per initum poftmodum cum paftore paga-
no matrimonium curatam, fi fides eft eph. nat. cur.

linguam morbo laborans callebat ac loquebatur,
cuius antea fuerat omnino ignarus, qui & expur-
gatis humoribus prauis omni rursus linguæ istius
notitia fuit priuatus. Corpus loquebatur verba
Gallica, non sane in ordine caussarum efficientium
vi machinæ, sic enim plus in effectu esset, quam
fuit in caussa, in machinulis non poterant euolui
verba Gallica, nisi motum ideis conformem trans-
misisset spiritibus anima. Et si quidem liceat ex
innu-

v. acta erud. A. 1712. p. 346. Nihil hic difficultatis est. Si prophetico quasi spiritu actæ sunt eiusmodi personæ : id 1. nihil ad hoc institutum; 2. an
idem de corpore dici non potest, quod de anima illarum? Quod principium egit animam, nonne idem
& in corpus agere potuit, si propheticum & supernaturale fuit. Neque vero si extraordinarium saltim, & naturale tamen, fuerit, difficilius est, ex machina corporis sonum, quam intellectum verborum
ex natura animæ, eam linguam non edoctæ, deriuare. Plus esset in effectu, quam in caussa, si machinæ intellectum verborum assererem: sed loqui imur
de sola pronunciatione, quæ sono consistit, & motu
fit. Cum itaque statuerint eruditi animæ in corpora
operantis assertores, vnde ista vis animæ fuerit? an
a Deo ista prophetico quasi spiritu insufflata? an a
malo genio effecta? an ab animæ vi quadam naturali
pendeat? Tum dicam ego, quomodo id consentiat
harmoniæ præstitutæ. Priusquam id fecerint, nihil
determino. Facile autem intelligitur ex dictis, quid
primo & tertio casu; quid secundo dicendum sit,
inferius patebit, & ex harmonia vniuersali pendet.
Ceterum alia adhuc multa de casibus eiusmodi no-
tamina forent, si istos discutere aut voluntas foret
aut facultas, aut vtrumque.

innumeris vnum adhuc add*e*re exemplum virginis
in ephem. Germ. laudatæ, quæ calendario suo
inscripsit in menses futuros plures, quinam dies ipsi
sint futuri præ aliis grauiores, rem comprobante
morbi euentu. An machina ex se hæc depromere,
& chartæ mandare potuit, quæ prophetico quasi
spiritu acta videri queant?

Et quid quæso dices de inuoluntariis actioni-
bus(16)? quid de cordis, pectorisque, & pulmonum
motu,

16) Vtrum conuenientius, esse debiles quasdam earum
rerum in anima repræsentationes, quarum, quia debiles & obscuræ sint, conscii nobis non simus, cum
claræ & distinctæ eo ideæ requirerentur: aut tantam
earum rerum in anima cognitionem, ipsi animæ incognitam, esse, vt secundum eam agere possit ordi-
natissime? Puto minus ad qualemcunque perceptionem requiri; plus ad actiones producendas & certo
ordine disponendas. Itaque viderint, qui propria
vineta cædunt, quid hic dicendum sit? Neque re-
gero ista omnia fieri motu spirituum, sed fieri dispo-
sitione machinæ non dubito: qua illa? Dicam, cum
plura anatomici docuerint. Neque tamen metuo ab
argumentis LISTERI. Atque ipse noster illos spiritus
propugnat peculiari dissertatione. Sed annihilentur
illi, si placet, ex LISTERI voluntate. Quid tum fiet
de harmonia præstabilita? Expirabit illa illico! Nec-
quicquam sane! Quid interest, mechanismus corporis obtineatur mediante fluido nerueo? aut alio? aut
mediantibus solidis? aut vtrisque? Mechanismum
aliquem esse in corpore, saltim in quibusdam actionibus nemo quisquam negauit. Quo illud medio
fieri asseras, per me idem erit; namque & mihi licet,
quod tibi æquum est, aut supponere aut fingere,
aut probare. Neque nouis opus est argumentis, quo-

motu, de periſtaltica ventriculi ac inteſtinorum
motione continua dum vita durat? an & iſta in
anima repræſentantur? Si affirmes: vbi quæſo latent hæ ſenſationes inſenſibiles, ac prorſus occultæ
omnibus hominibus, potiſſimum qua periſtalticum
motum. Si regeras iſta omnia ſpirituum motu, ab
impreſſione in commune ſenſorium facta congrue
excitato pleniſſime ſine anima oriri, hæc & omnia
alia a fluido hoc tenuiſſimo, animali, in corpore ex
mechanicis ſequi legibus; licebit mihi monere te,
ne nimium innitaris arundini Ægyptiæ; quidſi
enim non dentur ſpiritus animales, quid quæſo
fiet de harmonia præſtabilita? expirabit ea illico,
nec per momentum poterit ſubſiſtere. Metue igitur tibi, poſtquam LISTERO audacter ſpiritus pro-
ſcribenti maiori hodie fiducia accedunt præcipuo-
rum medicorum phyſicorumque plurimi, eos exſi-
bilantes, argumentorum formidabili ſerie inſtructi,
quam tamen meam haud facio, cum ſpiritus in
eorum gratiam nondum auſim derelinquere; in-
gentem potius inculco neceſſitatem, quæ incumbit
harmoniæ præſtabilitæ cultoribus, vt omni mentis

T

niſu

niam LISTERO antiqua non placent: neque noſtrum
hoc eſt, omnes phyſiologiæ defectus explere; faciant
id, quorum intereſt; noſtra parum refert, quocunque tandem medio, ſaltim mechanico, œconomia
animalis dirigatur. Aut, cui bono ſunt organa &
organicæ membrorum diſpoſitiones? cui bono fluida
circulantia? cui bono neruorum communis ortus?
& in omnia membra diſtributiones? Teneamus vero
ſpiritus noſtros animales, dum LISTERVS omne ex
neruis fluidum expreſſerit.

nisu argumentorumque robore firment existentiam
spirituum animalium, siue aëreorum, siue quorum-
cunque aliorum, his enim proscriptis corruit omnis
tam comti, tam splendidi, tamque artificiosi ædi-
ficii moles; expectemus igitur argumenta hic noua
ac firmiora hactenus allatis.   Dum vero hæc agi-
mus, haud obliuiscamur eorum (17), quæ supra diximus, harmoniam adeo non excludere influxum,
vt potius eum postulet ac supponat, si vera sit, qualis inter chordas in vnisonum tensas harmonia.

Nihil itaque tutius (18) fuerit pro stabilienda
harmonia præstituta atque a tot vel næuis, vel difficultatibus liberanda, quam si confugimus ad systema veterum, ad systema influxus illius, & in
nouo systemate aliquem concedamus locum, simul-
taneitatem experientia clare confirmat, influxum
obscure (19), sed attende tibi, forsan non omnino
nulla

17) Meminerimus vero & responsionum ad pag.278.
not. 7).
18) Si systema influxus tolleret difficultates harmoniæ,
neque nouas rebus ingereret: optime sic consultum
foret ! Vidimus autem easdem, & forte grauius, premere influxum, quæ dictæ sunt hucusque in harmoniam.   Sed nolo hic repetere, quæ de systematum
combinatione iam alibi occupaui.   Neque impugno
aliena; sed defendo mea.
19) Optime cauetur hic ab asseueratione: obscuras ideas
non admitto pro mediis terminis syllogismorum.
Ratio patet ex definitione Leibnitiana & Wolfiana.
Promtitudo æque profluit ab exactitudine harmoniæ
atque ab influxu: ambiguum ergo hoc argumentum,
quod innitentem fallat, arundo Ægyptia.   Quidni

nulla erit influxus experientia in ſumma illa prom-
titudine membrorum exequentium iuſſa voluntatis; fauent forſan & habitus, agilitasque tandem ac-
T 2   quiſita,

habitus corporei ex repetitis machinæ motibus?
nonne idem obtinet, v. g. in rotarum gyrationibus,
quod aurigæ norunt? De vitalitate diſtinctius. Vita
hominis eſt ab anima & corpore iunctim : vita animæ ab & in ea ſola : idem dico de vita corporis. Eſt
autem vita corporis, niſi me omnia fallunt, illa corporis diſpoſitio, qua ad functiones ſuas obeundas di-
ſpoſita eſt, eoque connititur. Materia a ſe & per ſe
non viuit : neque omne corpus viuit ; noſti, quid nobis differant corpus & materia : illud autem corpus
viuere dicitur, cuius hæc eſt diſpoſitio, vt extrinſecus
aſſumto alimento augeri, nutririque poſſit (vitam
vegetatiuam dicimus) & loco etiam moueri (anima-
lem appellamus) idemque interna vi motrice perficiat. Vbi nullum hactenus animæ influxum neces-
ſario requiri video : quod modum influxus neſcia-
mus, non vrgeo; tranſigamus de modo, vbi de re
& eius neceſſitate aut certitudine conſtiterit. Cum
ſubito terrore vita amittitur, manere integram corporis machinam, non dixero : quis dubitet inſignem
fluidorum omnium internam mutationem fieri, etſi
non ſtatim extrinſecus ſe extanter demonſtrantem?
Dum vero machinam loquimur, non ad ſolida tantum
attendimus, ſed vel maxime ad præcipuum corporis
motorem & nutritorem, ad fluida. Quo titulo experientiam claram & cuius conſcii ſimus, in hoc facto requirere illi poſſint, qui contra indifferentiam
plenariam producunt rationes, quarum conſcii non
ſumus, id facile eſt exponere. Qui influxum defendunt, eius veritatem experientiæ inædificant: ſed
quis dubitet medium terminum argumenti debere eſſe

quisita, & cumprimis vitalitas, quæ cum machinæ
materiali per se non competat, animæ debetur, at
eam illa sine influxu largiri haud potest, ipsa vitæ
largitio est influxus, materia a se & per se non viuit, nec sufficit ad rei negationem, quod modum
ignoremus, quo vitam largiatur anima; corpus
affabre constructum est, infinitæ machinæ incom-
prehensibili artificio, atque nexu cohærent, sed
ponamus corpus vno momento per terrorem vitam
amittens, annon illa machina manet integra, sed
aufugiente anima vita mox destituitur, destituta illius influxu.   Influxum vero intelligimus vitalitatis, etsi qualis ille sit haud liqueat; ac præuideo
quidem allegandam terminorum talium, quorum
ratio non satis constat, proscriptionem, at id quoque video, eos, qui cum Cartesianis adeo rigide
alio-

cognitum? Igitur hactenus recte claritatem desideramus. Videamus, an idem & nobis obuerti possit.
Quando contra indifferentiam plenariam pugnamus,
argumentum hoc est, quia nihil sit sine ratione : id
clare cognoscimus. Sed dum experientiam nostri op-
ponentes allegant, & exempla, vbi rationes non cognoscuntur distincte, tum demum (NB. non argu-
mentamur ab incognitis, sed quoniam dilucido argumento a priori nouimus, dari semper rationes, ideo
tantum) respondemus, rationes appetendi sine dubio
adesse, sed quoniam conscii earum non simus, nihil
aliud relinqui, quam vt obscure saltim perceptæ sint.
Atque aliud est, sententiam inferre velle ex non cognito, aliud propter generalia & cognita satis axiomata concedere, quod non omnia plene cognosca-
mus, quæ sunt in anima.

aliorum terminos reiiciunt, nouos alios æque in-
certos & minus liquidos postliminio in scenam reducere.   Et quo quæso iure aut titulo ii requirent
hic rigide adeo influxus experientiam, non obscuram saltem, non qualemcunque, sed claram, &
cuius simus conscii, qui ipsi confugiunt ad sensationes obscuras, ad volitiones imperceptibiles, atque
occultas, cum sermo est de æquilibrio voluntatis
tollendo, eaque ad vnum potius quam alterum obiectorum indifferentium inclinanda ac determinan-
da, quod aiunt fieri a ratione præualente, etsi non
percepta (20), aut animæ cognita, quidni ergo &
          T 3   talis

20) In vocibus vellem, vt perceptiones eodem sensu di-
cerentur nobiscum: dico enim a ratione præualente,
etsi obscure saltim percepta, non vero vt hic dicitur:
etsi non percepta.   Iterumque: quidni & talis sufficiat influxus; ambiguum hoc est. Habet egregium
sensum, habet vero & alium. Si aliunde constaret,
influxum dari, & opponeretur saltim eum non distincte sentiri aut percipi: tum optime ista procede-
rent, neque obscura saltim perceptio præiudicaret
veritati. Hic noster casus est, de ratione præualente.
Atqui alius est casus de influxu, cum demum probari debet ex experientia.   Iam dixi, argumentum
alicui rei adstruendæ destinatum debere esse clarum.
Dabo simile: scio aliunde id, quod sub crepusculum
in silua video ambulare, esse venatorem: assero venatorem: obiicit amicus, posse esse rusticum, obscuram enim esse meam perceptionem, cui non possim fidere.   Puto nihil hic præiudicare obscurita-
tem perceptionis veritati aliunde cognitæ. Iam fac,
me id non cognouisse antea, num id, quod saltare e
longinquo videam, canis sit, an lepus, an lupus?

talis sufficiat influxus. Vti autem facile largior, animam in corpus non agere, vti in aliam animam
(cuius tamen ratio haud magis liquet) nec corpus
in animam ea ratione, qua in aliud corpus, ita nihilominus inde haud puto inferendum (21), ea
plane non agere, quia nec corporis, nec spiritus
natura nobis hactenus satis est perspecta. Non
vero talem innuimus influxum (22), quo anima
multum

> Dico & asseuero leporem esse, quoniam obscure vi-
> denti sic apparet : negat alter, vel subdubitat, quo-
> niam obscure saltim id videam. Puto obscuram per-
> ceptionem praeiudicare certitudini aut fiduciae asse-
> rentis. Hic casus est influxus, per experientiam ob-
> scure cognitam probandi. Moneo autem iterum, me
> obscurum sensu Leibnitiano dicere, quo sunt euiden-
> tissimae propositiones istae.

21) Ex ignorantia nostra ad negationem rei nemo sapiens
& philosophus concludet; neque id fecimus; imo
alibi operose id praemonuimus. Nolim vero impure
omnia spiritui tribuantur, vel corpori, propter Lo-
ckianum illud suffugium, neutrius naturam esse satis
cognitam. Eodem iure, quo anima dicitur mouere,
dicetur & corpus cogitare; quoniam neutrius natura
satis cognita est. Atqui non credo, nostrum ita argumentari. Placet interim huic dicterio aliud opponere : sufficit tantum cognosci, quantum eo requiritur, vt in altero aliquid alteri repugnans possit
detegi. Quodnam illud : dixi alias, heterogenea ex
se mutuo determinari vero & physico influxu non
posse.

22) Siue fortem siue lenem motum efficiat, motum tamen.
In illo vero est aliquid, cum dicitur, non omnem
vim exserere, sed qualis requiritur. Scilicet ego hoc

multum in machina motus efficiat, ſed lenem, non
talem, quo anima omnem ſuam exſerat vim, ſed
qualis requiritur, mitiſſimam, inclinantem vel ſpiritus,

T 4

vrgeo, non poſſe actionem animæ determinari a reactione corporis : videtur hic determinatio ex voluntate animæ pendula : ceſſat ergo illa difficultas ; Deo
enim vel ideo motum corporum adſtruximus, quod
illa ex corporum reactione determinatio hic ceſſet,
& omnis effectus quantitas aut actionis determinatio
ex ſolo eius beneplacito dependeat. Recte iſta in
actionibus minoribus, cum maiores ſunt in poteſtate
noſtra : ſed ſi non omnem vim exſerit anima ad ſaltum, quem nunc facit maximum, cur non ſaltat
aliquando & altius, ſiue cur, etiamſi velit (concipe
militem, quem hoſtis perſequitur, foſſæ vicinum)
non exſerit vim ſuam omnem. Aut an hæc vis non
eſt ad ſcopum requiſita ? Atqui agit vi limitata ! Recte illud, ſed vnde limitationis proportio ? ex machina, inquit, & ex ipſa huius indole ? ergo non debet ſaltare homo ad altitudinem quamcunque, ſed
proportionatam muſculis & moli corporis, ſpiritu-
umque virtuti animalium. Tolle vocem debet, &
reſtitue, poteſt, de illo enim quærimus : non poteſt
melius refutari ſyſtema influxus, quam verbis illis
vltimis : limitatio & eius determinatio & actionis
quantitas eſt a muſculorum & corporis ratione &
virtute ſpirituum animalium. Iſta omnes intelligimus : quid nunc opus eſt addere, virtutem autem
mouendi ipſam (quam tamen a virtute ſpirituum animalium diſtinctam non poſſum concipere) reſidere in
anima, & eam proportionari ex indole corporis.
Quodſi enim ego rem intelligo, indoles corporis vel
ſpectatur generice, vt corporis inter ambientia corpora collocati, atque ſic recte Leibnitivs, omni cor-

ritus, vel fibrillas. Vnde non potui non mirari
magni noſtri Leibnitii quæſtionem : ſi animæ vi,
& non potius poteſtate fluidi exploſionem exercentis

pori omnem celeritatem competere, itaque ex corporis generica ratione nulla ſumi proportio poteſt :
vel ſpectatur vt corporis organici, viui, variis partibus magis minusue cohærentibus præditi; atque
hic tenendum eſt, ipſam illam partium cohæſionem
denuo ab animæ vi pendere, adeoque recurrere
quæſtionem, cuinam rei illa animæ actio, qua partes
in ſtatu ſuo continet, proportionata aut accommodata
ſit ? Quæro autem, non, cui fini ? ad quam quæſtionem ſubinde Stahlivs dilabitur: ſed, cui quantitati ?
Dicam omnia clarius in exemplo : fugit hoſtem in-
ſequentem miles : moram fugienti facit latior foſſa :
hanc tranſilire & percupit & pertentat ; infelix ſaltu
debiliori incidit in foueam. Videamus, quæ ſit ratio ? Mihi quidem ea eſt, quod neque muſculorum
cohæſio neque ſpirituum influxus ſufficiat tanto im-
petui vel concipiendo vel imprimendo, quantus ad
huiuſmodi ſaltum requiritur. Idem igitur & tibi
largior, ſi e re tua eſſe exiſtimes. Sed addes forte :
equidem tantam eſſe agendi vim in anima, quanta
requiritur ad iſtum ſaltum perficiendum: ſed animam non exſerere vim omnem, (equidem miror cur
non omnem, cum nihil magis in voto diſtincte cognito haberet, quam tranſilire foueam pro redimen-
da vita : ſed ſit ita, agat potius ex conſuetudine ſua
obſcure cognita, quæ eſt, vt muſculorum forte ni-
miæ tenſioni parcat, vim ſuam moderari) exſerere
proportionatam muſculis, moli corporis & ſpirituum
animalium virtuti. Concedam iſta, ſed ediſſere adhuc vnum, cum & muſculorum cohæſio & ſpirituum vis ab anima pendeat, cur non vtrumque au-

tis saltamus, cur non saltamus ad altitudinem quamcunque ? Non latuit huius ratio virum incompa-
rabilem, nisi quia aduersarium voluit pungere:
anima enim non agit vi sua omni, sed ad scopum
requisita, non agit sine limitatione, imo actio eius
est omnino determinata limitataque in corpore, in
machina & ex ipsa huius indole; ergo non debet
saltare homo ad altitudinem quamcunque, sed proportionatam musculis & moli corporis, spirituum-
que virtuti animalium.   Cogita vt hoc largiaris,
equi saltum, eumque confer cum equi mole, confer cicadæ saltum cum mole eius, & pulicis tandem
stupendos saltus ad tantillam eius exige molem, ac
fateberis hanc proportionem saltuum non pendere
aliunde, quam ex ipsa organorum, moliumquē
proportione.   Euoluantur igitur cogitationes ex
cogitationibus, motus in corpore ex motibus harmonice vtrinque præstitutis, an obstabit id, quo

T 5　　　　minus

geat eo vsque, vt sufficiant moli isti transferendæ?
Moles enim quantacunque sit, potest aucta vi moueri
amplius.   Itaque hoc velim nosse: an non possit id
efficere anima vi sua omni, an non velit? Quis hoc
credet, nolle vim suam adhibere ad seruandam vitam? Si non potest, cedo quæ sit proportio inter talem tantamque musculorum cohæsionem & vim animæ, vt alteram possit efficere, alteram non item.
Hic puto, vtcunque res consideretur, vltimo determinationem quantitatis actionis animæ sumendam ex
resistentia aut reactione corporum, hoc est, proportionem admittendam esse inter heterogenea.   Ista
quidem satis prolixe: plura tum ad Stahlianas quoque exceptiones alibi edisserui latius.

minus anima in corpus agere, atque ab eo pati suo
modo queat, dico suo modo, peculiari, sine cuius suppositione minor foret harmonia, nec æque
certa; repræsentare rem est pati impressionem (23)
a re, etsi repræsentatio etiam exsurgat ab intrinseco vti in magico speculo, speculum tamen
patitur ab illa imagine, quæ modificat speculum,
maxime viuum, quale est anima. Sed non libet his immorari; semper enim hic regerent
magnum illud argumentum (24): spiritus non
agit in corpus. Etsi negari nequeat, hoc argumentum vnica niti ignorantia nostra, qui corporis æque ac spiritus indolem ac naturam quam
profundissime ignoramus, etsi de iis non pauca,
minus tamen essentialia, sciamus. Factum hinc,
vt Cartesiani tutos se crederent argumento suo,
quod

23) Huiusmodi est repræsentatio in speculis: in anima
secus est; vbi non ab extra incidunt imagines, sed
ab intra euoluuntur. Ceterum commoda hæc est
occasio monendi eos, qui iocantur de speculis: specula proprie dicta sunt animæ in systemate influxus,
vbi nunc hæ, nunc illæ imagines ab extra incidunt:
in Leibnitiano systemate, etsi ipse monades suas vo-
cet specula vniuersi, sunt specula tamen vehementer
improprie; neque ille ad ideam speculi præcipue
attendit ea voce, sed ad vocem vniuersi.

24) Atqui ego non vtor isto: imo etiam generice pro-
latum improbaui. Valeant ista aduersus alios: me
saltim non tangunt: interim, si quis ista leget, &
illa conferet, vbi dicitur, præ oculis esse dissertationem meam, putabit meum id esse argumentum,
quod nollem.

quod inficiatur poſſe motum in hoc vniuerſo augeri, & debere tamen augeri, ſi ſpiritus agant
in ſua corpora, ſed proſtratum eſt hoc eorum ro-
bur a NEWTONO, LEIBNITIOQUE, negantibus hoc
principium, alio ſubſtituto : eandem in vniuerſo
manere virium motricium quantitatem æſtiman-
dam ex maſſa in celeritatis quadratum, ſed qui
ignoramus (25) originem, ſedem, & tranſitus
harum virium, quomodo poterimus tam præciſam
iis aſſignare quantitatem in commoda hypotheſe-
os noſtræ, quis enim harum quantitatem tam
exacte eandem certo auſit determinare in ſyſtemate
infi-

25) Miror non veniſſe in mentem illud de grauitate,
de vi centripeta planetarum &c. vbi præciſiſſimam
quantitatem dudum eruditi determinarunt, ignorata
licet origine, cauſſa, modo &c. Syſtema infinitum
retinet eandem virium quantitatem, ſi in omni percuſſione corporum & motu manet eadem. Atqui
hoc LEIBNITIVS demonſtrauit & WOLFIVS. Exempla
auctarum virium naturalia vellem præſto eſſent :
cetera motum Carteſiana æſtimatione ſumtum, &
augeri & minui ſubinde notiſſimum eſt & naturaliſſi-
mum. Si, quæ hic memorantur, in inſtanti facta
ſunt ; naturalia non ſunt, vbi ſucceſſiue fiunt
omnia : quin miraculo fieri poſſit, vt vel augeatur
vel minuatur virium quantitas, non dubito, neque
vnquam id a LEIBNITIO negari vel ſuſpicio fuit. Atqui loquimur de naturalibus ! Illud vero peruelim
ſemper cogitent lectores mei, legibus naturalibus,
quoniam earum contra oppoſitum non eſt contradi-
ctorium, neque adeo ipſæ ſunt abſolute neceſſariæ,
nihil diuinæ operationi, nihil miraculis præiudi-
cari.

infinito, quale cel. Leibnitio videtur hic corpo-
reus mundus; cum forsan non desint exempla
aucti motus ac virium æque ac imminuti; saltem
ego non video potuisse Saluatorem ac Deum nostrum tantam piscium molem in rete subito adi-
gere, nisi nouo illis impresso motu, nec potuisse
cohortem numerosam vno verbo ab eo prosterni,
nisi orto in illis nouo motu, nec rupes findi, se-
pulchra aperiri, catapetasma templi rumpi, nisi
nouo creatoque motu, hæc enim talia in instanti
facta sunt, nec licet respondere motum quasi aliunde fuisse collectum, id enim temporis requirit
moram proportionatam, hæc vero in instanti sunt
facta, nec dicas miracula hæc fuisse, sufficit genitum fuisse motum, qui antea non exstitit: idemque dicendum de motu exstinguendo, cum subito
vim tempestatis ac venti oppressit Dominus, haud
dixeris vim illam repressam esse in suam originem,
ac alio diffusam, ista enim tempus requirunt, hæc
vero quies, hoc silentium venti vno momento
consecutum est Christi mandatum, sed ista fori
sunt altioris. Obstant vero nobis hic directe
demonstrationes Leibnitianæ (26), Newtonianæ,
Huge-

26) Hic est facti error: nihil ad hunc canonem Newtonvs contulit: nihil Hvgenivs, quorum ille altum
silet, cum & Leibnitianæ virium æstimationi New-
toniani aduersentur: hic de directionis identitate
loquitur, non virium. De Newtono potuisset viro maximo facile subolere: ille enim propugnat
vacuum, & vacuo supposito nihil de viribus certum
statui posse, videtur innuere. Ego solum hic Leib-

Hugenianæ, Wolfianæ eandem præcise motricium virium euincentes quantitatem. Veneror ista
nomina, tot inuentis hecatombe dignis incluta,
noui esse ingenio regiones suas, vti atmosphæ-
ræ, supremam isti incolunt, nos terræ filii imam
tenemus phantasiæ nubibus obuolutam; at fateor
nulla nunc eorum ad manus festinanti esse scripta,
sola, quam supra allegaui, dissertatio inter nos
non sine applausu excepta ante oculos est, vnde
rationum earum pondera non licet euoluere; nec
possum tamen diffiteri, non semper omnes eas de-
monstra-

NITIVM appellaui in differt. mea: sed facilis hic lapsus
erat calamo festinante. vide tamen diss. meæ §. 12.
Illud dubito, an expediat, demonstrationes & calculos generalibus querelis onerare. Quid non onerari potest, si lapsus quorundam vitio vertere rebus
allubeat? Quid habendum sit de querela ARNALDI,
animum satiari mage physicis caussis, quam generalibus calculis, id notissimum est. WOLFII mentem
intelligas ex actis 1715. 283. Hoc omnes quærimus, nosse quantitates non solum effectuum &
virium in caussis, sed & cetera caussarum. Neque
tamen ideo priora negligimus, cum non licet & ad
reliqua pertingere. Demonstrationes non vocamus,
quæ nituntur suppositis siue incertis siue falsis. Verum quid facilius est, quam per te ipsum intelligere veritatem rei? Vulgares libelli mechanici ex-
hibent leges percussionis corporum pro omni casu:
vide num ante & post ictum sit eadem summa mas-
sarum in quadrata celeritatum: & habebis intentum.
Vacuum siue asseras, siue neges, nihil hic præiudicat. Verum incipit fatiscere attentio mea; igitur
cetera breuius perstringam

monftrationes æque animum satiare, qui physicas
mallet rationes, quam calculum, qui vtut in se
certus, datis tamen suppositisque. niti potest incertis ac proin inanem reddentibus vim demonstra-
tionis quantumuis egregiæ.   Habemus exemplum manifestum in doctrina decantata de vacuo,
sine cuius determinata certitudine nil certi statues
de motu & viribus motricibus non augendis ; non
pauci eruditorum certo persuasi sunt de vacui necessitate, alii ex aduerso de eius in hac rerum vni-
uersitate impossibilitate, vtrinque veritas stare non
potest, momenta etsi credantur eiusdem esse robo-
ris ; quis non suspicetur, quæri demonstrationes,
vbi dari ac obtineri nequeunt ob defectum dato-
rum sufficientium, ob caliginem ac cæcitatem nostræ menti adhuc incumbentem in his terris : videmur interrogare aliquando naturam, ac ipsi tamen
illius loco respondere, vel non audientes eius responsum, cogimus eam vti nobis placet respondere, ineuitabiles sunt technæ amoris proprii, qui
eiectis præiudiciis eorum vices strenue gerit Absit
vero, vt tam inanes querelæ præiudicent dignitati
summæ scientiæ tam arduæ.

Eccur vero inquirimus demonstrationes, quæ
vltro fatiscunt, si ostendere quis valeat, ipso facto
spiritus egisse in corpora, ille iam syllogismus
solui porro haud poterit. Deum posse agere in
corpora nemo audet negare, etsi vim argumenti
magni omnem id euertat, cum Deus sit spiritus;
mireris vero Cartesianos haud vocasse in dubium

cano-

canonem : quod speciei non repugnat, infinito
spiritui, id neque generi contradicit; vel potius
canonis applicationem ad Deum, contentum cum
aliis spiritibus sub eodem genere; cum tamen alias
clament, nullam esse proportionem inter corpus
& spiritum, ergo & nullam actionem; quæ vero
inter finitum & infinitum (27) ab illis assignabi-
tur proportio, vt permittere possint Deum agere
in corpora. Sed transeant hæc : videamus potius, quæ dici de spiritibus (28) aliis queant, sed
dicamus obiter, quæ saltem addimus ad emolli-
endam harmonistis influxus doctrinam; angeli
sane si custodiæ hominum sint destinati, exequi id
sine influxu nequeunt, nuda præsentia non suffi-
ciet auertendis periculis; neque angelus tot mili-
tum

27) Nulla! hoc enim est, quod quærimus : nullam
hic proportionem requiri pro determinatione effectus
ratione suæ caussæ, pendere enim illam a solo beneplacito, quod secus experimur in anima. conf. si
placet, dissert. mea §. 16. Vbi actio determinatur a
subiecto recipiente, ibi oportet proportionem esse
inter reactionem recipientis & actionem agentis : secus est, vbi actionis & effectus quantitas determinatur a solo agente; ibi nulla requiritur proportio.

28) Soluuntur omnia, si neges aut limites verba : quibus cum harmonia peculiaris statuta non sit : atqui &
his statuta est harmonia, quatenus partes sunt harmoniæ vniuersalis, omnium corporum inter se,
omnium inter se spirituum, & vtrorumque inter se :
vel vt LEIBNITIVS loquitur : mundi vt machinæ, &
vt ciuitatis Dei : Dei vt architecti machinæ, & mo-
narchæ ciuitatis spirituum.

304 CAMERARII DISSERT. DE VNIONE

tum Affyriorum millia necans eos necare fine influxu potuit, fuique generis contactu.   Angeli
mali corpora obfefforum agitare, membra mouere, eos proiicere, diftrahere, ac torquere violen-
ter teftantur paginæ facræ, quibus cum harmonia
peculiaris ftatuta non fit, influxus concedendus eft,
quo factum quoque, vt comprimerentur forfan
vel obftruerentur a diabolo nerui linguæ obfeffi
illius muti, qui eiecto dæmonio mox locutus eft,
quo eodem influxu legio dæmonum porcorum
gregem fine harmonia præcipitem dedit in mare.
Iam vero rifui me omnium exponam, vbi & fpectra allegauero.   Quis vero hodie fpectra ferat?
O ftupidum feculum, quod laruas timet! imo vero
fpectra funt admittenda, aut neganda fides hifto-
rica(29) iudice Lvcretio, incredulorum patriarcha
folertiffimo, laudato in hunc finem acutiffimo An-
glorum Spectatori; infinitæ funt fabulæ circa fpectra, funt tamen & quædam veræ paffim hiftoriæ
ac irrefragabiles; talem dedit paucos ante annos
medicus quidam, cuius nunc non fuccurrit nomen, de fpectro lapidibus feriente homines, & te-
cta, & confringente vitra &c. manifefto influxu.
Sed quorfum plura? Si vero intolerabile tibi videatur admittere actionem illius animæ in corpus fuum, quæ ne atomum quidem in aëre natantem (30)
mouere omni fuo nifu conatuque ac votis valeat,
en tibi fuppetias nouas, etfi minus gratas fyfte-
matis

29) In doctrina de fpectris, velim diftingui fidem hifto-
    ricam & fidem rumorum.   Ego nihil determino.
30) Eft argumentum Stvrmii, non meum.

matis tertii affiftentiæ, non tamen ita explicandæ,
ac fi Deus horologiorum indices iifdem horarum af-
fidue admoueat punctis, neque id voluerunt, qui
decretum hic diuinum interuenire cenfuere viri
doctiffimi cumprimis B. STVRMIVS (31), toties
folenni proteftatione id a fe amoliens.   Eccur enim
Deus non potuit dare ac fuperaddere corpori ani-
mæque eam difpofitionem efficaci mandato fuo, vt,
quæ in alia diuerfi generis agere non poffent, in fe
inuicem tamen agant vi illius decreti, quod non
eft tranfitorium, fed perpetui vigoris; regum
V man-

---

31) Non tribui STVRMIO & Cartefianis noua fubinde
decreta, fed nouas pro veteri decreto exequendo
actiones.   Non iterantur decreta ad quemuis creaturæ actum: fed decreti executiones fiunt nouis
DEI actibus.   Scio STVRMIVM proteftari multa & inuoluere multa, quæ nemo intelligat.   Refpondeat
diftincte ad hæc quæfita: decretum illud aut perdurantem in rebus creatis effectum pofitiuum &
actiuum reliquit; aut extrinfecam folum denominationem effecit: aut paffiuum quid folum iis impref-
fit? fi fecundum, eft inefficax: operatur DEVS,
& nihil efficit.   Si tertium, quod videtur STVRMIVS
innuere in actis erud., necefie eft pro ipfo actu producendo, vt denuo (non decernat agere, fed) agat
DEVS, atque fic habes repetitos actus.   Si primum, vicit LEIBNITIVS, ἀποτελεσμα diuinæ benedictionis effe actiuam quandam vim in creaturis
perfiftentem, diuinæ potentiæ effectum, a qua nunc
pendeant motus.   Quodfi ad hæc non refponderit
STVRMIVS diftincte, nolo ego obfcuriffimæ difce-
ptationi immifceri.   Sed & de ifto alibi prolixius
differui.

mandata ad posteros possunt durare, cur decreta
DEI non possint esse perpetua? cur iteranda ad
quemuis creaturæ actum? cum maxime exemplum
decreti ac benedictionis diuinæ animalium multi-
plicationi dicatæ apertissimum sit perennitate sua ef-
ficacissima, cum quæuis indiuidualis generatio videri queat miraculum summum ob mirabilia inibi
conspicua.

Habes igitur quisquis es, quem harum cura rerum tangit, tria hæc systemata in vnum fusa, harmonice conspirantia, ac sese inuicem fulcientia, lu-
bentes enim admittemus harmoniam, eamque suo
modo præstabilitam, præuisamque plenissime a Deo,
voluntati hominis liberæ haud aduersam, actionem,
reactionemque mutuam animæ ac corporis ordinatione diuina nixam admittentem (actionem scil. vi-
talem, vitalitatis in corpore fontem, το mechanicum a τω vitali discriminantem, debitam nutui diuino, vel inspirationi potius spiraculi vitarum haud
sane transitoriæ, sed & posteros spectantis) actionem
vero lenem, inclinantem, monentem quasi spiritus,
nec repugnantem directioni corpusculorum secundum commune centrum grauitatis mouendorum.
Fauet sane hic nobis effatum sapientis: corpus hoc
mortale prægrauat (32) animam, terrenumque hoc
tuguriolum premit dissipatam mentem. Prægrauare
ac

---

32) Nolim voces vrgeri: neque credo corpus intelligi
proprie, sed appetitus animæ inordinatos, sensuales.
Dicitur, solem exire e cubiculo sponsi ad instar. Dicimus magnetem trahere ferrum.

ac premere dicit influxum eumque haud leuem; patitur igitur anima a corpore! quicquid ogganniat
ratio mea, quicquid obstare videatur excellenti Ie-
suitæ P. TOVRNEMINIO: ac dum hæc illino chartis,
occurrit dictum aliud Rom. 13. της σαρκος προνοιαν
μη ποιεισθε εις επιθυμιας, carnis curam ne habeatis
ad concupiscentias.   Patitur ergo anima a corpore
excitante in ea concupiscentias influxu funesto.
Quod certe argumentum insolubile (33) mihi quidem videtur. Nemo nobis vitio verterit hanc, quæ
nonnullis videri queat, μεταβασιν εις αλλο γεν⊙, si
monuerimus, videri nobis, semper alterutro oculo
sollicite respiciendam esse reuelatam veritatem, dum
altero naturam, ac veritates naturales serio cultioris
rationis conatu peruestigamus.   Hocque ipsum vult
vnio animæ ac corporis, realis omnino ac physica di-
cenda (etsi talis non sit, qualis inter corpus ac corpus
aliud obtinet) constituere enim suppositum debet
ex ipsa hac vnione, & qua tale, viuum; quo sane
haud eualescit metaphysica vnio (34), nisi in reali
                          V 2   funde-

33) Argumentum ex ep. Rom. mihi non videtur inso-
    lubile: an minus conueniens est, dicere: appetitus
    animæ, qui curam illam corporis comitantur, imo
    qui antecedunt & persuadent mihi, esse caussas ap-
    petituum succedaneorum? Appello hic ad examen
    eorum omnium, qui cogitationum suarum successio-
    nes attendunt, & effectuum cum caussis similitudi-
    nem aut cohærentiam amant. Cetera μεταβασιν
    εις αλλο γεν⊙ non opposui.

34) Metaphysica vnio est realis vnio, etsi non physico
    influxu nixa: nolim igitur opponi metaphysicam &

fundetur vnione, diuino nutui, corpus animæ
aptanti debita, etſi nobis haud clare ac diſtincte
explicabili.

Sed abripimur in mare hoc vaſtum vltra quam
ferebat animus! litora libet legere, non egredi in
altum! Manum itaque de tabula ſumimus; ſcri-
pſimus coniecturas: nec ea, quæ dedimus vltra ingenii luſus, eosque exiles ſatis fas eſt euehere: fe-
ſtinans canis cœcos parit catulos! Noſtra hæc vna
die concepta mente, vna die coniecta in chartam
ſunt! Quod cito ſit, cito perit! Dum agnoſcimus
ingenue noſtram præcipitantiam, excuſamus, emol-
limusque ſimul ſcriptionis imperfectionem ac dis-
ſonantiam.   Stupiditatem noſtram mirabuntur
acutiores & ex alto nos oculo miſerenti deſpicient.
Nec merentur aliam æſtimationem leues coniectu-
ræ! abſit, vt impugnemus aliorum ſyſtemata;
lites fugimus, viros inſignes veneramur, etſi eorum ſubinde hypotheſes intueamur inconſideratius,
vti plebeii homines excellentium pictorum tabulas
ſine iudicio ſufficiente.   Contemplanda eſt veritas,
atque inquirenda, peruestiganda naturæ penetralia, ſed ſine lite, ſine felle, ſine ſatyra, aurem
                                                    enim

realem. Diuinum nutum corpus animæ & animam
corpori aptaſſe ipſi profitemur: neſcio ergo, quid
amplius addendum ſit, niſi influxum poſtules, eundemque effectiuum, phyſicum, non obiectiuum aut
normatiuum &c. Illum vero negauimus: neque
eius neceſſitatem agnoſcimus.

enim cuique vellicet aſſidue dicterium id, quod
patribus Triuultinis, quo ſuos in acerbiore ſatyra
ſodales cenſuit, in aurem dixit Gallici decus Par-
naſſi BOYLAVIVS.

> Corſaires attaquant Corſaires
> Ne firent jamais leur affaire!

Conſpirent igitur animi eorum, qui veritatem
amant in eius inquiſitione, & adhæreant veritati
ſoli perpetim; a nobis hæc ſcripta non ſunt, niſi
vt diſputandi ſuppetat materia, plena omnibus iudicandi, reiiciendi, aut adprobandi libertate con-
ceſſa. Acta enim nunc eſt fabula! Qualitercunque
acta ſit: plaudite! vel explodite!

VIRO AMPLISSIMO, & CELE-
BERRIMO

IO. CLERICO
SAL. & OFF.
GEORG. BERNH. BILFINGER.

COmmunicari tecum, vir eruditiſſime, pri-
mitias academiæ ſcientiarum Petropoli in-
ſtitutæ, non miraberis. Debetur id funda-
torum gloriæ, vt viris tui ſimilibus amplior de
ſocietate noſtra, atque illius legibus, notitia com-
municetur. Eſtque etiam hoc tanti momenti in-
ſtitutum, vt facile præuideam, non ingratas tibi
haſce

hasce litteras fore, praesertim ab eo venientes,
quem tu fortassis offensum putas liberiore sententia.   Accipe primo loco, quae ad publica pertinent, deinde quae solum me concernunt.

Sunt anni aliquot, ex quo PETRVS magnus
Parisinae scientiarum academiae institutum adeo
approbauit, vt simile collegium conuocare Pe-
tropolin apud animum constituerit suum.   Cum
de ea re saepius & attentius cogitaret, facile per-
uidit, pro ratione loci & gentis, necessarias esse
aliquas in imitatione illa variationes.   Itaque
rem omnem sic instruxit, vt praeter academiam
scientiarum, Parisinae aemulam, haberetur academia quoque pro iuuentute instituenda, Germani-
carum exemplo, gymnasium denique praeparandis
adolescentibus destinatum, & academia artium.
Academiae scientiarum est, singulis hebdomadis
binos habere conuentus priuatos, publicos singulis annis ternos.   Comprehenditur illa tribus
classibus, mathematica, physicaque, cui partes
medicinae omnes inuoluuntur, & politica, cui
philosophia, humaniores litterae, & iura subsunt.
Scopus est, vt communi consilio examinentur,
quae in disciplinis huc pertinentibus possunt videri dubia; vt veriora, cum opus est, nouis fir-
mentur fulcris; si quae desunt, pro virili nouis
suppleantur inuentis.   Quae societas digna luce
publica iudicauerit sodalium suorum meletemata,
singulis annis referet in commentarios, atque typis

pis suis vulgabit. Licebit, si quibus inter exteros placet, nobiscum suas communicare lucubrationes: earumque digna meritis ratio habebitur in actis nostris.

Praecipui sunt academicorum labores, quos dixi: accedunt alteri tamen, quibus singuli professores tenentur, singulis diebus, instituendae iuuentuti horam vnam impendere. Distributa est ea opera his legibus, vt quotannis absoluatur explicatio omnium partium matheseos, physicae, medicinae, philosophiae rationalis & practicae, iuris publici vniuersalis, & diuersorum regnorum specialis, historiae recentioris, & antiquitatum.

Praeparantur autem Latini sermonis notitia, exercitationibusque eo pertinentibus, studio item arithmetices & geometriae, geographiae historicae, & compendiosa historiae vniuersalis enarratione adolescentes Rutheni atque exteri in gymnasio. Denique qui artibus operam dare cupiunt, in academia, quae dicitur artium, vtuntur pingendi, sculpendique magistrorum & architectorum ciuilis atque militaris institutione gratuita. Interrupisset vtile consilium praematura imperatoris PETRI mors, nisi, eandem mentem induta imperii haeres CATHARINA, immensos illius vsus similiter intellexisset. Ipsa igitur imperante fortius vrgeri omnia coeperunt, adeo vt primo imperii anno res omnis perficeretur. Collectis in hanc
V 4 vrbem

vrbem academicis, primum solennem conuentum societas egit d. 27. decembr. 1725. Ser-
mones typis excusos praesentibus adiungo litteris,
honoris tibi debiti caussa. Ex praefatione intelliges, quam honorifice hic litterae fuerint habitae.
Maius tamen hoc est, quod nuperrime (d. $\frac{1}{12}$.
aug.) ipsa imperatrix augusta secundum academiae publicum conuentum sua dignari praesentia
voluerit. Excepta est sermone Germanico, namque huius idiomatis gnara est, a professore antiquitatum Theophilo Sigefrido Baiero, Regio-
montano, variis in litteraturam, praecipue orien-
talem, meritis claro; secutus deinde est Latino sermone Iac. Hermannvs, notissimus ex phorono-
mia sua, & inter primos geometra; huic per ordinem incumbebat praelegere societati commentationem aliquam; ex instituto igitur conuentuum
publicorum primo enarrauit historiam geometriae veteris & recentis; deinde ventilauit ex
optica quaestionem: an eousque perfici telescopia
possint, vt eorum ope liceat res in planetis mi-
nutiores, incolas, si qui sint, & animalia dete-
gere? Recitata commentatione ista, negantis sententiam, societatis nomine approbauit Christianvs
Goldbachivs, geometra clarissimus;. panegy-
rin vero, addita gratiarum actione humillima,
dimisit Hermannvs. Interfuit Avgvsta hisce
omnibus, vltra duas horas, throno sedens: finitis vero illis gratiam testatura suam, singulos professores ad deosculandam manum augustam ad-
misit.

misit.   Ista, vir celeberr. prolixius refero, vt
& ipse videas, & si ita visum fuerit, per te alii
quoque intelligant, quonam scientiæ & humaniores litteræ modo apud Ruthenos recipiantur? quo
loco habeantur? confido enim, id non sine vestra
voluptate futurum.

   Transeo ad alterum epistolæ argumentum.
Nunciatum mihi est ex Germania: fecisse te,
vir celeberrime, mentionem commentationis
meæ hypotheticæ de harmonia præstabilita, in
aliquo bibliothecæ tuæ recentioris tomo; indignari te sententiis meis, tanquam humanæ libertati, consequenter sano sensui, & bonis moribus,
admodum contrariis.   Nondum licuit mihi esse
ita felici, vt librum nanciscerer, inquisiturus,
quousque mentem meam expresseris? quousque
sententiam impugnaueris? vel oneraueris auctorem quoque? Non igitur licet ad singula speciatim disserere: multo autem minus constitui de
eo conqueri, si quid grauius de me statueris. Faciam illud, quod res postulat, quod mea de te
existimatio suadet, quod præsentes admittunt cir-
cumstantiæ.   Ostendam breui enarratione, quam
nihil libertati contrarium inuoluat harmoniæ præstabilitæ negotium: & tuo deinceps arbitrio relinquam, annon expediat, vt in Gallicum translata sermonem, in sequenti tomo compareat? addita tamen, nisi graue est, admonitione, quod
scripserim ista nondum visis animaduersionibus
tuis: ne lectores ægre ferant, si quæ sint, quæ

specialem a me declarationem postulassent, & accepissent visa, sed non visa, non accipiunt. Ecce sententiam:

* * *

De harmoniæ præstabilitæ ad libertatem humanam habitu, breuis declaratio. Auctore G.B.B.

Debent id sanæ rationi, & humani generis bono, quicunque *theoreticas* resoluere quæstiones suscipiunt, vt ne impingant aduersus veritates practicas. Debent autem, si quibus impegisse videntur, honori suo, vt se ab illo facinore liberos esse testentur, & quam dilucide fieri potest, ostendant. Quæstio de explicando animi & corporis humani commercio, quoniam *de modo* concipitur, ad theoreticas pertinet. Sententia de libero hominis arbitrio, quia legibus & pœnis morali sensu acceptis necessaria est, inter practicas numeranda est veritates. Non igitur prima sic exponi debet, vt cadat secunda. Credo, omnes mecum circa *ius & officium hoc* conuenire: quæstio itaque omnis *circa factum* vertitur. An explicatio commercii illius *Leibnitiana*, per harmoniam inter corpus & animam præstabilitam, officiat libertati humanæ, an secus? Si recte calculos subduco, non efficit. Rationes, vt ego negotium concipio, hæ sunt. Harmonia præstabilita absoluitur *duabus* quæstionibus: & libertas *tertia*, nihil ad priores pertinente. 1. Si ad motum, in organis sensoriis factum, sequitur in anima hominis repræsenpraesentatio illius obiecti sensibilis: quaeritur, qualis sit haec sequela? & quo illa modo fiat? Hoc pertinet ad commercium corporis cum anima: & explicatur *prima parte* harmoniae praestabilitae. 2, Si ad repraesentationem alicuius obiecti in anima, sequitur etiam in anima appetitio & volitio illius rei, quaeritur, qualis haec sit sequela, & quo illa vinculo cohaereat? *Hoc pertinet* ad libertatem, & non ad commercium animae & corporis: perficitur enim tota haec res in animo. Transitus animi a repraesentatione rei ad appetitionem eius, vel auersationem, locum habet in mente separata: habet in anima corpori vnita, sed sine corporis concurrente opera. *Explicatio* igitur commercii inter animum & corpus *quaecunque*, ab hoc transitu explicando abstrahere in vniuersum & potest, & proprie loquendo debet. 3. Si ad appetitum vel auersationem voluntatis in animo sequitur motus in corpore fini illi conueniens, quaeritur, quae haec sequela? quanam efficacia & modo obtenta? Hoc pertinet denuo ad commercium corporis & animae: & huius expositio *secundam* harmoniae praestabilitae partem absoluit.

Ex dictis iam constat *generatim*, quod harmonia praestabilita exquisite loquendo libertatis sphaeram ne contingat quidem; multo minus restringat; aut omnino destruat. Velim hoc sollicite pensitari. Scio, quod momentum trahant. Si concise nimis aut subobscure exposita videntur, affundent lucem, quae dixi in dilucidationibus meis philo-

philosophicis de DEO, anima, mundo, S. III. c. IIII.
§. 336 - 341.

Fortasse in *specialibus* sedet vlcus? Tange :
nihil dolet. Ad *primum* dicimus : animam ex
sua ipsius natura euoluere repraesentationes illas,
quas sensationes dicimus. Fatemur earum originem immediate non esse sub imperio voluntatis; non esse arbitrii mei, an sentire dolores velim, cum vapulo; neque an verbera sic percipere,
vt gratam animo sensationem exhibeant? Agno-
scimus autem, quatenus antecedaneae volitiones
caussam sensationibus praebent, eatenus mediate illas esse sub arbitrio. Possum enim auertere oculos, cum videre has chartas nolo. Haec receptis conformia dogmatis exposui in dilucid. memoratis S. III. c. II. §. 250. coll. S. I. c. II. §. 56.
Neque aliud dicit, aut postulat harmonia LEIBNI-
TII praestabilita, quoad hanc partem.

Transeo ad *secundum*. Statue vero de libertate, quicquid velis: nihil inde seu commodi seu
incommodi in harmoniam redundat praestabilitam.
Modo haec teneas, praescire DEVM ab aeterno, quid
anima tua libere decretura sit? Huius enim voluntati adcommodauit corporis tui machinam crea-
tor. Possum igitur penitus euitare hanc de libertate disquisitionem; docui autem in dilucidationibus meis, quae sit eius natura. §. 301. 302.
quomodo probari per experientiam possit? §. 304.
305. quomodo sit ob consequentias morales necessaria? §. 306. - 308. quomodo ab obiectionibus

bus omnibus vindicanda? §. 309.-315. Fortassis sunt eo in loco aliqua, quæ distinctius, quam
vulgo fieri solet, euolui.

Tertium in eo absoluitur, vt quis credat, posse
DEVM construere machinam, qualis est humanum corpus, eo artificio, vt ex ipsa sui structura,
ordinariisque motuum legibus illos in sese motus
producat, quos DEVS præuidit respondere volitionibus animæ: posse, inquam, id DEVM, &
voluisse. Nihil hic peccari puto. Nouimus,
moralitatem non consistere in machinis, sed in
mentibus: in volitionibus, non in motibus. Nouimus, regimen corporis non posse animo dene-
gari, si propter volitionem sequatur effectus, sine
volitione non secuturus: etsi anima illum motum
physice non producat. vid. dilucid. cit. §. 331.
Quomodo solemus philosophari de caussis moralibus? nonne regunt physicas? nonne reatus con-
trahunt ex actionibus, quas physice tamen non
perpetrant? Denique notari velim, quæ de actionibus hominum *externis* in contradistinctione ad
internas recte præcipiunt morum doctores; pendere ex phænomeno siue *facto potius*, quam *a modo*
explicationis; non interest reipubl. quomodo ho-
micidium sequatur ex prauo appetitu, sed an sequatur? Factum vero, hoc est consecutionem motus in corpore post & propter appetitum in animo,
non negat harm. præst. sed modum explicat diuersimode ab aliorum systemate.   Tum vero etiam
in animo differunt appetitus illi, quos actio sequitur,

tur, ab alteris. Possent varia diuersitatis capita
allegari, si illam disquisitionem locus hic admit-
teret. Quodnam sit harmoniæ præstabilitæ *momentum*, & quam illa nihil cum moralibus disciplinis commercii habeat, sed in sola facti vtrinque
agniti, explicatione philosophica consistat, pluribus ostendi in dilucidat. §. 318. - 320 & §. 356.
Obiectionum vero, quæ ad meam notitiam eo
tempore peruenerant, omnium solutiones dedi §.
346. - 350. pag. 352. - 369. earundem dilucida-
tionum, Tubingæ A. 1725. in 4. editarum.

* * *

Ista sunt, vir celeberrime, quæ, si operæ
pretium iudicaueris, pro mea aduersus orbem lit-
terarium excusatione publicari præoptarem. Non
sum ita hospes in scriptis tuis, vt suspicer, te
ægre laturum, quæ scribo. Potius confido, te
existimaturum, quod fauore tuo digna sit hæc mea
sollicitudo. Vale, & rem litterariam orna diutissime.

Dab. Petropoli d. $\frac{19}{30}$ septembr. 1726.